Bei der Arbeit mit Schaubildern / Zeichnungen

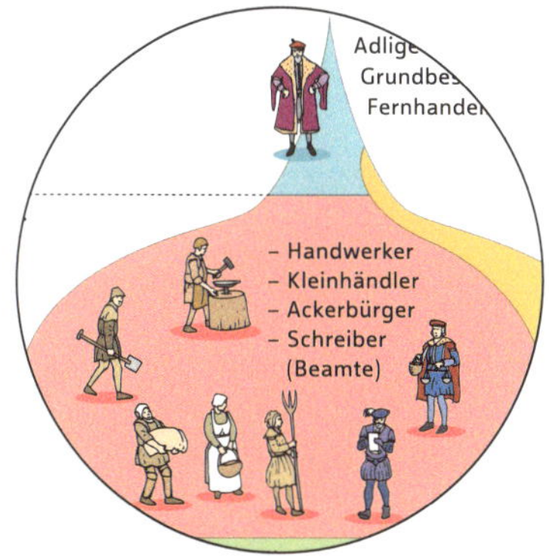

- Das Schaubild stellt ... dar.
- Die Kreise / Rechtecke stehen für ...
- Die Figuren symbolisieren / stellen ... dar.
- Die Pfeile beschreiben die Beziehung zwischen ...
- Die Zeichnung stellt die Verbindungen zwischen ... dar.
- Die Zeichnung zeigt auf, dass ... / verdeutlicht, dass ...

Bei der Arbeit mit Karten

- Die Karte zeigt ... (Kartentitel)
- Das Thema der Karte ist ...
- Abgebildet ist das Gebiet ... / sind die Gebiete ...
- Die Karte zeigt die Zeit ... / umfasst den Zeitraum ...
- Die ... Markierungen / Zeichen stehen für ... (die Legende erklären)
- In der Darstellung wird deutlich ...
- Die Karte informiert über ...
- Die Verteilung der Flächenfarben bedeutet ...
- Die Kartenüberschrift heißt ...
- Die Region erstreckt sich ...
- Die Grenzen / Flüsse / Gebirge verlaufen ...
- Die Karte zeigt den Verlauf / die Entwicklung ...

westermann

Durchblick Basis

Geschichte

5/6

Autorinnen und Autoren

Alexandra Faust
Enrico Jahn
Martin Lücke
Wolfgang Pankratz
Karin Schröfel
Heike Schuster
Mona Teusch

Durchblick Basis 5/6
Geschichte

Zum Schülerband erscheinen:
Arbeitsheft, ISBN 978-3-14-110348-8
Lösungen zum Schülerband und Arbeitsheft, ISBN 978-3-14-100366-6

Mit Beiträgen von
Kerstin Graham, Klaus Langer, Dietmar Schulte-Möhring, Torsten Steinberg, Ralf Tiecke, Gerald Wieziolkowski

Titel: Stiftung Neanderthal Museum

westermann GRUPPE

Druck A[4] / Jahr 2020
Alle Drucke der Serie A sind im Unterricht parallel verwendbar.

Redaktion: Kerstin Graham
Druck und Bindung: Westermann Druck GmbH, Braunschweig

ISBN 978-3-14-**110345**-8

Liebe Schülerinnen und Schüler,

vor euch liegt euer neues Buch für das Fach Geschichte. „Durchblick Basis“ will mit euch spannende Ereignisse der Vergangenheit erforschen.

Die wichtigsten Inhalte aus der Geschichte findet ihr auf den Seiten mit blauen Reitern am Seitenrand. Themen, die darüber hinaus spannend sind, stehen auf Seiten mit weißen Reitern. Diese Seiten könnt ihr bearbeiten, wenn ihr noch Zeit und Lust für Zusatzthemen habt.

4
4

Auf allen Seiten findet ihr Aufgaben, die euch helfen sollen, die Inhalte der Seite zu erarbeiten. Auf vielen Seiten gibt es blaue und weiße Aufgabennummern. Auch hier stehen die weißen Nummern für Zusatzaufgaben, die ihr erledigen könnt, wenn noch etwas mehr Zeit ist oder ihr besonders schnell wart.

Hilfe
4
4

Einige Aufgaben sind mit einem Hilfe-Zeichen markiert. So seht ihr gleich, dass es zu dieser Aufgabe eine Hilfestellung gibt. Die Hilfe findet ihr auf derselben Seite. Sie ist mit der gleichen Aufgabennummer in Grau gekennzeichnet.

Unter einigen Aufgaben findet ihr ein Gruppen-Zeichen und einen Vorschlag für eine Partner- oder Gruppenlernform. Genauere Anleitungen dazu stehen im hinteren Buchdeckel.

M

In eurem Buch gibt es viele Materialien wie zum Beispiel Bilder, Karten oder Schaubilder. Sie sind alle mit einem M markiert. Auch Texte, die von Personen aus der Vergangenheit stammen, sind auf diese Art gekennzeichnet. Sie stehen auf einem gelben Hintergrund, so könnt ihr sie besser von den normalen Schulbuchtexten unterscheiden.

Elle

Manchmal werdet ihr in eurem Buch auf Wörter stoßen, die schwierig oder auch neu sind. Solche Wörter werden im Text unterstrichen und für euch am Rand erklärt.

Webcode

Das Tabletzeichen zeigt euch an, dass ihr zu einem bestimmten Thema einen Filmclip im Internet finden könnt. Gebt dazu den aufgeführten Webcode unter www.westermann.de in das Suchfeld ein.

Wie in vielen anderen Fächern gibt es auch in Geschichte bestimmte Methoden, die ihr für die Erforschung der Vergangenheit erlernen müsst. Sie werden euch auf den gelben „Methoden lernen“-Seiten vorgestellt. Außerdem gibt es grüne „Operatoren üben“-Seiten, die euch helfen sollen, verschiedene Aufgabenformen richtig zu bearbeiten. Beide Seitentypen geben euch viel Gelegenheit zum Üben.
Auf den lilafarbenen Zusammenfassungs-Seiten könnt ihr das Gelernte wiederholen und auf den „Durchblick haben“-Seiten spielerisch testen.

Inhalt

Ägypten – eine frühe Hochkultur 52

Römer und Germanen 84

Leben im Mittelalter 118

Zeit der Entdeckungen 154

Anhang

Operatoren und Methoden auf einen Blick

Operatoren üben

Methoden lernen

M1 Fortbewegungsmöglichkeiten in der Geschichte

Einführung in die Geschichte

- → Was ist Geschichte?
- → Warum ist Geschichte ein Unterrichtsfach?
- → Wie erfahren wir etwas über die Geschichte?

M2 Unsere Klasse im Jahr 2018

M3 Urkunde über ein Bündnis gegen Seeräuber von 1361

2 500 000 v. Chr.

3000 v. Chr.

Vorgeschichte
Die Vorgeschichte dauerte von vor etwa 2,5 Millionen Jahren bis etwa 3000 v. Chr. Aus diesem Zeitraum gibt es keine schriftlichen Überlieferungen.

① Flöte und Steinwerkzeug

Frühgeschichte
Die Frühgeschichte dauerte bis ungefähr 800 v. Chr. Hier entstand z. B. das Reich der Ägypter.

② Ägyptische Malerei

M1 Zeiteinteilung in Epochen

Über Epochen und Quellen

T1 • Geschichte – der Blick in die Vergangenheit

Im Fach Geschichte erfährst du, was in der Vergangenheit geschehen ist und wie die Menschen früher gedacht und gehandelt haben. Um sich in der Zeit zurechtzufinden, werden die vergangenen Jahre gezählt. Unsere Zeitrechnung orientiert sich am Geburtsjahr von Jesus Christus. Alle folgenden Jahre werden mit „nach Christus“ (n. Chr.) bezeichnet. Alle Jahre davor erhalten den Zusatz „vor Christus“ (v. Chr.). Diese Jahre werden rückwärts gezählt.

Damit wir uns in den vielen Jahren der Geschichte zurechtfinden können, teilen wir sie in Abschnitte ein. Diese nennt man Epochen.

1 a) Hilfe Ordne die Bilder von Fortbewegungsmöglichkeiten in der Geschichte (Seite 8/9) in der richtigen zeitlichen Reihenfolge.
b) Warum hast du die Reihenfolge so gewählt? Begründe deine Entscheidung.

2 Hilfe Bringe die folgenden Epochen in die richtige Reihenfolge: Neuzeit, Antike, Vorgeschichte, Mittelalter, Frühgeschichte. Notiere dazu die richtigen Zeiträume. (M1)

Hilfe zu

1 a) Kopiere die Seiten 8/9. Schneide die einzelnen Bilder grob aus und sortiere zunächst auf deinem Tisch. Unterscheide zwischen Fortbewegungen zu Fuß, zu Pferd, zur See, per Bahn, per Pkw, per Lkw, im Weltraum.

2 1. Vorgeschichte: von …
2. …

Einführung in die Geschichte

800 v.Chr. | Christi Geburt | 500 n.Chr. | 1500 n.Chr.

Antike

Die Zeit bis 500 n. Chr., in der die Griechen und Römer ihre Reiche errichteten, nennen wir Antike.

③ Römische Münzen

Mittelalter

Das Mittelalter dauerte ungefähr 1000 Jahre – von ca. 500 n. Chr. bis ca. 1500 n. Chr.

④ Urkunde

Neuzeit

Die Neuzeit beginnt um 1500 und dauert bis in die Gegenwart.

⑤ Klassenfoto

T2 • Die Quellen unseres geschichtlichen Wissens

Überall stößt du auf Spuren aus der Geschichte. Sie finden sich in Gebäuden, Gegenständen, Schriftstücken, Bildern und Erzählungen. Solche Überreste aus der Vergangenheit werden Quellen genannt. Man unterscheidet zwischen Sachquellen, Textquellen und Bildquellen.

Sachquellen	Bildquellen	Textquellen
Mauerreste, Knochen, Scherben, Waffen, Werkzeuge, Münzen usw.	Höhlenmalereien, Zeichnungen, Gemälde, Fotos, Karten, Filme usw.	Inschriften auf Stein- oder Bronzetafeln, Handschriften, Bücher, Flugblätter, Computertexte usw.

Neben diesen Quellen erfährt man etwas über die jüngere Geschichte, wenn man mit älteren Menschen spricht. Sie können viel über wichtige Ereignisse ihrer Vergangenheit berichten. Man nennt sie Zeitzeugen.

3 Nenne je zwei Beispiele für Sach-, Bild- und Textquellen. (T2)

4 Befrage deine Eltern oder Großeltern nach Ereignissen aus deinem Leben, an die du dich selbst nicht erinnern kannst, und schreibe sie auf.

5 a) Bringe zur nächsten Stunde Erinnerungsstücke von dir mit. Erzähle mit ihrer Hilfe von deiner eigenen Geschichte.
b) Beschrifte die Erinnerungsstücke und notiere dabei das passende Datum.
c) Organisiert eine kleine Ausstellung.

beschreiben

Wenn du im Geschichtsunterricht Sach- und Bildquellen oder auch Vorgänge aus der Vergangenheit anschaust, dann musst du diese oft erst einmal beschreiben.

Das bedeutet, dass du zum Beispiel bei einem Gegenstand das Aussehen in einer logischen Reihenfolge beschreiben sollst. Solche Gegenstände können Dinge aus dem Alltag der Menschen sein, wie beispielsweise Werkzeuge, Spielzeuge oder auch Essschüsseln.

Bei einem Vorgang musst du diesen in der zeitlich richtigen Reihenfolge kurz zusammenfassen. Ein Beispiel dafür können die Schritte bei dem Bau eines Hauses sein.

Am Ende deiner Beschreibung sagst du kurz, wozu die Menschen den Gegenstand gebraucht haben oder warum der Vorgang wichtig für die Menschen war.

1. Schritt: **Erste Eindrücke sammeln – Notizen machen**

- Was für ein Gegenstand ist zu sehen?
- Was fällt dir an dem Gegenstand auf?
- Was für ein Ablauf ist dargestellt?

2. Schritt: **Das Aussehen oder die Schritte genau schildern**

- Wie sieht jedes einzelne Teil des Gegenstandes aus?
- Was sind die einzelnen Schritte des Vorgangs?

3. Schritt: **Deine Vermutung aufschreiben**

- Wozu haben die Menschen den Gegenstand gebraucht?
- Warum war der Vorgang wichtig für die Menschen?

M1 Eine Flöte aus der Vorgeschichte

Beschreibe eine Flöte aus der Vorgeschichte.

1. Schritt: Erste Eindrücke sammeln und Notizen machen

Am Anfang schaust du dir den Gegenstand genau an. Was fällt dir daran auf? Hast du Fragen? Mache dir Notizen zu deinen Gedanken und Fragen. Diese müssen noch nicht geordnet sein.
So könnte deine Notizsammlung zur Flöte aus M1 aussehen:

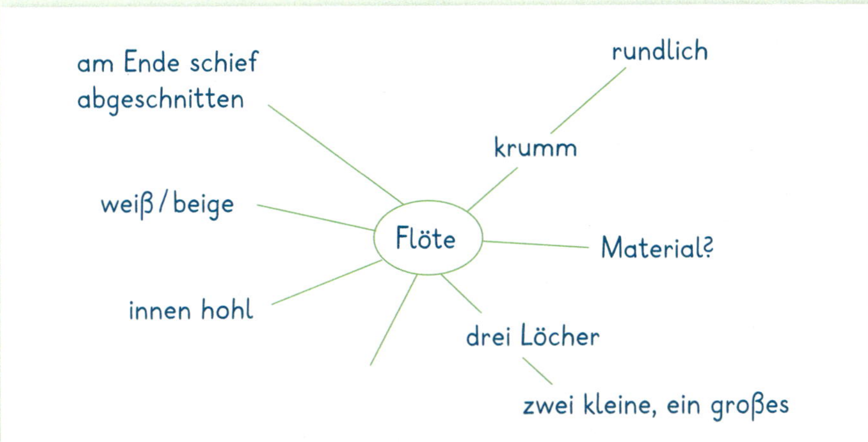

2. Schritt: Das Aussehen oder die Schritte genau schildern

Im zweiten Schritt ordnest du deine Notizen und schreibst ganze Sätze. Du schreibst auf, was es für ein Gegenstand ist und wie der Gegenstand genau aussieht. Achte hierbei auf eine logische Reihenfolge. Das bedeutet, dass du zum Beispiel nicht am Anfang etwas zur Form sagst und dann am Ende noch einmal, sondern sofort alles dazu aufschreibst.
Nutze folgende Satzanfänge:
Der Gegenstand, den ich beschreibe, ist eine Flöte.
Sie ist weiß bis ... .
Ihre Form ist rund / krumm / ... . Aber ... . An den Enden ... .
Außerdem ist die Flöte innen ... . Sie ist ungefähr ... cm lang.
Besonders fallen die Löcher auf. Eines der Löcher ist ... .
Das Material sieht anders aus als bei Flöten heute. Es ist ... .

3. Schritt: Deine Vermutungen aufschreiben

Nachdem du den Gegenstand genau beschrieben hast, stellst du Vermutungen zu ihm auf. Hier kannst du versuchen, deine Fragen aus Schritt 1 zu beantworten, und überlegen, wofür die Menschen den Gegenstand früher gebraucht haben.
So kannst du schreiben:
Wahrscheinlich ist die Flöte aus ... gemacht.
Die Menschen früher haben sie benutzt, um ... .
Die Menschen früher brauchten die Flöte zum ... .

Tipp
Du kannst deine Notizen in einem Cluster oder auch in einer Mindmap festhalten.

Tipp
für die Beschreibung eines Vorgangs
Wenn du einen Vorgang beschreibst, kannst du im ersten Schritt auch ein Cluster machen. Notiere im Cluster alles, was die Personen in dem Vorgang tun. Schreibe ebenfalls auf, welche Fragen du dazu hast. Danach kannst du die Schritte in eine Reihenfolge bringen. Auch bei einem Vorgang sollst du am Ende Vermutungen zu deinen Fragen aus Schritt 1 aufschreiben.

Tipp
Beginne bei der Beschreibung mit Form und Farbe des Gegenstandes. Beschreibe ihn dann von links nach rechts oder von oben nach unten.

Du und deine Geschichte

M1 Die „Bildergeschichte" von Nele

1 In M1 ist eine Collage zur Geschichte von Nele und ihrer Familie zu sehen. Schau dir die Fotos genau an.
a) Ordne den Fotos folgende Bildunterschriften zu.
b) Bringe die Fotos in die richtige zeitliche Reihenfolge.

- „Jule und ich im Hafen von Wismar 2005"
- „Ur-Ur-Großeltern mit Familie 1920"
- „Jule und ich mit Mama und Papa 2002"
- „Urgroßeltern 1963"
- „Einschulung 2007"
- „Omi 2012"
- „Opa 2012"

T1 • Auf Spurensuche

Auch du kannst deine eigene Geschichte zu Hause erforschen. Frage deine Eltern nach Fotos deiner Familie und schaut sie gemeinsam an.

Sicherlich findest du viele Bilder, die Ereignisse aus deiner Familie darstellen. An bestimmte Ereignisse mit deiner Familie oder auch mit Freundinnen und Freunden kannst du dich sicher selbst erinnern. Über anderes werden dir deine Eltern, Onkel, Tanten oder Großeltern berichten können.

Mein Lebenslauf

2008	am 21.7. geboren
2009	
2010	am 17.10. Geburt meines Bruders Mahmut
2011	Umzug unserer Familie nach Celle
2012	
2013	am 23.5. Tanta Ayse gestorben
2014	Einschulung
2015	am 3.6. Heirat meiner Schwester Leila
2016	erstes Handballtraining
2017	
2018	Schulwechsel

meine Mannschaft 2018

Özlem

M2 Özlems Lebenslauf

2 Wie stellt Özlem ihre Geschichte dar? Beschreibe. (M2)

3 a) Vergleiche, wie Nele und Özlem ihre Geschichte darstellen. (M1, M2)

b) Nenne Vor- und Nachteile der Darstellungen.

4 Stelle deine eigene Geschichte oder die deiner Familie dar. Überlege, ob du eine Fotocollage oder eine Zeitleiste erstellen möchtest. Du kannst deine Geschichte auch aufschreiben und dazu Fotos ergänzen. Informiere dich dazu auf Seite 16/17.

Zeitleisten erstellen

Ereignisse ordnen

Eine Zeitleiste kann dabei helfen, Ereignisse oder Entwicklungen zeitlich zu ordnen und anschaulich darzustellen. Hierfür muss Folgendes beachtet werden:

- Unsere Zeitrechnung wurde nach dem Geburtsjahr von Jesus Christus festgelegt. Auf einer Zeitleiste wird dies mit dem Eintrag „Christi Geburt" dargestellt.
- Die Ereignisse nach Christi Geburt werden auf einer Zeitleiste rechts davon eingetragen und mit „n. Chr." gekennzeichnet. Das steht für „**n**ach **Chr**isti Geburt".
- Alle Ereignisse, die vor Christi Geburt passiert sind, werden links davon eingetragen. Hier werden die Jahre rückwärts gezählt und mit „v. Chr." gekennzeichnet. Das steht für „**v**or **Chr**isti Geburt".
- Es ist wichtig, dass auf einer Zeitleiste die Abstände zwischen den Jahresmarkierungen immer gleich sind.
- Beschriftungen und Bilder unterstützen die Anschaulichkeit einer Zeitleiste.

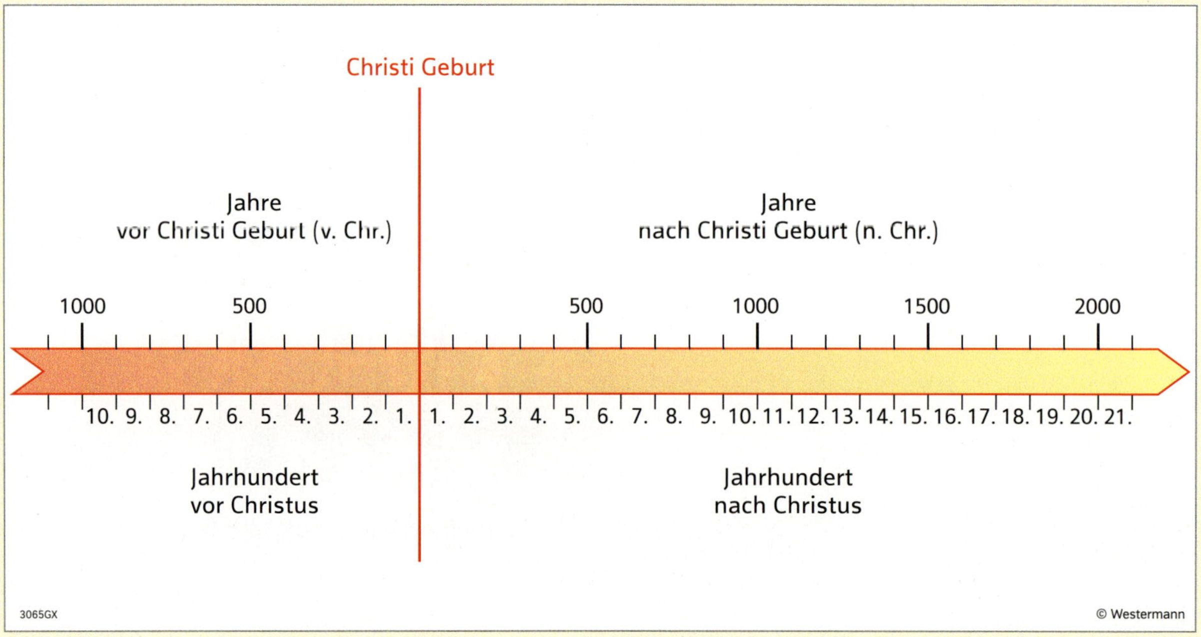

M1 Darstellung einer Zeitleiste

Die eigene Geschichte darstellen

Auch du hast eine Geschichte: Vielleicht erinnerst du dich noch daran, als du in den Kindergarten gegangen bist, oder an den Tag, an dem du eingeschult wurdest, vielleicht seid ihr umgezogen oder du hast ein Geschwisterkind bekommen.

Sammle Bilder, Urkunden oder Fotos von Erinnerungsstücken. Lege eine Zeitleiste zu deiner persönlichen Geschichte an.

1. Schritt: **Eine Zeitleiste planen**

- Fertige eine Liste mit den Materialien an, die du für deine Arbeit benötigst.
- Überlege, wann deine Zeitleiste beginnen soll, zum Beispiel mit deiner Geburt oder mit dem Beginn deines Hobbys.
- Entscheide, in wie viele Abschnitte du deine Zeitleiste unterteilen möchtest.
- Wenn du dich entschieden hast, welcher Zeitabschnitt dargestellt werden soll, lege die Abstände der Ereignisse gleichmäßig fest, zum Beispiel 1 cm für 1 Jahr.

Materialliste
Papier
Lineal
Schere
Kleber
Farbstifte
Kopien von Fotos, Urkunden usw.

2. Schritt: **Material auswählen und ordnen**

- Betrachte dein Material, zum Beispiel Fotos, Erinnerungsstücke und Urkunden, genau.
- Wähle die Materialien aus, die am besten zu dem jeweiligen Zeitabschnitt in deinem Leben passen.
- Notiere dir das richtige Datum auf dem Material.

Tipp
Für eine größere Zeitleiste kannst du mehrere Blätter aneinanderkleben oder ein Stück Tapetenrolle nutzen.

3. Schritt: **Eine Zeitleiste anlegen und gestalten**

- Zeichne auf das Papier eine dicke, waagerechte Linie.
- Teile diese Linie in die Abstände ein, die du vorher festgelegt hast.
- Beginne ganz links und notiere unter die Striche die jeweilige Jahreszahl.
- Lege deine Materialien zunächst probehalber aus.
- Klebe sie dann an der richtigen Stelle auf.
- Beschrifte die Zeitleiste:
  meine Geburt – meine Zeit im Kindergarten – meine Einschulung usw.
- Verbinde die Materialien mit der Zeitleiste durch einen Strich, damit man genau erkennt, welches Ereignis zu welchem Datum gehört.

Tipp
Fertige von Urkunden, Zeugnissen oder Erinnerungsstücken Fotos bzw. Kopien an, damit du diese beschriften und aufkleben kannst.

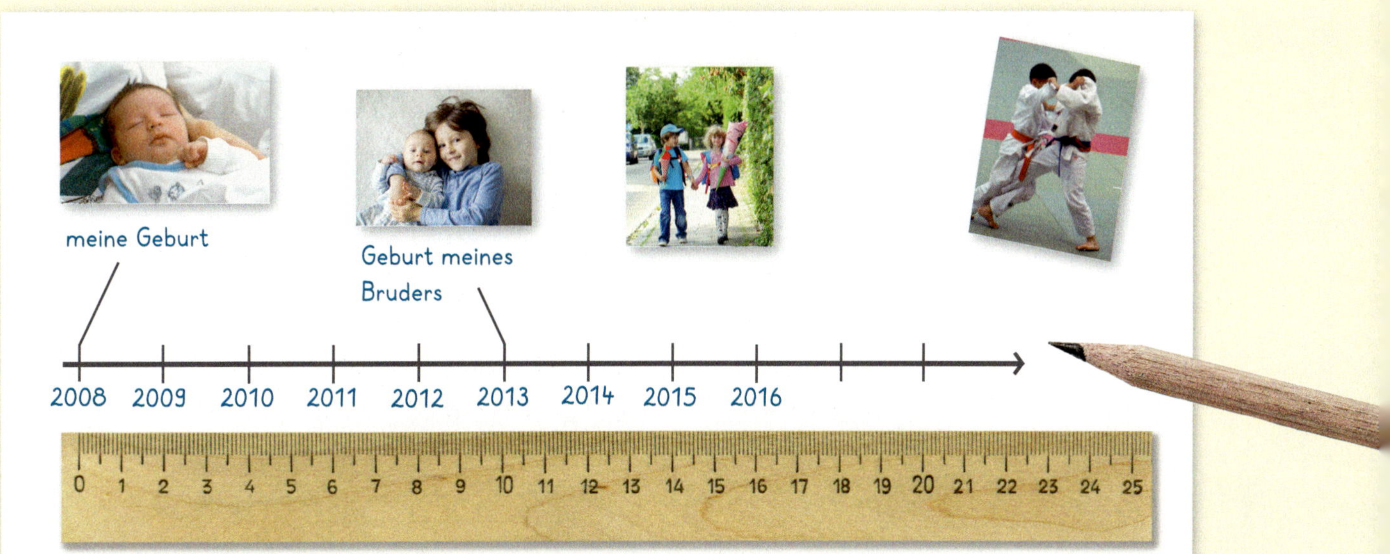

M2 Eine Zeitleiste erstellen

M1 Umherziehende Vormenschen

Leben in vorgeschichtlicher Zeit

→ Wie haben sich die Menschen entwickelt?

→ Warum war Stein ein wichtiger Werkstoff für die Menschen?

→ Wie lebten die Menschen in der vorgeschichtlichen Zeit?

M2 Erste Werkzeuge werden gefertigt

M3 Menschen beim Hausbau

M1 Eine Ausgrabungsstätte – Archäologinnen bei der Arbeit

Spurensuche nach der Vergangenheit

T1 • Unser Wissen über die ersten Menschen

Wie haben die ersten Menschen gelebt? Mit dieser Frage beschäftigen sich viele Wissenschaftler, zum Beispiel die Archäologen. Da es früher noch keine Schrift gab, suchen sie nach Überresten unserer Vorfahren. Diese Überreste sind oft tief im Boden abgelagert. Die Archäologen graben Knochen, Werkzeuge, Waffen, Alltagsgegenstände oder auch Gebäudereste aus. Sie säubern die Fundstücke und setzen sie zum Teil wieder zusammen. Danach versuchen sie herauszufinden, wie diese Dinge früher verwendet und hergestellt wurden.

Bei menschlichen Skeletten können die Wissenschaftler bestimmen, wie alt der Mann oder die Frau geworden ist. Mit jedem neuen Fund können sie Antworten über das Leben der ersten Menschen geben.

Archäologen
Wissenschaftler, die sich mit den Überresten aus der Vergangenheit beschäftigen. Sie untersuchen Dinge wie alte Münzen, Töpfe oder auch Knochen.

1. a) Was machen die Wissenschaftlerinnen in M1? Beschreibe.
   b) Hilfe Wozu benutzen sie die verschiedenen Werkzeuge und Gegenstände? (M1)
2. Was suchen Wissenschaftler, damit sie etwas über das Leben der ersten Menschen aussagen können? (T1)
3. Was machen die Wissenschaftler mit den gefundenen Gegenständen? (T1)

Hilfe zu
1. b) Schreibe die Antwort in ganzen Sätzen. Benutze die Begriffe: Eimer – Pinsel – kleine Kelle – Knieschoner usw.

T2 • Altersbestimmung mithilfe von Erdschichten

Das Alter von Fundstücken können Wissenschaftler zum Beispiel über die Lage in der Erde bestimmen. Durch die Ablagerung von Sand und Erde bildeten sich im Laufe der Jahrtausende Erdschichten. Wenn diese Schichten nicht verändert wurden, gilt eine einfache Regel: Die unteren Schichten haben sich früher abgelagert als die oberen. Anhand der Lage des Fundstücks können Wissenschaftler ein ungefähres Alter schätzen. Mithilfe von komplizierten Geräten und wissenschaftlichen Verfahren bestimmen sie das Alter später genau.

M2 Übereinandergelagerte Erdschichten können Auskunft über das Alter von Fundstücken geben.

T3 • Altersbestimmung mithilfe von Jahresringen

Für Fundstücke aus Holz können Wissenschaftler das Alter sehr genau bestimmen. Sie nutzen dafür die Jahresringe des Holzes.

In jedem Jahr wächst ein Baum nicht nur in die Höhe, sondern auch in die Breite. Dabei bildet sich im Stamm ein Jahresring. Die einzelnen Jahresringe sind unterschiedlich dick. War ein Jahr zum Beispiel besonders trocken, dann ist der Baum sehr wenig gewachsen und der Jahresring ist sehr dünn. Im Laufe eines Baumlebens kommen auf diese Weise unverwechselbare Muster zustande.

Wissenschaftler haben unzählige Bäume von heute bis 10000 v. Chr. ausgewertet. Mit den Ergebnissen konnten sie einen Jahresringkalender erstellen. Holzfunde werden mit diesem Kalender verglichen. So kann das Alter eines Fundstücks sehr genau bestimmt werden.

M3 Jahresringe eines Baumstammes

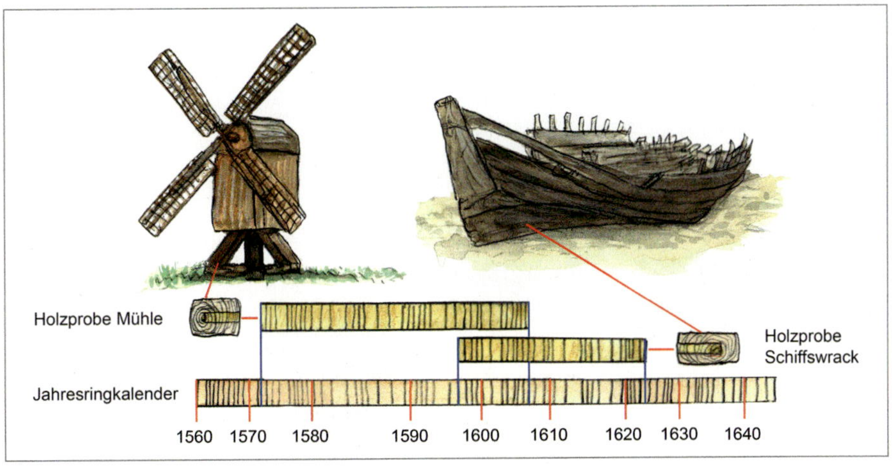

M4 Altersbestimmung mithilfe des Jahresringkalenders

4. Wie können Erdschichten bei der Altersbestimmung von Fundstücken helfen? (T2, M2)
5. Hilfe Wie wird das Alter von Fundstücken aus Holz festgestellt? (T3, M3, M4)
6. Informiere dich über weitere Methoden zur Altersbestimmung von archäologischen Funden. Stelle eine anschaulich vor.

Hilfe zu
5. Vervollständige die Sätze:
Beim Wachsen eines Baumes entstehen ... . Sie sind unterschiedlich ... . Es entstehen unverwechselbare ... . Wissenschaftler haben einen ... erstellt. Damit können bis zu ... alte Holzfunde sehr ... .

erklären

Wenn du im Geschichtsunterricht etwas erklären sollst, dann musst du Informationen aus einem Text oder einem Bild herausarbeiten und diese dann genau wiedergeben. Deine Erklärung muss so genau sein, dass sie von jedem verstanden werden kann.

1. Schritt: **Text lesen, Bilder anschauen, Informationen sammeln**
- Wo findest du die Informationen in dem Text?
- Unterstreiche oder schreibe die Informationen heraus.

2. Schritt: **W-Fragen in Stichworten beantworten**
- Wer macht was?
- Was wird gemacht?
- Wie wird es gemacht
- Wann wird es gemacht?
- Warum wird es gemacht?
- Wo wird es gemacht?

3. Schritt: **Text formulieren**
- Formuliere Antworten zu den W-Fragen und schreibe einen zusammenhängenden Text.

Forscher bilden Gesicht nach

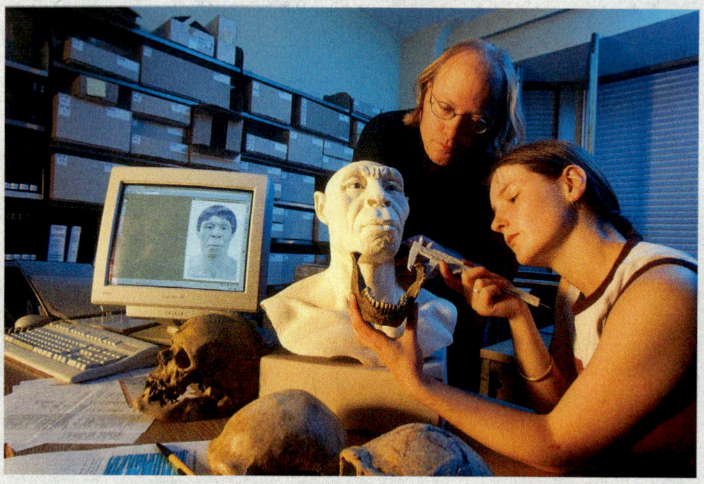

Vermessen von Schädelfunden

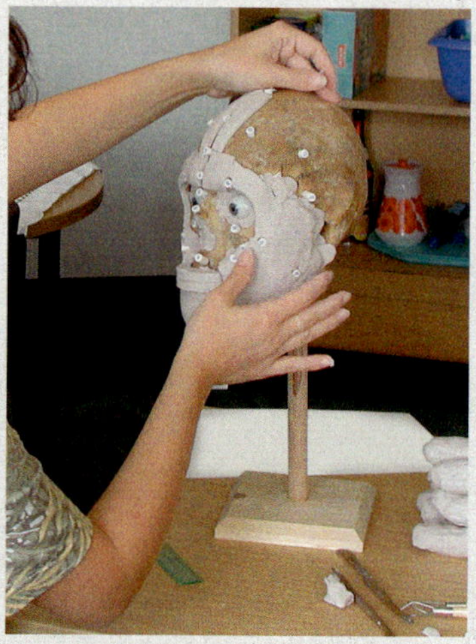

Nachbilden des Gesichtes

Mit Schädelfunden können Forscherinnen und Forscher heute das Aussehen der Menschen nachbilden. Mit Computern berechnen sie fehlende Knochenteile. Diese Teile bilden sie mit künstlichen Materialien nach und setzen sie ein. Auf die Knochen werden anschließend Schichten aus Ton aufgetragen und das Gesicht nachgeformt.

Erkläre, wie Forscher ein Gesicht nachbilden.

1. Schritt: Text lesen, Bilder anschauen, Informationen sammeln

Im ersten Schritt musst du den Text lesen und dir die Bilder anschauen, um Informationen zu sammeln. Um genau zu erklären, wie Archäologen ein Gesicht nachbilden, musst du den Zeitungsartikel auf Seite 22 lesen und dir die Bilder dazu anschauen. Lege dir ein Notizblatt neben dein Buch, um wichtige Wörter herauszuschreiben.
So könnte eine Sammlung von wichtigen Wörtern zu deiner Aufgabe aussehen:

Ein Gesicht nachbilden:
- Schädel
- Forscherinnen und Forscher
- Computer → fehlende Knochenteile berechnen
- künstliche Materialien = Ersatz für fehlende Knochen
- Tonschichten → Gesicht nachbilden

2. Schritt: W-Fragen in Stichworten beantworten

Im zweiten Schritt beantwortest du mithilfe deiner Notizen die W-Fragen in Stichworten.
So kannst du die W-Fragen aufschreiben:

Wer? Forscherinnen und Forscher
Was? ein Gesicht eines alten Schädels nachbilden
Wie? fehlende Teile mit Computer berechnen
fehlende Teile nachbilden und in Schädel einsetzen
Schichten aus Ton auf Schädel auftragen, Gesicht nachbilden
Warum? anschaulich machen, wie Menschen früher gelebt und ausgesehen haben

Hinweis: Du kannst nicht immer alle W-Fragen beantworten. Bei dieser Aufgabe kannst du beispielsweise die Fragen nach dem „Wann?“ und „Wo?“ nicht genau beantworten.

3. Schritt: Text formulieren

Im dritten Schritt formulierst du deine Stichworte zu einem Text aus. In diesem Text erklärst du, wie Forscherinnen und Forscher ein Gesicht eines Schädels nachbilden. Schreibe so viel wie möglich in deinen eigenen Worten.
So kannst du deinen Text beginnen:
Forscherinnen und Forscher können Gesichter von alten Schädeln nachbilden. Dafür brauchen sie einen Computer, mit dem sie … . Die Teile, die in dem Schädel fehlen, werden … . Die nachgemachten Teile werden dann … . Am Ende … . Die Forscherinnen und Forscher machen das, um … .

Achtung!
Wenn du etwas in deinen eigenen Worten erklären sollst, dann versuche, so wenige Sätze aus dem Text wie möglich zu benutzen. Verwende nur die Stichwörter, die du dir aufgeschrieben hast.

M1 Vormenschen – erste Vorfahren des Menschen (heutige Darstellung)

Die Anfänge der Menschheit

T1 • Entwicklung des Menschen

Die Entwicklung des Menschen begann in Afrika. Dies beweist der älteste Fund eines Schädels, der je von einem menschlichen Vorfahren gefunden wurde. Er ist etwa 6 bis 7 Millionen Jahre alt und wird von Wissenschaftlern als Vormensch bezeichnet. Mit dem Aussehen und der Intelligenz des heutigen Menschen hatte er wenig gemeinsam.

Die Entwicklung des Menschen verlief in verschiedenen Stufen. Es gab Vormenschen, Frühmenschen und Altmenschen. Vor ungefähr 200 000 Jahren entwickelte sich der Jetztmensch, der Homo sapiens. In jeder der Entwicklungsstufen kamen neue Fähigkeiten hinzu.

Sehr wichtig war die Ausbildung des Gehirns. So hat der Jetztmensch mit einem etwa drei- bis viermal größeren Gehirn als unsere ältesten Vorfahren die beste Grundlage zum Denken. Dies war wichtig, um sich an die Umwelt anzupassen und Neues zu lernen.

Homo sapiens
Fachwort für den heutigen Menschen. „Homo" heißt Mensch und mit „sapiens" wird die Eigenschaft der Menschenart beschrieben: klug, vernünftig.

1. Hilfe Beschreibe M1.
2. Arbeite aus dem Text T1 Informationen über die frühen Menschen heraus:
   a) Wo lebten die Vorfahren des heutigen Menschen?
   b) Wie werden sie bezeichnet?
   c) Wann hat sich der Jetztmensch entwickelt?
   d) Hilfe Was war bei der Entwicklung der Menschen wichtig? Erkläre.

Hilfe zu

1. Achte bei deiner Beschreibung von M1 auf das Aussehen und die Fortbewegung der Vormenschen sowie auf die Landschaft. Formuliere ganze Sätze:
   Die Personen sind nackt und stark behaart. Ihre Gesichter erinnern an ... . Einige gehen, andere klettern ... .
2. d) Beziehe in deine Antwort auch die Erklärung zum Homo sapiens mit ein.

T2 • Die Verbreitung des Menschen

Die Besiedlung der Erde durch die Jetztmenschen ging von Afrika aus. Das beweist der Fund des ältesten Skeletts eines Jetztmenschen. Es wurde in Ostafrika gefunden und ist etwa 200 000 Jahre alt.

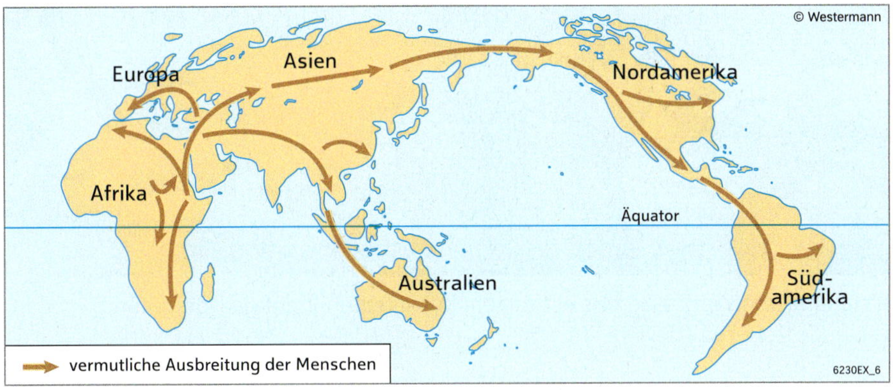

M2 Von Afrika in die Welt – die Ausbreitung des Menschen

T3 • Ein Vormensch namens Lucy

Im Jahr 1974 fanden Archäologen in Afrika das Skelett eines weiblichen Vormenschen. Er war 105 cm groß gewesen und vor 3,2 Millionen Jahren gestorben. Die Wissenschaftler nannten diesen Vormenschen Lucy. Anhand des Skeletts konnten die Forscher wichtige Eigenschaften der Vormenschen erkennen. Besonders die Form der Beinknochen verraten, ob sich Lebewesen auf zwei oder auf vier Beinen fortbewegen.

> Auch wenn Lucy und ihre Verwandten aufrecht gingen, wie ... der Bau des Beckens und der Kniegelenke zeigt, hatten sie noch viele ältere ... Merkmale bewahrt, vor allem was die [Größe der] Gliedmaßen (Arme und Beine) und die Form von Händen und Füßen betrifft; demnach dürften sie auch an das Klettern auf Bäumen noch recht gut angepasst gewesen sein. Aufgrund des Gehirns, das etwa so groß war wie das von einem Menschenaffen und des großen vorspringenden Gesichts, trifft die Beschreibung Lucys und ihrer Verwandten als Schimpansen auf zwei Beinen recht gut zu.

M3 Vom Affen zum Vormenschen (vereinfacht)

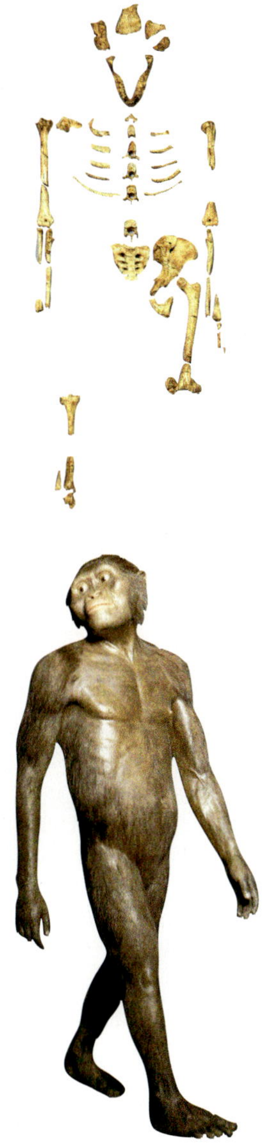

M4 Lucy: gefundenes Skelett und Nachbildung

3 a) Wo haben sich die ersten Menschen entwickelt? (M2)
b) Wie wurde Südamerika besiedelt? (M2)

4 Woran können Wissenschaftler die Eigenschaften von Vormenschen erkennen? (T3)

5 Woher weiß man, dass Lucy aufrecht ging? Erkläre. (T3, M4)

6 Hilfe Warum wurde Lucy „Schimpanse auf zwei Beinen" genannt? Erkläre. (M3, M4)

Hilfe zu

6 Lucy ging ... . Sie kletterte auch noch ... . Ihr Gehirn war ... . Mit dem großen, vorspringenden Gesicht sah sie aus wie ... .

M1 Frühmenschen bei der Herstellung von Werkzeug aus einfachen Flusssteinen (heutige Darstellung)

Werkzeuge und Feuer

M2 Faustkeil

T1 • Das älteste Werkzeug

Vor rund 2,4 Millionen Jahren begannen die Menschen sich Werkzeuge herzustellen. Anfangs waren es einfache Steine, die sie nur recht grob bearbeiteten. Mit jedem Schritt ihrer Entwicklung gelang es ihnen, ein besseres Werkzeug aus Stein anzufertigen.

Vor etwa 1,5 Millionen Jahren machten sie in der Herstellung von Werkzeugen weitere Fortschritte. Mit ausgesuchten Steinen war es den frühen Menschen möglich, ein besonders gutes Werkzeug anzufertigen: den Faustkeil. Mit diesem Werkzeug konnten sie hacken, schneiden, schlagen, schnitzen und einiges mehr.

T2 • Die Steinzeit

Später benutzten unsere Vorfahren auch andere Materialien wie Holz oder Knochen für ihre Werkzeuge. Der wichtigste Werkstoff war jedoch Stein. Deshalb wird diese Zeit Steinzeit genannt. In Mitteleuropa dauerte sie von 600 000 v. Chr. bis 2200 v. Chr. Dieser große Zeitabschnitt wird in die Altsteinzeit und die Jungsteinzeit unterteilt.

M3 Herstellung von Steinwerkzeugen (heutige Darstellung)

T3 • Feuer und Flamme

Wann die Menschen Feuer selbst erzeugen konnten, ist unbekannt. Bisherige Funde belegen, dass sie schon vor 1,5 Millionen Jahren über Feuer verfügten. Vielleicht hatte ein Gewitter einen Baum in Brand gesetzt oder ein glänzender Stein trockenes Gras entzündet.

Bevor die Menschen lernten, Feuer selbst zu entfachen, hüteten sie die Glut. Sie bewachten das Feuer, und wenn sie weiterzogen, nahmen sie die Glut in Lederbeuteln mit.

Das Feuer brachte viele Vorteile. Mithilfe von Feuer konnten die Menschen Fleisch garen. So war es besser verdaubar und nahrhafter. Zudem war das Feuer eine Licht- und Wärmequelle. Die Menschen saßen gemeinsam um das Feuer. Das stärkte die Gemeinschaft und förderte ganz wesentlich die Entwicklung der Sprache.

M5 Beim Feuerschlagen entzünden Funken trockenes Gras.

M4 Steinzeitmenschen an einer Feuerstelle (heutige Darstellung)

M6 Beim Feuerbohren entsteht durch Reibung so viel Hitze, dass trockenes Holz zu glühen beginnt.

1 a) Beschreibe das Bild M1.
b) Überlege, wozu die ersten Menschen Werkzeuge gebrauchen konnten.

2 Hilfe Wie entwickelten sich die ersten Werkzeuge vom groben Steinwerkzeug zum Faustkeil? Erkläre. (T1, M2)
Lerntempoduett

3 Wozu benutzten die frühen Menschen den Faustkeil? (T1, M2)

4 Welche verschiedenen Materialien benutzten die frühen Menschen für ihre Werkzeuge und Waffen? (T2)

5 Hilfe Warum wird die Zeit von 600 000 bis 2200 v. Chr. Steinzeit genannt? Erkläre. (T2)

(6) Wie wurden die Steine bearbeitet? (M3)

7 Hilfe Wie haben die Menschen das Feuer entdeckt? (T3)

8 Welche Vorteile brachte das Feuer? (T3)

(9) Hilfe Wie konnten die Menschen damals selbst Feuer machen? Beschreibe. (M5, M6)
Partnervortrag

Hilfe zu

2 Benutze die Satzanfänge und ergänze: Zuerst wurden einfache Steine ... . Mit ausgesuchten Steinen ... . Der Faustkeil war vorn ... . Mit der Faust konnte man ... .

5 Vervollständige den Satz: Die Zeit von ... bis ... wird Steinzeit genannt, weil ... .

7 Benutze die Wörter: Gewitter – Baum – Stein – Brand – Gras – entzündet – trockenes – glänzender

(9) Man kann durch das Aufeinanderschlagen von zwei ... .

M1 Jäger und Sammler (heutige Darstellung)

Menschen leben als Jäger und Sammler

Mammut
eine ausgestorbene Elefantenart. Im Gegensatz zu unseren heutigen Elefanten hatten Mammuts ein langes Fell.

Rentier
eine Hirschart mit großem Geweih

T1 • Überleben in der Natur

Bis vor etwa 12 000 Jahren fanden die Menschen ihre Nahrung nur in der Natur. Sie nahmen sich aus ihrer Umgebung, was sie vorfanden. Alles, was essbar war, wie Beeren, Pilze, Wurzeln oder Früchte, wurde gesammelt. Gejagt wurden alle Arten von Tieren: Mammuts, Rentiere, Hasen, Fische, Vögel und vieles mehr.

Die Menschen der Altsteinzeit lebten in Gruppen. In dieser Gemeinschaft fühlten sie sich sicher und geborgen. Gemeinsam schützten sie sich vor gefährlichen Tieren oder Angriffen anderer Gruppen. In der Gruppe wurden auch alle anfallenden Arbeiten erledigt. Jeder musste bei dem Kampf um das Überleben helfen.

1. Hilfe Beschreibe die Tätigkeiten der Menschen in M1.
2. Warum werden die Menschen der Altsteinzeit als Jäger und Sammler bezeichnet? Erkläre. (M1, T1)
3. Woraus bestand die Nahrung der Jäger und Sammler? (M1, T1)
4. Warum lebten die Menschen in Gruppen? Erkläre. (T1)

Hilfe zu

1. Benutze zum Beispiel folgende Wörter: jagen – fischen – sammeln – pflücken – Beeren – Fische – Gräser – Wurzeln – Tier zerlegen

M2 Lagerplatz von Altsteinzeitmenschen (heutige Darstellung)

T2 • Von Lagerplatz zu Lagerplatz

Die Menschen der Altsteinzeit lebten nicht an einem festen Ort. Gab es nicht mehr genug Nahrung zum Sammeln oder waren nicht mehr genug Tiere zum Jagen vorhanden, zogen sie weiter.

Die Menschen suchten sich eine Stelle, wo sie wieder genügend Nahrung finden konnten. An diesem Ort errichteten sie ihr neues Lager. Das konnte unter Felsvorsprüngen oder an Höhleneingängen sein, wo sie Schutz vor schlechtem Wetter, Kälte, wilden Tieren oder anderen umherziehenden Gruppen fanden. Oft kannten die Menschen auch schon den Lagerplatz aus dem Jahr vorher.

Manche Gruppen hatten auch Zelte. Diese bauten sie aus Tierfellen, Knochen und Stöcken. Die Zelte hatten den Vorteil, dass sie schnell auf- und abgebaut werden konnten.

M3 Nähnadel aus Tierknochen. Vor ungefähr 22 000 Jahren erfand der Mensch die Nadel mit Nadelöhr.

5 Hilfe Warum hatten die Menschen keinen festen Wohnsitz? Erkläre. (T2)

6 Wo wohnten die Menschen? (M2, T2)

7 Überlege, welche Vor- und Nachteile ein Lager aus Zelten oder ein Lager in einem Höhleneingang hatte.
Bienenkorb

8 Warum ist der Lagerplatz in M2 gut gewählt?
Placemat

Hilfe zu

5 Sie waren auf das angewiesen, was sie ... .
Wenn nicht mehr genug ... .

8 Denkt an Nahrung, Schutz, Überblick usw.

M1 Jagdszene mit Wurfspeeren vor rund 300 000 Jahren (heutige Zeichnung)

Schöningen
Stadt in Niedersachsen im Landkreis Helmstedt. Hier wurden 8 Wurfspeere aus der Steinzeit gefunden. Das Alter dieser Speere wurde auf etwa 300 000 Jahre bestimmt.

erlegen
Wenn Tiere von Jägern getötet werden, nennt man das „erlegen".

Eine Geschichtserzählung

Wildpferdejagd in Schöningen

Rami ist schon ganz nervös. Morgen darf er zum ersten Mal mit den Männern auf die Jagd. Einer der alten Jäger hat eine große Herde von Wildpferden unten am Fluss beobachtet. Heute Nacht werden sie noch auf der saftigen, grünen Wiese am Wasser bleiben.

Die Jäger haben Rami erklärt, dass der Wind richtig steht. So können sie sich von den Büschen an die Pferde anschleichen, ohne dass sie gesehen und gerochen werden. Pferde können gut riechen, aber durch den Gegenwind werden sie den Geruch der Jäger nicht wahrnehmen.

Mit ihren langen, spitzen Speeren werden sie die Tiere erlegen. Rami hat nur einen kleinen Speer. Er ist noch nicht kräftig genug, ihn über viele Meter zu werfen. Hoffentlich haben sie Glück bei der Jagd. Viele erlegte Pferde bedeuten wieder viel Fleischvorrat.

❶ Beschreibe die Jagdszene. (M1)
❷ Warum waren die Umstände für die Jagd besonders günstig?
③ Hilfe Warum ist der Speer eine besonders gute Jagdwaffe? Überlege selbst.
❹ Hilfe Versetze dich in Rami und erzähle die Geschichte weiter.

Hilfe zu
③ Denke an Folgendes: Speere können aus größerer Entfernung geworfen werden. Sie fliegen mit hoher Geschwindigkeit.
❹ Die Sonne war noch nicht aufgegangen, da wird Rami geweckt. Die Jäger machen sich fertig. Sie überprüfen die Waffen und … .

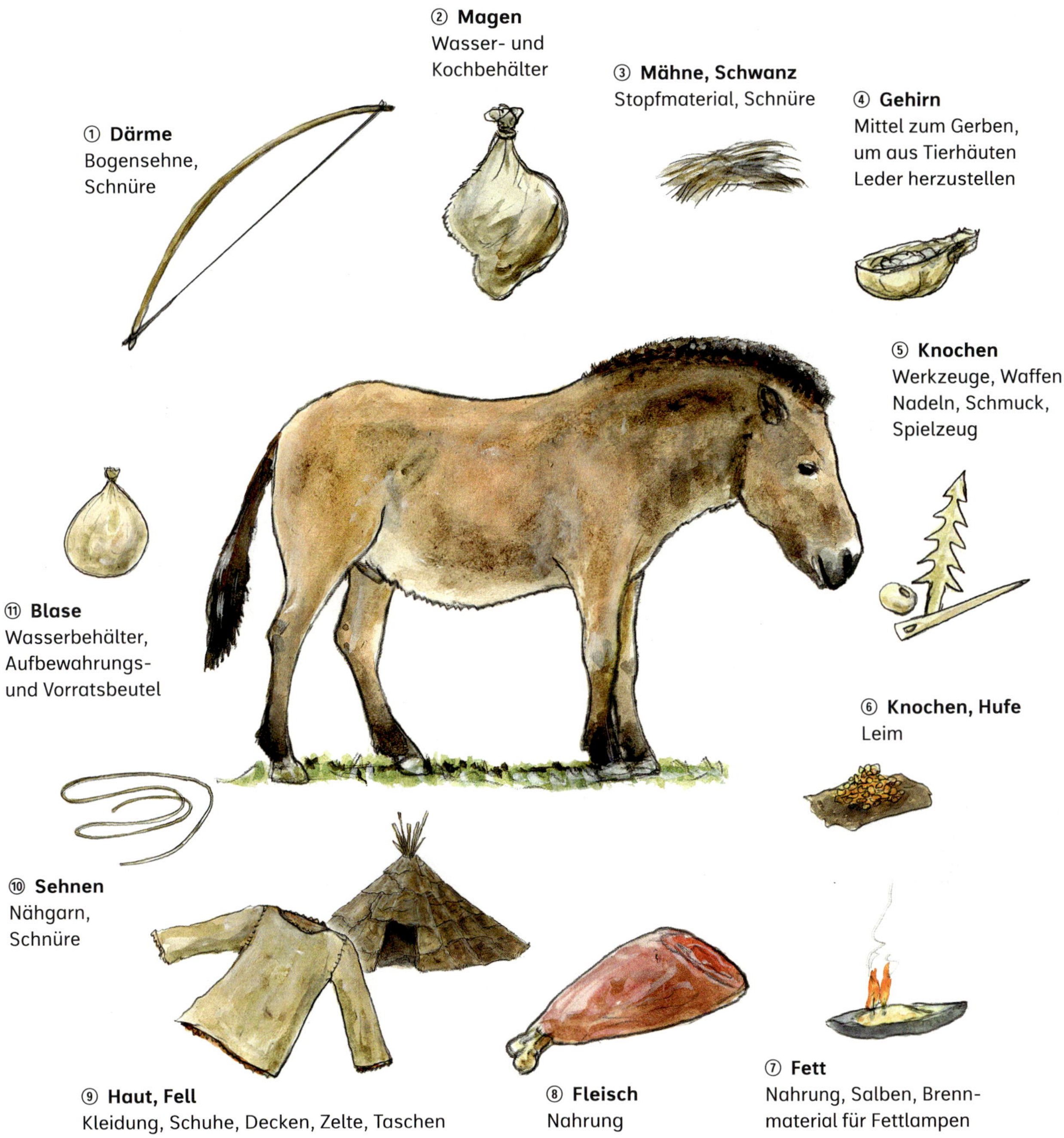

M2 Verwertung eines Wildpferdes

5 Hilfe Wie wurden die einzelnen Teile eines erlegten Tieres verwertet? (M2)

Hilfe zu

5 Schreibe in ganzen Sätzen:
1) Die Därme verarbeiteten … .

Versuche, für deine Lösungen verschiedene Verben zu verwenden, wie zum Beispiel:
anfertigen – herstellen – fertigen – bauen – schnitzen – nähen – zubereiten – nutzen – gebrauchen – verwenden

M1 Malereien von Altsteinzeitmenschen in der Felsenhöhle von Lascaux in Südfrankreich (etwa 17 000 Jahre alt)

Kunst und Glauben

M2 Aus einem Mammutstoßzahn geschnitztes Wildpferd (etwa 32 000 Jahre alt)

T1 • Kunstwerke der Vergangenheit

Schon die Menschen der Altsteinzeit betätigten sich als Künstler. Dies wird uns durch Funde von kleinen geschnitzten Figuren und Schmuck belegt. Für den Schmuck benutzten die Menschen Materialien wie Zähne von Tieren, Federn oder besonders schöne Steine.

Aber die Menschen der Altsteinzeit bemalten auch Höhlenwände oder ritzten Bilder in Felsen ein. Besonders beeindruckend sind ihre Höhlenmalereien, die zwischen 30 000 und 10 000 v. Chr. entstanden. Diese Bilder befinden sich oft an schwer zu erreichenden Stellen von Höhlen. Forscher glauben, dass diese Kunstwerke nicht aus Freude am Malen entstanden sind. Sie vermuten vielmehr, dass die Menschen geglaubt haben, mit diesen Bildern ihr Jagdglück beeinflussen oder Jagdunfälle verhindern zu können.

1. a) Welche Tiere sind in M1 zu erkennen?
   b) Hilfe Wie wurden sie dargestellt?
2. Warum haben die Altsteinzeitmenschen Höhlenmalereien angefertigt? (T1)
3. Hilfe Wieso beeindrucken die Höhlenmalereien noch heute?
   Placemat

Hilfe zu

1. b) Achte zum Beispiel auf die Größe der Tiere und die Farben.
3. Du kannst die folgenden Satzanfänge benutzen:
   - Mir gefällt besonders, dass … .
   - Mich beeindruckt …, weil … .

T2 • Religion in der Altsteinzeit

Forscher gehen heute davon aus, dass die Menschen der Altsteinzeit bereits religiöse Vorstellungen hatten. Ausgrabungen haben gezeigt, dass sie ihre Toten beerdigten. In die Gräber legten sie den Toten oft Waffen, Werkzeuge und Schmuck als Grabbeigaben. Die Wissenschaftler nehmen daher an, dass die Menschen der Altsteinzeit an ein Leben nach dem Tod glaubten. Vermutlich hatten sie die Vorstellung, dass die Verstorbenen diese Gegenstände wieder benötigen würden.

Bei der Untersuchung der Gräber stellten die Forscher deutliche Unterschiede bezüglich der Grabbeigaben fest. Manche Tote waren besonders reich, andere weniger reich ausgestattet. Die Forscher schließen daraus, dass die Menschen der Altsteinzeit zwischen angesehenen und weniger angesehenen Menschen unterschieden haben.

M3 In der Altsteinzeit beerdigter Mann

④ Beschreibe M3.

⑤ Warum vermuten Forscher, dass die Menschen der Altsteinzeit an ein Leben nach dem Tod glaubten? (T2, M3)

⑥ Hilfe Woher wissen wir, dass die Menschen der Altsteinzeit bei der Beerdigung ihrer Toten nach angesehenen und weniger angesehenen Menschen unterschieden? (T2)
Lerntempoduett

Hilfe zu

⑥ – Ausgrabungen haben gezeigt, dass die Steinzeitmenschen ihre … .
– In den Gräbern fanden Forscher … .
– Die Grabbeigaben lassen vermuten, dass … .
– Die Forscher vermuten deswegen … .

M1 Veränderungen in der Tierwelt

Die Natur verändert sich

Klima
Bezeichnung für das Wetter mit allen Erscheinungen: Temperatur, Schnee, Regen, Sonnenschein usw.

Eiszeit
ein Abschnitt in der Geschichte der Erde, in der viele Teile der Erde mit Eis bedeckt waren

Gletscher
eine durch Schnee entstandene Eismasse

T1 • Eisige Zeiten

Bis vor etwa 10 000 Jahren war das Klima in Europa kalt und eisig. Es herrschte eine Eiszeit.

Die Menschen und Tiere hatten sich an dieses Klima angepasst. Die Tiere besaßen ein dichtes Fell, mit dem sie die Kälte überlebten. Die Menschen hatten gelernt, sich mit warmer Kleidung zu schützen. Dennoch mussten sie um ihr Überleben kämpfen. Die Nahrungssuche war nicht leicht, denn das Sammeln war in den schneebedeckten Gebieten sehr schwer. Auch die Jagd war in der eisigen Kälte schwierig.

T2 • Wärmere Zeiten

Vor etwa 10 000 Jahren endete die letzte Eiszeit in Europa. Es wurde wärmer und milder. Schnee, Eis und Gletscher schmolzen. Durch das milde Klima veränderten sich die Pflanzenwelt und die Tierwelt. Es gab jetzt dichte Laubwälder, in denen reichlich Beeren, Früchte, Nüsse und Pilze wuchsen. Tiere wie das Mammut oder das Wollnashorn starben aus. In den Wäldern lebten jetzt zum Beispiel Auerochsen, Rehe, Hirsche, Wildschweine, Bären oder Luchse.

Diese reichhaltige Natur machte das Sammeln von Nahrung und das Jagen von Tieren viel leichter. Mit dem Klimawandel war es für die Menschen der Altsteinzeit einfacher geworden zu überleben.

1. Beschreibe Tiere und Pflanzen in M1 und M2.
2. Warum war das Überleben in der Eiszeit besonders schwer? Erkläre. (T1)
3. a) Hilfe Welche Veränderungen brachte das wärmere und milde Klima mit sich? Beschreibe. (T2)
   b) Nenne Pflanzen und Tiere, die in der Warmzeit vorherrschten. (T2, M1, M2)
4. Warum war das Leben der Menschen in der Warmzeit einfacher? Erkläre. (T2)
   Think – Pair – Share

Hilfe zu
3 a) Benutze Begriffe wie: Eiszeit – Schnee – Eis – Gletscher – Pflanzenwelt – Tierwelt – Laubwälder – Mammut usw.

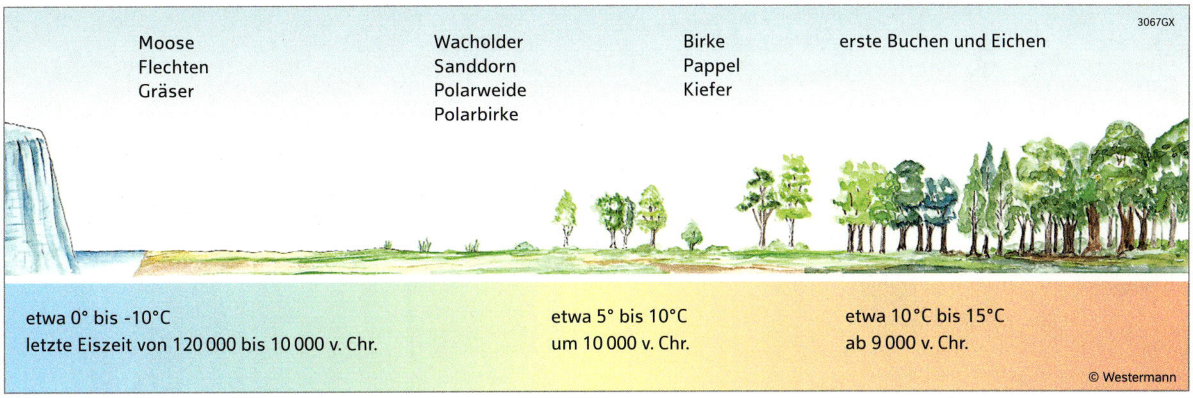

M2 Veränderungen in der Pflanzenwelt

T3 • Ackerbau

Bei ihrer Nahrungssuche sammelten die Menschen auch Körner von Gräsern. Diese Gräser waren die Vorgänger unserer heutigen Getreidesorten. Die Menschen fanden damals heraus, dass sich die Körner zu Mehl zerreiben ließen. Aus diesem Mehl konnten sie einen einfachen Getreidebrei oder Brot zubereiten.

Wahrscheinlich bemerkten die Menschen, dass an den Stellen, an denen Körner liegen geblieben waren, im nächsten Jahr wieder neue Pflanzen wuchsen. Nach dieser Beobachtung streuten sie ganz bewusst Körner in den Boden. Die angehenden Pflanzen wurden gepflegt und später geerntet. Damit begann die Zeit des Ackerbaus.

Acker
Boden, der so bearbeitet wird, dass auf ihm zum Beispiel Getreide oder andere Dinge angepflanzt werden können

T4 • Viehzucht

Die Menschen begannen, Wildtiere einzufangen. Sie fütterten und pflegten sie. Auf diese Weise wurden aus wilden Ziegen, Schafen, Rindern und Schweinen Haustiere. So hatten die Menschen regelmäßig Fleisch, wenn sie ein Tier schlachteten. Aber auch Milch, Wolle und Felle erhielten sie durch die Viehzucht. Damals lebten auch schon Hunde als Haustiere bei den Menschen. Diese entwickelten sich aus gezähmten Wölfen.

Ab etwa 6000 v. Chr. zogen die Menschen in Europa nicht mehr umher. Aus Sammlern und Jägern wurden Ackerbauern und Viehzüchter. Sie erzeugten ihre Nahrung selbst. Damit begann die Jungsteinzeit.

⑤ Welche der in M1 abgebildeten Tiere leben bis heute in unseren Wäldern?

❻ a) Wie entwickelte sich der Ackerbau? (T3)
b) Wie entwickelte sich die Viehzucht? (T4)
Partnerpuzzle

❼ Hilfe Warum hat die Warmzeit das Leben der Menschen verändert? Erkläre. (T2, T3, T4, M1, M2)

Hilfe zu
❼ Nutze Wendungen wie zum Beispiel:
deshalb – darum – aus diesem Grund – weil – wegen.
Folgende Satzanfänge kannst du nutzen:
Durch das warme Klima gab es jetzt … . Hier fanden die Menschen … . Später lernten sie … . Aus Sammlern und Jägern wurden … .

M1 Leben in einer jungsteinzeitlichen Siedlung

Lichtung
baumfreie Fläche mitten im Wald

roden
Roden heißt, dass Bäume mit den Wurzeln entfernt werden. Der Boden kann dann als Acker genutzt werden.

Ton
eine Bodenart, die zur Herstellung von Schüsseln und Krügen verwendet werden kann. Der Ton wird geknetet und geformt und dann im Feuer gehärtet.

Die Menschen werden sesshaft

T1 • Die ersten Dörfer

Die Menschen in der Jungsteinzeit zogen nicht mehr als Jäger und Sammler umher. Sie errichteten Häuser auf waldfreien Anhöhen, an Flüssen oder auf Lichtungen im Wald. Fanden sie keine Lichtungen, mussten sie Wald roden. Ausgrabungen zeigen, dass diese Häuser eine Länge von 40 Metern hatten. Hier konnten bis zu 20 Menschen leben. Die Häuser der Menschen waren in Wohn-, Speicher- und Stallteile aufgeteilt. Aus einzelnen Häusern wurden Siedlungen und Dörfer.

T2 • Neuerungen der Jungsteinzeit

Die Menschen erfanden in der Jungsteinzeit viele neue nützliche Geräte und Werkzeuge oder verbesserten sie. Sie lernten zum Beispiel, Gefäße aus Ton herzustellen. Darin konnten sie Vorräte über einen längeren Zeitraum aufbewahren. Die Wolle der Schafe verarbeiteten sie zu Garn, aus dem sie Stoffe herstellten.

1. a) Was machen die einzelnen Personen? Beschreibe mindestens drei. (M1)
   b) Welche Geräte und Werkzeuge kannst du erkennen? (M1)
   Bienenkorb
2. Aus welchen Materialien sind die Häuser gebaut? (M1)
3. Hilfe Warum erfanden die Menschen in der Jungsteinzeit neue Geräte? (T2)
4. Warum waren Tongefäße und Stoffe eine große Verbesserung? Erkläre. (T2)

Hilfe zu
③ Denke an Dinge wie Zeit oder Notwendigkeit.

T3 • Die Lebensweise verändert sich

Das Leben der Menschen in einer festen Siedlung hatte viele Vorteile. Die Menschen konnten sich nun besser um Kinder, Alte und Kranke kümmern. Mehr Kinder überlebten und die Menschen wurden älter. Außerdem bot das Dorf einen besseren Schutz vor gefährlichen Tieren.

Die Arbeit in der Dorfgemeinschaft wurde verteilt. Jeder musste Aufgaben für die Gemeinschaft übernehmen. Einige stellten Werkzeuge oder Waffen her, andere töpferten Tongefäße, andere kümmerten sich um das Vieh und andere wiederum stellten Kleidung her oder backten Brot. Bei der Feldarbeit mussten alle helfen.

Die Kinder lernten alle wichtigen Tätigkeiten wie schon in der Altsteinzeit: Sie sahen den Erwachsenen bei der Arbeit zu und mussten mithelfen.

M2 Tongefäß

5 Hilfe Welche Vorteile hatte das Leben in festen Siedlungen? Erkläre. (T3, M1)

6 Hilfe Vergleiche die Alt- und Jungsteinzeit.
Stühletausch

7 Warum kann der Schritt von Sammlern und Jägern zu Ackerbauern und Viehzüchtern als ein sehr großer Schritt der Menschheit bezeichnet werden? Erkläre.
Think – Pair – Share

8 Überlege, ob das Leben am immer gleichen Ort auch Nachteile haben konnte.
Lerntempoduett

Hilfe zu

5 Die Menschen konnten sich besser um die Kinder ... . Das Dorf ... . Die Arbeit ... .

6 Du kannst eine Tabelle anlegen:

	Altsteinzeit	Jungsteinzeit
Nahrung		
Wohnen		
Werkzeuge		
...		

M1 Hakenpflug
Mit dem Pflug konnten die Menschen den Boden schneller und großflächiger bearbeiten. Der Boden wurde so gelockert und gewendet und für die Aussaat vorbereitet. Früher mussten sie das in mühevoller Arbeit mit einem Spaten machen.

M2 Durchbohrte Steinaxt
Durch das Loch in dem geschliffenen Stein konnte ein Holzstiel gesteckt werden. So erhielten die Menschen eine gute, haltbare Axt zum Roden. Früher war der Stiel nur an den Stein gebunden worden.

M3 Räder und Wagen aus der Jungsteinzeit (heutige Nachbildung)
Vor etwa 5000 Jahren erfanden die Jungsteinzeitmenschen das Rad. Nach neuesten Erkenntnissen fertigten Menschen im Alpenvorland aus Baumstämmen, die sie in Scheiben sägten, ihre Räder. Mit solchen Wagen konnten sie nun bis zu 500 kg Materialien transportieren.

Erfindungen der Jungsteinzeit

Menschen als Erfinder

T1 • Erfindungen verändern das Leben in der Jungsteinzeit

Seit der Sesshaftigkeit erfanden die Menschen mehr und mehr Werkzeuge und Arbeitsgeräte. Das war nötig, weil sie neue Geräte brauchten, um ihre Felder zu bestellen, Bäume zu fällen oder Häuser zu bauen. Alle Erfindungen erleichterten ihnen die oft schweren Arbeiten. Mit der Zeit wurden ihre Werkzeuge und Geräte immer besser und haltbarer als die, die sie zuvor benutzt hatten.

T2 • Erfindungen der Gegenwart

Auch in unserer Zeit werden immer wieder Erfindungen gemacht. Der Mensch entwickelt Maschinen, Arzneimittel, Software, neue Fernseher, Nahrungsmittel, Haushaltsgeräte und vieles mehr. Wie schon in der Steinzeit erleichtern viele Erfindungen vor allem Arbeitsabläufe. Aber auch in unserer Freizeit verwenden wir viele Neuerungen.

M4 Traktor mit modernem Pflug
Mit den modernen Pflügen können Landwirte heute nicht nur die Erde auflockern, sondern auch umwenden. Mit den Schaufeln werden mehrere Furchen gleichzeitig gezogen. Der abgebildete Pflug hat neun Schaufeln. Damit wird auf einmal eine Feldbreite von knapp 3 Metern bearbeitet.

M5 Die moderne Holz-Erntemaschine fällt den Baum, entfernt die Äste und sägt den Stamm in passgenaue Stücke. Danach werden die Stücke zum Abtransport abgelegt oder gleich verladen. Einige Modelle von Erntemaschinen zerkleinern auch die Äste zu Holzschnitzeln und fangen sie in einem großen Behälter auf.

Erfindungen unserer heutigen Zeit

❶ a) Beschreibe die Arbeit, die in M1 verrichtet wird.
b) Hilfe Warum war die Erfindung eines Pfluges für die Menschen besonders wichtig? Erkläre. (M1, T1)

❷ Erfindungen erleichterten das Leben der Menschen der Jungsteinzeit. Erkläre. (M1–M3)
Partnervortrag

③ Warum ist das Pflügen heute erheblich leichter? Erkläre. (M4)

④ Hilfe Warum ist das Fällen von Bäumen heute viel einfacher als in der Jungsteinzeit? (M5)

⑤ Überlegt gemeinsam, auf welche Arten heute Dinge aller Art transportiert werden können.
Placemat

❻ a) Nenne Erfindungen, die in deinem Leben eine Rolle spielen.
b) Erleichtern alle neuen Erfindungen das Leben? Diskutiert in der Klasse.

Hilfe zu

❶ b) Mit dem Pflug konnten sie ihre Felder besser … . Dadurch war der Ertrag … .

④ Körperlich anstrengend und sehr zeitaufwendig wurde mit der Steinaxt … . Heute … .

Ein Projekt

Arbeiten wie in der Steinzeit

Thema 1: **Steinzeitkünstler – Wände gestalten**

Materialliste für die Farben:
A) rote Ziegelsteine, Kreide, Holzkohle, Johannis- oder Blaubeeren, Wasser, Eigelb

So gehst du vor:
A) Zerstampfe die Kreide (weiß) und die Holzkohle (schwarz) in feines Pulver, reibe die roten Ziegelsteine aneinander, bis du rotes Pulver erhältst, presse die Früchte aus (blauer oder schwarzer Saft). Gib zu den verschiedenen Pulvern etwas Wasser. Mische dies und die Säfte mit Eigelb. Fertig sind die Farben.

Materialliste „Felswand“:
A) Schuhkartondeckel, Gips, Wasser; braunes Packpapier
B) Schieferplättchen, spitzer Stein (Nagel)

So gehst du vor:
A) Rühre Gips an, fülle ihn in den Kartondeckel, streiche ihn nicht glatt, denn eine Felswand ist auch nicht glatt. Lasse den Gips trocknen und bemale ihn (oder das Packpapier) mit den Farben.
B) Besorge dir Schieferplättchen bei einem Dachdecker. In diese kannst du mit dem spitzen Stein (oder dem Nagel) beispielsweise Tiere einritzen.

M1 Höhlenmalerei

M2 Faustkeil herstellen

Thema 2: **Handwerker – Faustkeil herstellen**

Materialliste:
Feuersteine, harter Schlagstein, Arbeitshandschuhe, Schutzbrille

So gehst du vor:
Schlage mit dem Schlagstein auf den Feuerstein, sodass sich kleine Teile lösen und scharfe Kanten entstehen. Die Splitter wurden damals übrigens auch als Werkzeuge benutzt. Trage unbedingt eine Schutzbrille und Arbeitshandschuhe.

Thema 3: Steinzeitkünstler – Schmuck anfertigen

Materialliste:
Schneckenhäuser, Tierzähne, Muschelschalen, Federn, Lederband oder Schnur, spitzer Stein oder Nagel, Arbeitshandschuhe

So gehst du vor:
Bohre mit dem spitzen Gegenstand Löcher in die Materialien. Trage dabei die Arbeitshandschuhe. Ziehe die Gegenstände nach deinem Geschmack auf das Lederband oder die Schnur auf. Fertig ist die Halskette.

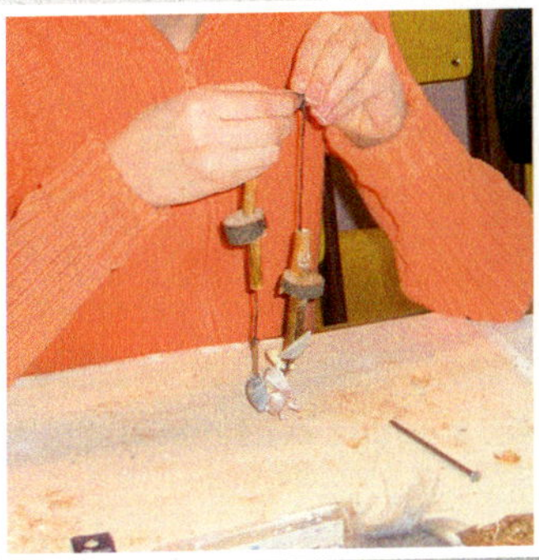
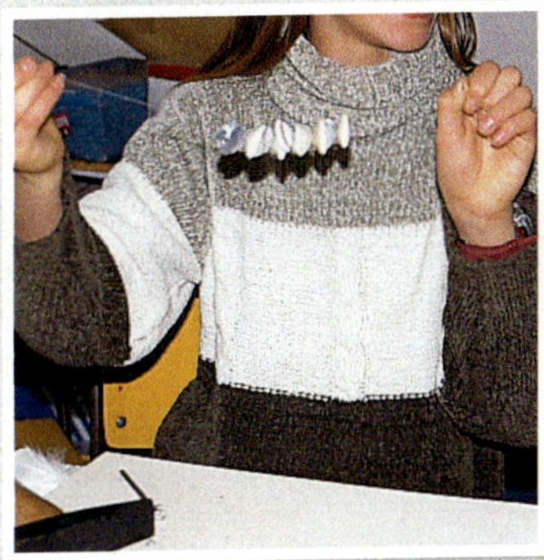
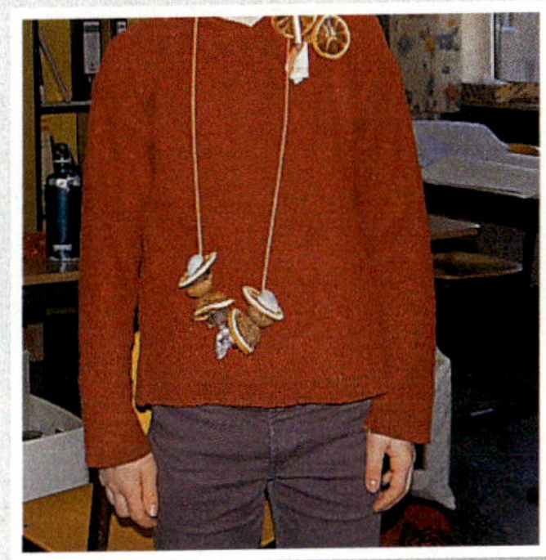

M3 Schmuckherstellung

Thema 4: Bäcker – Mehl herstellen und Brötchen backen

Materialliste:
Weizenkörner, Wasser, flache Steinplatte, runder Stein (mindestens faustgroß)

So gehst du vor – mahlen:
Schütte einige Körner auf die Steinplatte und reibe kräftig mit dem runden Stein über die Körner. Das machst du so lange, bis die Körner zu Mehlstaub zerrieben sind. Blase die Schalen vorsichtig weg und schütte das entstandene Mehl in ein Gefäß.

So gehst du vor – backen:
Mische vier Esslöffel Mehl mit 125 ml Wasser. Knete den Teig durch. Zwar gab es in der Steinzeit noch kein Salz, aber zum besseren Geschmack kannst du etwas Salz hinzufügen. Lasse den Teig zwei Tage ruhen. Knete ihn dann noch einmal kräftig durch. Forme nun einen flachen Teigfladen. Backe ihn im Backofen bei mittlerer Hitze ungefähr 50 Minuten.

Wenn du wie die Steinzeitmenschen vorgehen willst, backe den Teig auf einer heißen Steinplatte. Verwende eine dünne Steinplatte, die du über ein offenes Feuer legen kannst. Aber Achtung: Drehe den Fladen mehrfach um, damit er nicht anbrennt.

M4 Mehl herstellen und Brot backen

M1 Ein Bergwerk, in dem metallhaltiges Gestein abgebaut wird, um 1700 v. Chr. (heutige Zeichnung)

Von der Steinzeit zur Metallzeit

T1 • Ein neuer Werkstoff – Metall

Etwa 4500 v. Chr. begannen die Menschen, in Mitteleuropa neben den Werkstoffen Stein, Knochen und Holz auch Metall zu verwenden. Das Metall gewannen sie aus erzhaltigem Gestein. Mit dem Metall konnten die Menschen bessere Geräte, Waffen oder Schmuck anfertigen.

Erze sind vorwiegend unter der Erde zu finden. Um sie abzubauen, gruben die Menschen tiefe Schächte in die Erde. Die Stellen mit den Erzen wurden erst mit Feuer erhitzt und danach mit kaltem Wasser abgeschreckt. Dadurch entstanden Risse. Nun konnten die Menschen mit Hämmern und spitzen Gegenständen die Erzbrocken abschlagen.

Um das Metall aus dem Erz herauszulösen, wurde das Erz mithilfe von Holzkohle in Schmelzöfen auf über 1000 °C erhitzt. Dadurch wurde reines Metall aus dem Gestein herausgeschmolzen.

Erz
Eisen, Kupfer und andere Metalle sind in Gestein eingelagert. Diese metallhaltigen Gesteine heißen Erze.

T2 • Vorteile des Werkstoffs Metall

Ab 2200 v. Chr. gewann die Bronze an Bedeutung. Sie war eine Metallmischung aus Kupfer und Zinn und deutlich härter als reines Kupfer. Der Werkstoff Stein verlor nun an Bedeutung und die Metallzeit begann.

Etwa 800 v. Chr. setzte sich in Mitteleuropa Eisen durch. Es ist noch härter als Bronze und damit noch einmal besser geeignet für Werkzeuge und Waffen. Die aus Metall gefertigten Gegenstände hielten oft länger. Zerbrachen sie oder wurden sie beschädigt, konnte man sie durch Einschmelzen oder Erhitzen wieder bearbeiten. Das war ein großer Vorteil. Messer und Äxte aus Metall konnten zum Beispiel öfter und besser geschärft werden als die aus Stein.

M2 Schmelzofen aus Lehm mit Kupfererz und Holzkohle, angefeuert mit einem Blasebalg (heutige Zeichnung)

T3 • Neue Berufe entstehen

Die Verarbeitung von Metall wurde immer wichtiger. Der Abbau der Erze, das Herausschmelzen der Metalle sowie die Verarbeitung der Metalle erforderten besondere Kenntnisse und Fähigkeiten. Für diese Tätigkeiten waren Spezialisten erforderlich. Es kam zur Arbeitsteilung und verschiedene Berufe entstanden: Bergleute, Schmelzer, Kupfer- und Bronzegießer, Schmiede, Händler und andere.

Diese Menschen hatten keine Zeit mehr, sich durch Landwirtschaft mit Nahrung selbst zu versorgen. Deshalb tauschten sie ihre Produkte bei den Bauern gegen Nahrungsmittel ein. Dieser Tauschhandel war aber nur möglich, weil die Bauern mittlerweile mehr ernteten, als sie selbst benötigten.

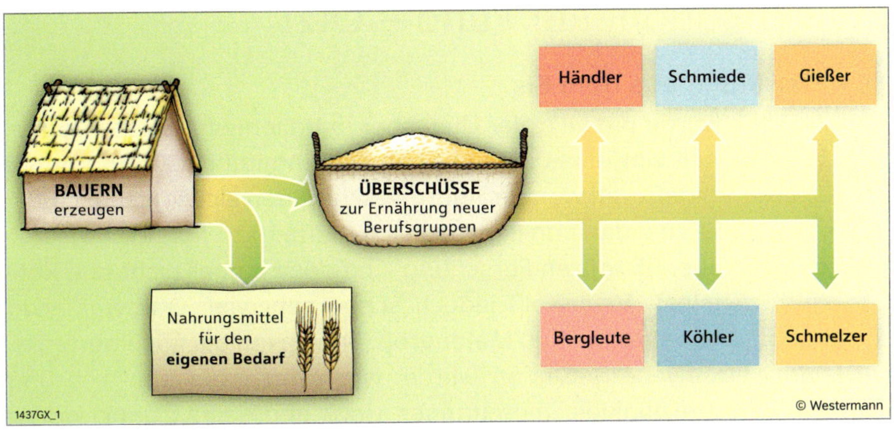

M3 Metallzeit: Berufe entstehen

Armreif aus Eisen

Kessel aus Bronze

Speerspitze und Axt aus Eisen

M4 Produkte aus Metall

❶ a) Beschreibe die Arbeiten in M1.
b) Schätze ein, wie gefährlich die Arbeiten im Bergwerk waren.
c) Überlege, wie wichtig das abgebaute Gestein war.

❷ a) Hilfe Wie wurden Erze im Bergwerk abgebaut? Beschreibe. (M1, T1)
Lerntempoduett
b) Wie wurde das Metall aus den Erzen gewonnen? Erkläre. (T1, M2)

❸ Hilfe Warum war Metall besser als Stein zur Herstellung von Werkzeugen, Waffen oder Schmuck geeignet? Erkläre. (T2)

④ Warum hat sich letztendlich das Metall Eisen durchgesetzt? (T2)
Partnerabfrage

❺ a) Nenne Berufe, die sich neu entwickelt haben. (T3, M3)
b) Hilfe Warum entstanden Berufe? (T3)

❻ Versetze dich in eine Berufsgruppe aus M3. Erkläre, warum dein Beruf wichtig für die Menschen deiner Zeit ist.
Kugellager

Hilfe zu

❷ a) Benutze die Wörter:
Feuer – Wasser – Hämmer - Leiter – Körbe – Risse – Stützbalken – abschrecken – schlagen – zerkleinern – transportieren – ziehen.

❸ Beginne die Erklärung so:
Werkzeuge, Waffen und Schmuck aus Metall waren ..., weil ... .

❺ b) Bilde Sätze aus folgenden Wortgruppen:
die Bauern erzeugten – Nahrungsmittel für den eigenen Bedarf – Bauern produzierten Überschüsse – für neue Berufsgruppen – tauschten Erzeugnisse usw.

M1 Fund einer 5300 Jahre alten Leiche 1991

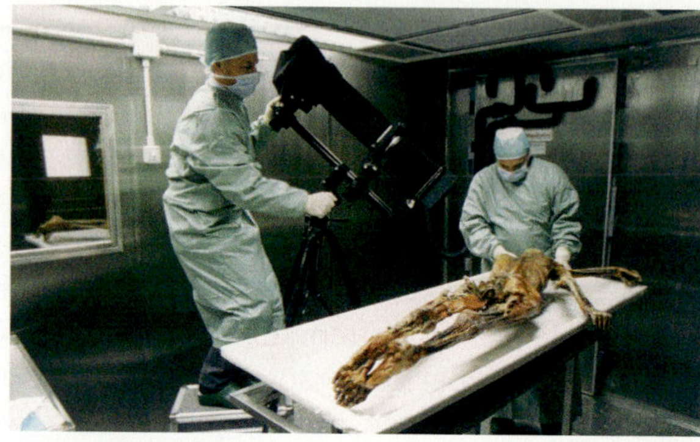

M2 Untersuchung der Leiche durch Wissenschaftler

Ein sensationeller Fund – Ötzi

T1 • Der Mann aus dem Eis

Im Jahr 1991 wurde am Ötztaler Gletscher in Italien eine Leiche gefunden. Sensationell war, dass diese Leiche seit ungefähr 5300 Jahren im Gletschereis eingefroren war. Bis heute beschäftigen sich Wissenschaftler mit dieser Leiche, die man liebevoll Ötzi taufte.

Auch nach über 25 Jahren Forschung sind noch immer nicht alle Rätsel um Ötzi gelöst. Man weiß jedoch schon sehr viel: Ötzi war etwa 45 Jahre alt und ungefähr 1,60 Meter groß. Er wog um die 45 Kilogramm. Da kaum Fettgewebe gefunden wurde, war seine Figur sportlich und drahtig. Er hatte dunkles, mittellanges Haar und seine Zähne waren stark abgenutzt. Warum er im Frühsommer in dieser Höhe unterwegs war, ist unklar. Sicher ist aber, dass er ermordet wurde. Ein Pfeil hatte ihn in den Rücken getroffen. Innerhalb weniger Minuten verblutete er.

M3 Ausrüstungsgegenstände von Ötzi

1. Beschreibe die Fundstelle von Ötzi. (M1)
2. a) Was gibt es für Forschungsergebnisse über Ötzi? (T1)
   b) Welche Gegenstände trug Ötzi bei sich? (M3)
   Partnervortrag
3. Hilfe Warum konnten die Wissenschaftler Ötzi so gut erforschen? Erkläre.

Hilfe zu

③ Benutze die Begriffe: eingefroren – Eis – Leiche – Wissenschaftler – untersuchen.

Eine Geschichtserzählung

Der tödliche Marsch

Ötzi hatte sich für den schweren Weg ins Nachbartal gut vorbereitet. Auch wenn es Frühsommer war, musste ein Berg von über 3200 Metern überstiegen werden und auf dem Gletscher dort oben war es windig und eisig kalt.

Ötzi hatte sich seine Beinbekleidung angezogen. Diese war aus Ziegenleder gefertigt. Wie immer befestigte er sie mit Bändern an seinem Gürtel. So konnten sie ihm beim Laufen nicht verrutschen. Auch das Unterhemd, das sich Ötzi anzog, war aus feinem Ziegenleder. Dann stieg er in seine Hirschlederschuhe, die innen sehr warm waren. Die Sohle war aus Bärenfell, denn dieses Leder ist fester und hat Noppen. Die Noppen verhinderten das Ausrutschen auf glatten Flächen. Darüber hinaus waren an der Sohle längs und quer laufende Lederschnüre angebracht, die der Sohle ein zusätzliches Profil gaben. Zum Schluss zog er seinen Ledermantel an und setzte die Bärenfellmütze auf.

Ein letztes Mal kontrollierte er seine Ausrüstung: Der Dolch saß im Gürtel und der Köcher war mit Pfeilen gefüllt. Sein Beil steckte neben seinem Dolch. Er rollte die Grasmatte ein und befestigte sie an seiner Trage. Als Letztes füllte er etwas Glut in einen seiner Rindenbehälter. Nun war er für seinen Weg vorbereitet.

Der Marsch ins Nachbartal war gefährlich. Es gab Bären, die dort oben lebten. Zudem hatte er vor Kurzem Männer des Nachbarstammes gesehen. Sie waren seine Feinde, und vor ihnen musste er sich in Acht nehmen.

Schon am zweiten Tag seines schweren Weges erlebte er die erste Überraschung. Er hatte sich gerade ein Feuer gemacht und begonnen, sein mitgenommenes Fleisch zu braten. Plötzlich kam ein großer Braunbär angetrottet. Zum Glück hatte Ötzi seinen Rastplatz gut gewählt. Langsam kroch er in die kleine Öffnung einer Höhle. Die war zum Glück gerade so klein, dass Ötzi sich durchzwängen konnte. Hier war er vor dem Bären sicher. Dieser hatte auch bislang kein Interesse an ihm gezeigt. Vielmehr machte das riesige Tier sich über die Rehkeule her, die sich Ötzi gerade zubereitet hatte. Nachdem der Bär gefressen hatte, brummte er zufrieden und trottete langsam weiter. Ötzi wartete noch eine gute Stunde – zur Sicherheit.

4 a) Nenne die Kleidungsstücke von Ötzi.
b) Aus welchen Materialien war seine Kleidung hergestellt?

5 Warum waren Ötzis Schuhe für den Marsch über den Gletscher besonders geeignet?

6 Wovor musste sich Ötzi auf seinem Marsch in Acht nehmen?

7 Hilfe Erzähle die Geschichte weiter. Benutze die Forschungsergebnisse.

Hilfe zu

7 So kannst du beginnen:
Ötzi wartete noch … . Er machte sich wieder auf … . Plötzlich hörte er … . Feinde … .

Sachquellen beschreiben

T1 • Zeugen der Vergangenheit

Viele unterschiedliche Arten von Quellen werden gesammelt, untersucht und ausgewertet. Sie geben uns eine Vorstellung davon, wie das Leben der Menschen früher gewesen sein könnte.

Sachquellen werden auch gegenständliche Quellen genannt. Je weiter man in die Vergangenheit zurückgeht, desto schwieriger ist es, Sachquellen zu finden. Zu den Sachquellen gehören zum Beispiel Gefäße, Münzen, Waffen, Werkzeuge, Knochen oder Gebäude.

M1 Die Axt, die bei Ötzi gefunden wurde, ist die älteste vollständig erhaltene Axt. Sie ist über 5000 Jahre alt. (Nachbildung)

fungieren
als etwas dienen, benutzt werden als etwas, zum Beispiel „die Axt fungiert als Werkzeug“ heißt, „die Axt wird als Werkzeug benutzt“.

Besonders wertvoll: ein vollständig erhaltener Köcher voller Pfeile und eine Kupferaxt. Mit dieser Axt sorgt der Mann aus der Steinzeit bei den Wissenschaftlern für eine Überraschung. Bis dahin hatte man nämlich gedacht, dass der Guss von Kupferklingen erst 1000 Jahre später erfunden wurde.

Der Gletschermann führte alles mit sich, was zum Überleben in den Bergen notwendig war. Dazu gehörten auch Ersatzmaterialien wie Lederriemen und Sehnen. Dolch und Axt fungierten vorwiegend als Werkzeuge.

M2 Informationen zur Ausrüstung von Ötzi (2016)

Methoden lernen

1. Schritt: **Eine Sachquelle beschreiben**

- Betrachte den Gegenstand genau.
- Benenne, um welchen Gegenstand es sich handelt.
  Bei dem Gegenstand handelt es sich um ... .

2. Schritt: **Eine Sachquelle untersuchen**

- Ermittle, wer den Gegenstand benutzt hat.
  Tipp: Überlege, in welchen Bereichen der Gegenstand eingesetzt werden konnte: bei der Arbeit auf dem Feld oder im Wald, im Haushalt oder zur Verteidigung.
  Die Axt wurde benutzt von ... .
- Kläre, aus welcher Zeit er vermutlich stammt.
  Tipp: Nutze alle zusätzlichen Informationen. Wenn du keine Informationen bekommst, stelle eigene Vermutungen an.
  Der Gegenstand stammt ... .
  Er ist jünger als ... , weil ... .
  Er ist älter als ..., da ... .
- Nenne die Materialien, aus denen der Gegenstand besteht.
  Die Axt wurde aus verschiedenen Materialien hergestellt.
  Die Klinge ist aus ... . Der Griff ... . Das Material zum Befestigen der Klinge ist ... . Damit wurde ... umwickelt.
- Untersuche, wie er benutzt wurde.
  Eine Axt konnte der Mann aus dem Eis ... .
  Er konnte damit ... .
  Hilfreich war sie auch bei ... .
  Er benutzte die Axt ... .

3. Schritt: **Eine Sachquelle einordnen**

- Stelle fest, was wir über die Zeit, aus der der Gegenstand stammt, erfahren.
  Die Zeit, in der der Mann aus dem Eis lebte, war ... .
  Er konnte nur die Materialien nutzen, die ... .
  Er nutzte deshalb ... .
  Forscher haben herausgefunden, dass ... .
  Er musste immer ....
- Vermute, welche Bedeutung und welchen Wert der Gegenstand für seinen Nutzer hatte.
  Ich vermute, dass ... .
  Ich glaube, ...
  Vermutlich ... .
  Wahrscheinlich ... .
  Vielleicht ... .
- Überprüfe, ob wir heute noch ähnliche Gegenstände verwenden.
  Heute gibt es auch ... .
  Die Axt, die bei Ötzi gefunden wurde, ist ähnlich wie ... .
  Äxte werden auch heute ... .

---

das Werkzeug
die Axt
die Klinge aus Kupfer
der Griff aus Holz
Lederriemen und Sehnen zum Zusammenbinden

Tipp
Nutze die Anleitung für den Operator „beschreiben“ auf Seite 12/13.

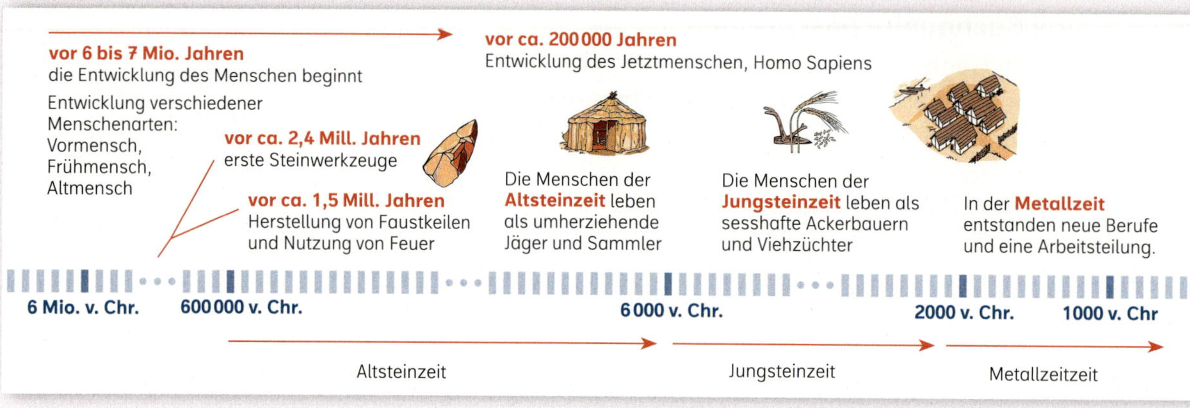

Leben in vorgeschichtlicher Zeit

Wie haben sich die Menschen entwickelt?

Der Ursprung der Menschheit liegt in Afrika. Hier entwickelten sich die Vormenschen vor etwa 6 bis 7 Millionen Jahren. Mit dem Aussehen und der Intelligenz des heutigen Menschen hatten sie wenig gemeinsam. Die Entwicklung des Menschen verlief in verschiedenen Stufen. Es gab Vormenschen, Frühmenschen und Altmenschen, bis sich vor ungefähr 20000 Jahren der Jetztmensch, der Homo Sapiens, entwickelte.

Warum war Stein ein wichtiger Werkstoff für die Menschen?

Vor rund 2,4 Millionen Jahren begann der Mensch, Werkzeuge aus Stein herzustellen. Zuerst wurden nur einfache Steine grob bearbeitet. Doch mit jedem Schritt der menschlichen Entwicklung wurden die Arbeiten besser. Vor etwa 1,5 Millionen Jahren gelang es mit ausgesuchten Steinen ein besonders gutes Werkzeug herzustellen. Das war der Faustkeil.

Weil die ersten Werkzeuge aus Stein waren, heißt die Zeit zwischen 600000 v. Chr. und 2200 v. Chr. Steinzeit.

Wie lebten die Menschen in der vorgeschichtlichen Zeit?

Die Menschen der Altsteinzeit lebten als Jäger und Sammler. Sie sammelten alles in der Natur, was essbar war, und jagten alle Arten von Tieren. Gab es nicht mehr genug Essbares, zogen die Gruppen weiter. Sie errichteten dort neue Lager, wo sie wieder genug Nahrung vorfanden.

Die Menschen der Jungsteinzeit lebten als Ackerbauern und Viehzüchter. Ab etwa 6000 v. Chr. hatten die Menschen in Europa gelernt, wie Getreide angebaut und geerntet wird. Zudem war es ihnen gelungen, aus wilden Tieren Haustiere zu züchten. Sie mussten jetzt nicht mehr umherziehen, sondern lebten in festen Häusern. Aus einzelnen Häusern wurden Siedlungen und Dörfer.

In der Metallzeit lernten die Menschen aus Metallen bessere Gegenstände anzufertigen. Metall hatte gegenüber Stein viele Vorteile: Ging zum Beispiel ein Metallgegenstand kaputt, konnte das Metall eingeschmolzen und neu angefertigt werden.

Ackerbau

Der Anbau von Getreide und Gemüse auf Feldern wird Ackerbau genannt. Vor rund 10 000 Jahren hatten die Menschen vermutlich erkannt, dass aus Körnern, die am Boden liegen geblieben waren, neue Pflanzen wuchsen. Nach diesen Beobachtungen streuten sie selbst Körner in den Boden. Die angehenden Pflanzen wurden gegossen und später geerntet.

Altsteinzeit

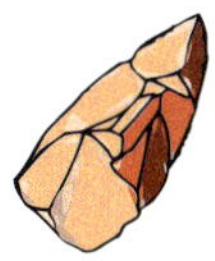

Die Altsteinzeit dauerte von 600 000 v. Chr. bis etwa 6000 v. Chr. Stein war in dieser Zeit das wichtigste und dauerhafteste Material für die Herstellung von Werkzeugen und Waffen.

Arbeitsteilung

Bezeichnung für die Aufteilung von Arbeiten, die nur Spezialisten ausführen können. Durch diese Aufteilung entstanden die ersten Berufe wie Bergmann, Schmied oder Händler. Die Arbeitsteilung setzte mit dem Ende der Jungsteinzeit und der beginnenden Metallzeit ein.

Jäger und Sammler

In der Altsteinzeit ernährten sich die Menschen von gesammelten Früchten und gejagten Wildtieren. Die Menschen zogen in Gruppen umher, denn sie mussten immer dorthin wandern, wo sie genug Nahrung in der Natur fanden.

Jungsteinzeit

Der Abschnitt der Jungsteinzeit dauerte von 6000 v. Chr. bis etwa 2200 v. Chr. In dieser Zeit lebten die Menschen von Ackerbau und Viehzucht. Sie zogen nicht mehr umher, sondern wohnten in festen Häusern, die zu Siedlungen und Dörfern wurden.

Metallzeit

Die Metallzeit folgte etwa 2200 v. Chr. der Jungsteinzeit. Zu dieser Zeit löste Metall den Stein als wichtigsten Rohstoff für Werkzeuge, Waffen und Schmuck ab. Das bereits in der Jungsteinzeit verwendete Kupfer wurde nun von der härteren Bronze verdrängt. Sie wiederum wurde ungefähr 800 v. Chr. von dem noch härteren Metall Eisen abgelöst.

Sesshaftigkeit

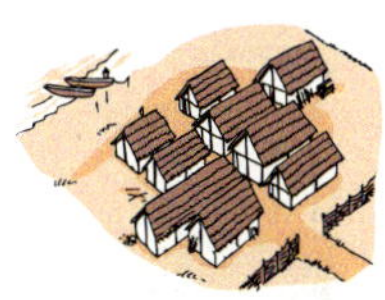

Hierunter wird verstanden, dass die Menschen nicht mehr als Jäger und Sammler ihrer Nahrung nachzogen, sondern an festen Plätzen Ackerbau und Viehzucht betrieben und feste Häuser bauten. In Europa trat das beim Übergang von der Altstein- zur Jungsteinzeit ein.

Viehzucht

Etwa um 6000 v. Chr. begannen die Menschen in Europa wilde Tiere einzufangen. Sie fütterten sie und pflegten sie, sodass sie zu Haustieren wurden. Dadurch hatten die Menschen regelmäßig Milch, Wolle und von den geschlachteten Tieren Fleisch und Felle. Die Menschen waren dadurch weniger auf die Jagd angewiesen.

Leben in vorgeschichtlicher Zeit

1. Was gehört wozu?

a) Ordne die Begriffe der Altsteinzeit oder der Jungsteinzeit zu.

Ackerbau – durchbohrte Steinaxt – Faustkeil – Fellzelt – Getreide – Haus – Höhle - Höhlenmalerei – Jäger – Mammut – Pflug – Sammler – sesshaft - Tongefäß – Viehzüchter – Wagen - Rad

Altsteinzeit	Jungsteinzeit

b) Arbeitet zu zweit: Teilt die Begriffe der Altsteinzeit und der Jungsteinzeit unter euch auf. Schreibt zu euren Begriffen jeweils eine Frage und die richtige Antwort auf. Fragt euch dann gegenseitig ab.

2. Richtig oder falsch?

a) Notiere in deinem Heft, welche Aussagen richtig oder falsch sind.

1. Archäologen erforschen, wie Menschen früher gelebt haben.
2. Aufgrund der Lage von Fundstücken in den Erdschichten können Wissenschaftler Aussagen über deren Alter machen.
3. Die Entwicklung des Menschen begann in Europa.
4. Lucy war ein Jetztmensch, der vor etwa 160 000 Jahren in Hannover gelebt hat.
5. Mit der Erfindung des Feuerzeuges konnten die Menschen der Altsteinzeit Feuer machen.
6. In der Altsteinzeit lebten die Menschen als umherziehende Sammler und Jäger.
7. Vor der Kälte schützten sich die Menschen der Altsteinzeit mit warmen Wolldecken.
8. Mit dem Ende der Eiszeit vor etwa 10000 Jahren veränderte sich die Natur.
9. Das Mammut wurde in der Jungsteinzeit zum Haustier der Menschen.
10. In der Jungsteinzeit lebten die Menschen als Ackerbauern und Viehzüchter.
11. Die Menschen der Jungsteinzeit bauten die ersten Häuser aus Stein.
12. Der Schritt von Sammlern und Jägern zu Ackerbauern und Viehzüchtern wird als großer Schritt der Menschheit bewertet.
13. In Plastikgefäßen konnten die Menschen der Jungsteinzeit ihre Nahrung in Kühlschränken aufbewahren.

b) Schreibe die Aussagen als Merktext ab und berichtige dabei die falschen Aussagen.

Lerntempoduett

3. Schüttelrätsel

a) Bringe die Buchstaben der gesuchten Begriffe in die richtige Reihenfolge.
Tipp: Zu jedem Begriff gibt es ein Bild auf dieser Doppelseite.

1. lmrmeas
2. ofttnop
3. dunh
4. cühretzvhei
5. ärjge
6. ulgpf
7. urefe
8. uarebkacre
9. tizseei
10. pukref
11. ilekuasft

b) Erklärt euch in Partnerarbeit gegenseitig die Begriffe.
Kugellager

4. Silbenrätsel

a) Bilde mit den folgenden Silben die gesuchten Begriffe.

be - berg - bron - ei - fe - fer - händ - kup - ler - leu - me - ru - schmel - sen - tall - te - ze - zeit - zer

1. härtestes Metall — 1) ___ ___ ___ ___ ___
2. entstehen durch Arbeitsteilung — 2) ___ ___ ___ ___ ___ ___
3. Personen, die Erze abbauen — 3) ___ ___ ___ ___ ___ ___ ___ ___ ___
4. Person, die aus Erzen Metalle gewinnt — 4) ___ ___ ___ ___ ___ ___ ___ ___ ___
5. erstes gefundenes Metall — 5) ___ ___ ___ ___ ___ ___
6. Person, die Waren anbietet — 6) ___ ___ ___ ___ ___ ___ ___
7. Metallmischung — 7) ___ ___ ___ ___ ___ ___
8. Zeit nach der Steinzeit — 8) ___ ___ ___ ___ ___ ___ ___ ___ ___ ___

b) Schreibe einen Spickzettel.

M1 Die Cheops-Pyramiden in Gise – erbaut vor 4600 Jahren

Ägypten – eine frühe Hochkultur

→ Warum bauten die Ägypter Pyramiden?

→ Warum siedelten die Menschen am Nil?

→ Wie lebten und arbeiteten die Ägypter?

M2 Der Nil in Ägypten

M3 Bauern bei der Feldarbeit (Grabmalerei aus dem 15. Jahrhundert v. Chr.)

M1 Der Nil in Ägypten

Der Nil – die Lebensgrundlage Ägyptens

fruchtbarer Boden
Dieser Boden ist reich an Nährstoffen, die für das Wachstum der Pflanzen wichtig sind.

Oase
Die Oase ist ein Ort in der Wüste. An diesem Ort gibt es Wasser und deshalb auch Pflanzen.

siedeln
Wenn Menschen siedeln, dann bedeutet es, dass sie an einem Ort bleiben und dort ihre Häuser errichten.

T1 • Der Fluss ermöglicht Leben in der Wüste

Fast ganz Ägypten liegt in einer Wüste, der Sahara. Dort regnet es sehr selten. Ein einziger Fluss spendet beinahe das gesamte Wasser. Dieser Fluss heißt Nil. Das Niltal in Ägypten ist ungefähr 1000 Kilometer lang und bis zu 20 Kilometer breit. Nur in dem Gebiet entlang des Nils ist Landwirtschaft möglich, weil der Nil und die fruchtbaren Böden eine Flussoase bilden. Das Niltal ist die längste Flussoase der Welt.

T2 • Menschen siedeln am Nil

Menschen siedelten sich in Flussoasen wie dem Niltal an, weil es dort ausreichend Wasser gab. Nach den heftigen Regenfällen in jedem Sommer überschwemmte der Nil die Uferbereiche. Dort lagen die Felder, auf denen die Ägypter zum Beispiel Getreide anbauten. Wenn das Nilwasser wieder zurückgegangen war, blieb fruchtbarer Schlamm zurück. Dieser Schlamm sorgte als Dünger für gute Ernten. Nach der Aussaat wurden die Felder von den Ägyptern mit Nilwasser bewässert.

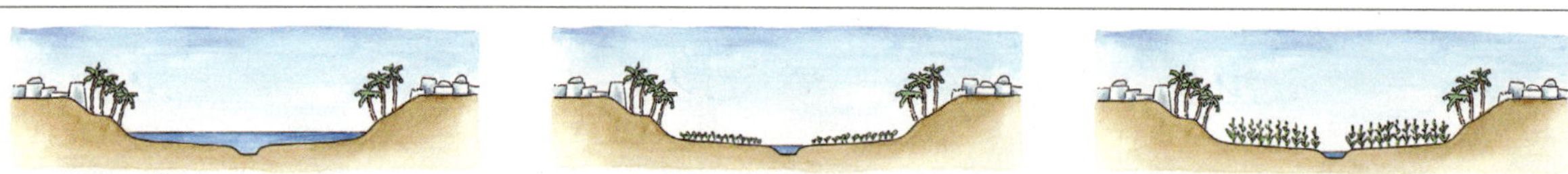

M2 Wasserstände des Nils und Jahreszeiten in Ägypten

1. Was ist das Besondere an der Nillandschaft? Beschreibe. (M1, M3)
2. Hilfe Was bedeutet der Begriff Flussoase? Erkläre. (T1)
3. a) Wie veränderte sich der Stand des Nils im Laufe des Jahres? Beschreibe. (M2)
   b) Wie teilten die Ägypter das Jahr ein? (M2)
4. Welche Folgen hatte das jährliche Nilhochwasser? Erkläre. (T2)
   Lerntempoduett

Hilfe zu
2. Der Begriff Flussoase bezeichnet … . Wichtige Kennzeichnen … . Besonders typisch ist … .

M3 Ein Satellitenbild des Nils

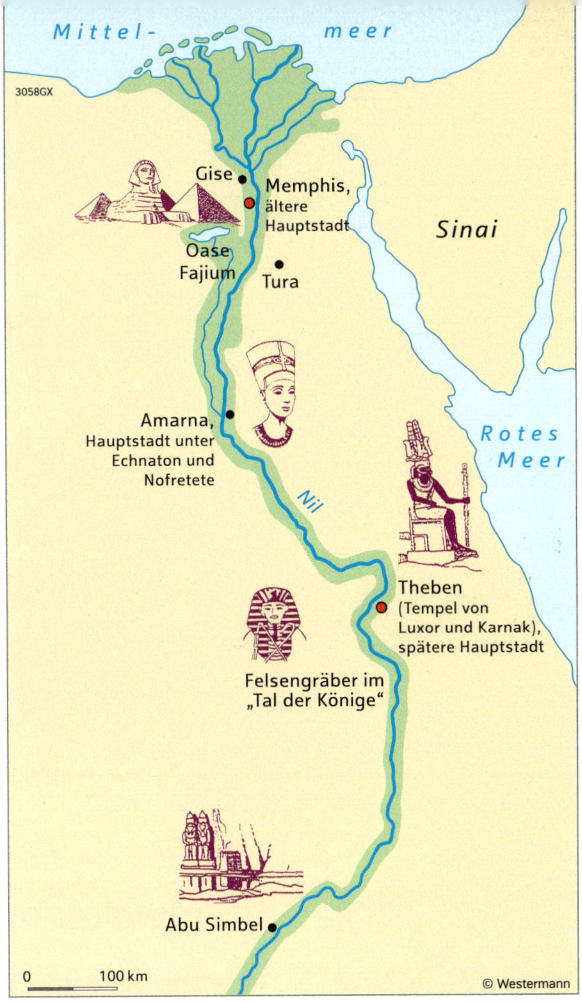

M4 Eine Karte des Nils

T3 • Ägypten – eine Hochkultur

Die Menschen wurden an den fruchtbaren Ufern des Niltals sesshaft. Sie gründeten größere Gemeinschaften. Aus kleinen Bauernsiedlungen entstanden um 3000 v. Chr. größere Dörfer, später sogar einige wenige Städte. Die Gemeinschaften und Dörfer entlang des Nils schlossen sich nach und nach zusammen. Es entstand ein Reich unter einem Herrscher. Angrenzende Gebiete wurden durch Kriege erobert und in das Reich einbezogen.

Die alten Ägypter besaßen bereits eine Schrift, um Informationen festzuhalten, und auch Gesetze, die das Zusammenleben der Menschen regelten. Handwerker und Künstler schufen Malereien, Skulpturen und große Bauwerke. Wissenschaftler forschten und Beamte kümmerten sich um die Verwaltung des Reiches. So eine weit entwickelte Gesellschaft nennt man Hochkultur.

5 Hilfe Warum gilt das alte Ägypten als eine Hochkultur? (T3)

6 Wo errichteten die Ägypter ihre Städte, Tempel und Gräber? (M4)

Hilfe zu

5 Zähle wichtige Kriterien auf.

Schrift: Wissen wurde weitergegeben
Gesetze: …

M1 Landwirtschaft am Nil (heutige Zeichnung)

M2 Schaduf

schöpfen
Eine Flüssigkeit wird mit einem Behälter irgendwo herausgenommen und woanders hineingegossen.

Landwirtschaft am Nil

T1 • Der Nil stellt viele Aufgaben

Im Niltal mussten die Menschen gemeinsam viele Aufgaben lösen. Nach der Überschwemmung mussten die Felder neu vermessen werden, denn sie waren mit einer schwarzen Schlammschicht bedeckt. Diese Aufgabe übernahmen die Seilspanner. Sie waren Landvermesser und teilten die Felder für die Bauern ein.

Nachdem die Felder abgemessen waren, pflügten die Bauern die Böden und säten zum Beispiel Getreide. Von da an wurden die Felder regelmäßig bewässert, denn in der Hitze wären sie sonst steinhart geworden. Dazu mussten Bewässerungskanäle gegraben und Schöpfgeräte gebaut werden. Ein wichtiges Schöpfgerät war das Schaduf. Mithilfe eines Ledereimers an einem langen Hebearm schöpften die Bauern jeden Tag Nilwasser in die Bewässerungskanäle.

1 Welche Aufgaben werden in M1 ausgeführt? Zähle auf und beschreibe.

2 a) Welche Aufgabe hatten die Seilspanner? (T1)

b) Hilfe Wie wurden die Felder angelegt und bearbeitet? Beschreibe. (M1, T1)

c) Hilfe Wie arbeiteten die Ägypter mit dem Schaduf? Erkläre. (T1)

Partnervortrag

Hilfe zu

2 b) Zähle wichtige Kriterien auf:
Böden – Saat – Bewässerungskanäle – Schöpfgeräte – ausbringen – anlegen – bewässern.

c) Du kannst eine Zeichnung erstellen oder einen kurzen Text schreiben:
Ein Schaduf besteht aus … . An einem langen … . Der Bauer schöpfte damit … .

T2 • Beamte überwachen die Arbeiten

Der Herrscher Ägyptens konnte die vielen Aufgaben in seinem großen Reich nicht selbst überwachen. Dazu benötigte er Beamte. Sie bekamen vom Herrscher bestimmte Aufgaben zugewiesen. Manche Beamte kontrollierten die Bewässerung der Felder und das Errichten von Dämmen. Andere beaufsichtigten die Ernte, nahmen die Abgaben der Bauern entgegen oder kümmerten sich um die Lagerung von Vorräten. Für all diese Aufgaben mussten Beamte lesen, schreiben und rechnen können. Bezahlt wurden sie mit Anteilen an Ernten oder mit Landbesitz.

Damm
Für einen Damm werden Erde und Steine angehäuft. Der Damm sorgt dafür, dass sich das Wasser eines Flusses staut oder kontrolliert abfließt.

dressieren
Beim Dressieren wird ein Tier so trainiert, dass es Kunststücke oder andere nützliche Handlungen auf Befehl tun kann.

züchten
Hierbei lässt man Pflanzen unter genauer Kontrolle so heranwachsen, dass sie verbessert werden.

M3 Neue Aufgaben – neue Anforderungen (heutige Zeichnung)

T3 • Was ernteten die ägyptischen Bauern?

Die Ägypter ernteten Getreide, vor allem Weizen und Gerste. Darüber hinaus pflanzten sie Wein und Obst an. Sie bauten verschiedene Gemüsesorten wie Linsen, Bohnen, Knoblauch, Lauch und Zwiebeln an. Für die Ernte von Feigen und Datteln, die auf Bäumen reiften, hatten die Ägypter Affen dressiert. Außerdem züchteten sie Gewürzpflanzen wie Wacholderbeeren, Koriander und Kümmel.

3 Hilfe Auf welche Tätigkeiten mussten sich die Beamten spezialisieren, damit die Landwirtschaft erfolgreich war? (T2, M3)
Stühletausch

④ Nenne landwirtschaftliche Produkte der ägyptischen Bauern. (T3)

Hilfe zu
3 Du kannst eine Tabelle nach folgendem Muster anlegen:

Tätigkeit	Bild
Land vermessen	…

Bildquellen beschreiben

Bilder können wichtige Quellen sein, um etwas über das Leben der Menschen in der Vergangenheit zu erfahren. Es gibt viele unterschiedliche Bildquellen. Gemälde, Fotografien, Zeichnungen, Buchmalereien oder Wandmalereien sind sehr häufig.

Um aber die richtigen Informationen aus einem Bild entnehmen zu können, muss ein Bild richtig verstanden werden. Wir müssen Bilder also genau betrachten, um die Einzelheiten richtig zu entschlüsseln. Dies fällt uns manchmal schwer, denn die Bedeutung von Farben, Zeichen oder Gegenständen hat sich verändert oder ist uns nicht bekannt.

M1 Der Beamte Nakht beaufsichtigt Bauern bei der Feldarbeit. (Wandmalerei aus dem 15. Jahrhundert v. Chr.)

Ägyptische Wandmalereien

Wissenschaftler haben viele Wandmalereien aus dem alten Ägypten untersucht, um etwas über das Leben der Menschen zu erfahren. Die Ägypter zeigten in ihren Bildern aber nicht einfach, wie der Alltag der Menschen aussah. Die ägyptischen Herrscher haben in Bildern darstellen lassen, wie sie sich den Aufbau der Gesellschaft vorstellten und nach welchen Regeln die Menschen leben sollten.

Das Bild M1 ist ein Ausschnitt einer Wandmalerei im Grab des Beamten Nakht. Wahrscheinlich ist es um 1425 v. Chr. entstanden.

Methoden lernen

Eine ägyptische Wandmalerei beschreiben

1. Schritt: Erste Eindrücke sammeln

- Beschreibe, wie das Bild auf dich wirkt.
- Nenne, was besonders auffällig ist.
- Formuliere Fragen, die sich dir beim Betrachten des Bildes stellen.
  Folgende Formulierungshilfen kannst du nutzen:
  Wenn ich das Bild betrachte, frage ich mich ... .
  Wenn ich das Bild betrachte, möchte ich gerne wissen, ...
  Wenn ich das Bild betrachte, verstehe ich nicht ... .

2. Schritt: Ein Bild genau beschreiben

- Beschreibe, was dargestellt wird. Was zeigt das Bild?
  Tipp: Formuliere einen Einleitungssatz. So kannst du beginnen:
  Das Bild M1 zeigt ... . In Bild M1 wird dargestellt ... . Auf dem Bild sehe ich ... .
- Beschreibe, wer oder was im Vordergrund, im Hintergrund, rechts und links zu sehen ist.
  Nutze folgende Satzanfänge:
  Im Vordergrund ... . Im Hintergrund ... . In der Mitte des Bildes ... .
  Rechts im Bild ... . Links im Bild ... .
- Beachte, welche Gegenstände, Personen und Tätigkeiten abgebildet sind.
  Personen: Bauern, Feldarbeiter, der ägyptische Beamte Nakht
  Gegenstände: ein Pflug, der von einem Rind gezogen wird;
  eine Axt, mit der ein Baum gefällt wird;
  eine Hacke, um den Boden zu lockern;
  Körbe, Schalen und Gefäße, um Vorräte zu lagern
  Tätigkeiten: pflügen, hacken, abholzen, fällen, sitzen, beobachten,
  kontrollieren, überwachen
- Berücksichtige auch Farben, Helligkeit und Stimmung des Bildes.

3. Schritt: Ein Bild richtig verstehen

- Nutze die zusätzlichen Informationen in der Bildunterschrift und im Info-Kasten.
- Benenne, um welche Art Bild es sich handelt und wann es entstanden ist.
  So kannst du beginnen:
  Bei dem Bild M1 handelt es sich ... . Es ist nur ein Ausschnitt aus ... .
  Das Bild befindet sich ... . Es wurde im Jahr ... .
- Prüfe, ob das Bild eine Meinung wiedergibt.
  So kannst du beginnen:
  Der Beamte Nakht ist eine wichtige ... . Er ... . Ich vermute, dass ... .

Der Pharao – Herrscher und Gott

> Seine Augen sehen jeden Körper, er ist Re (der Sonnengott) ... Er erleuchtet Ägypten mehr als die Sonne, er lässt das Land grün werden wie die Überschwemmungen des Nils. Er sorgt für die, die seinem Weg folgen.

M1 Loblied auf den Pharao (um 1350 v. Chr.)

Zeichen für die Herrschaft des ägyptischen Pharao:

1) der Krummstab als Zeichen für den Oberhirten des Volkes,
2) die Geißel (Peitsche) als Zeichen für die richterliche Gewalt und Macht,
3) der Geierkopf ist das Wappentier von Oberägypten,
4) die aufgebäumte Kobra ist ein Symbol der Macht und das Wappentier von Unterägypten,
5) der geflochtene Götterbart, der nicht echt ist und am Kinn befestigt wurde,
6) das königliche Kopftuch.

M2 Die Totenmaske des Pharao Tutanchamun; er regierte von 1347–1337 v. Chr.

❶ a) Hilfe Was für eine Aussage über den Pharao steckt in dem Loblied (M1)?
b) Wer könnte das Lied gesungen haben?

❷ Hilfe Trage die Herrschaftszeichen des Pharao zusammen. Ordne hierfür die Buchstaben A–F und die Stichpunkte 1–6 in einer Tabelle. (M2)
Stühletausch

Hilfe zu
❶ a) Du kannst folgende Formulierungshilfen nutzen:
Der Pharao ist ein ... . Er sorgt dafür, dass... .
❷ Lege deine Tabelle so an und ergänze:

Herrschaftszeichen		Bedeutung
1) Krummstab	F	ein Zeichen für ...

T1 • Der Pharao – Macht ohne Grenzen

Das Volk glaubte, dass der Pharao der Sohn des Sonnengottes Re war. Der Pharao wurde auch als Sonnengott bezeichnet und verehrt. Er war der ägyptische Herrscher und somit der mächtigste Mann des Landes.

Zu den Aufgaben des Pharao gehörte es, sein Volk zu beschützen. Er führte das Heer in die Schlacht, wenn Kriege gegen andere Länder geführt wurden. Der Pharao entschied als Richter über Leben und Tod, verwaltete den Staatsschatz und ließ Tempel und Pyramiden bauen. Alles in Ägypten gehörte dem Pharao.

Alle Menschen lebten und arbeiteten für den Pharao. Beamte gaben seine Befehle an die Untertanen weiter. Diese mussten von ihren Ernten einen großen Teil an den Pharao abgeben, damit er zum Beispiel auch Handwerker und Soldaten mit Nahrungsmitteln versorgen konnte.

Untertanen
Menschen, die einem Herrscher unterstehen

T2 • Hatschepsut – die Pharaonin

Der Pharao vererbte in der Regel sein Amt an einen seiner Söhne. Eine Ausnahme war die Pharaonin Hatschepsut, die von 1479 bis 1458 v. Chr. regierte. Beim Tod ihres Mannes Thutmosis II. war ihr Sohn Thutmosis III. noch zu jung zum Regieren. Deshalb übernahm Hatschepsut diese Aufgaben. Für die Bevölkerung war dies ein Verstoß gegen die Gesetze der Götter. Doch sie regierte so gut, dass sie dem Land eine 20 Jahre dauernde Friedenszeit brachte.

M3 Totentempel von Hatschepsut im Tal der Könige

M4 Skulptur der Hatschepsut (15. Jh. v. Chr.)

3. Welche Stellung hatte der Pharao gegenüber seinem Volk? Beschreibe. (T1)
4. Nenne die Aufgaben des ägyptischen Pharao. (T1)
5. Warum glaubten die Ägypter, dass der Pharao so große Macht hatte? Erkläre. (M1, T1)
   Lerntempoduett
6. Hilfe Was war an der Herrschaft Hatschepsuts außergewöhnlich? Erkläre. (M3, M4, T2)

Hilfe zu

6. Nutze folgende Formulierungshilfen:
   Der Pharao vererbte sein Amt an …, aber Hatschepsut war eine … .

M1 Ägyptische Bauern werden von Beamten geschlagen. (Wandrelief um 2500 v. Chr.)

Ungleiche Untertanen

Gesellschaft
Alle Menschen, die zusammen, zum Beispiel in einem Land, leben. Sie haben die gleichen Regeln, den gleichen Herrscher und meistens die gleiche Sprache.

T1 • Die ägyptische Gesellschaft

Die ägyptische Gesellschaft war in verschiedene Schichten aufgeteilt. Die meisten Menschen gehörten zur untersten Schicht, den Bauern. Obwohl sie mit ihrer Arbeit die Grundlage für den Reichtum des Pharao schufen, zählten sie nicht viel. In der gesellschaftlichen Rangfolge standen die Handwerker, Kaufleute und Soldaten über den Bauern. Die nächsthöhere Schicht bildeten die Beamten. Der höchste Beamte war der Wesir. An der Spitze der Gesellschaft stand der Pharao, der über alles und jeden bestimmen konnte.

T2 • Die Götter bestimmten den Platz in der Gesellschaft

Die Ägypter glaubten, dass die Götter ihnen den Platz in der Gesellschaft zugewiesen hatten. War man in eine Handwerker- oder Bauernfamilie geboren worden, wurde man später auch Handwerker oder Bauer. Nur wenigen gelang es, als Schreiber zu Beamten des Königs zu werden und in der Gesellschaft aufzusteigen.

❶ a) Wie behandeln die Beamten die Bauern in M1? Beschreibe.
b) Warum war es den Beamten erlaubt, auf diese Weise mit den Bauern umzugehen? Erkläre. (T1)

② Wie wurde in der ägyptischen Gesellschaft entschieden, zu welcher Schicht man gehörte? Erkläre. (T2)

③ Konnte man in der ägyptischen Gesellschaft aufsteigen? (T2)

Pharao: gottgleicher Herrscher über Ägypten

Wesir: oberster Verwalter und damit Chef der staatlichen Verwaltung

Priester: führten verschiedene Zeremonien zu Ehren der Götter durch

Schreiber: schrieben alles auf wie zum Beispiel Befehle, Abgaben, Materiallisten, Vorratsmengen

Beamte: überbrachten die Befehle des Pharao und überwachten deren Ausführung

Soldaten: zogen für den Pharao in den Krieg

Kaufleute: trieben im Auftrag des Pharao Handel

Handwerker: zum Beispiel Töpfer, Tischler, Steinmetze, Bildhauer, Goldschmiede

Bauern: sorgten dafür, dass alle Menschen im Land zu essen hatten, und arbeiteten auf den Baustellen des Pharao

M2 Der Aufbau der ägyptischen Gesellschaft: Die meisten Menschen gehörten zur untersten Schicht. Je höher man nach oben blickt, desto weniger Menschen lassen sich finden.

4 Hilfe Wie war die ägyptische Gesellschaft aufgebaut? Beschreibe. (M2)

5 Was war gut und was war schlecht an diesem Aufbau der Gesellschaft? (T1, M1, M2)
Think – Pair – Share

Hilfe zu

4 An der Spitze der Gesellschaft stand der ... . Er gab seine Befehle an den ... . Dieser unterstand nur dem Pharao und musste ihm ... . Der Wesir gab seine ... an Priester, ... oder ... .

gegenüberstellen

Wenn in der Aufgabenstellung steht, dass du Dinge einander gegenüberstellen sollst, dann geht es darum, diese genau anzuschauen und ihre Gemeinsamkeiten und Unterschiede aufzuzählen. In der Aufgabenstellung steht, was du genau einander gegenüberstellen musst. Das können zum Beispiel Dinge, Personen oder auch Aufgaben von Personen sein. Du musst zunächst möglichst viele Informationen über sie sammeln und aufschreiben. Diese Informationen ordnest du übersichtlich, sodass du ganz leicht erkennen kannst, welche Gemeinsamkeiten und welche Unterschiede die beiden haben.

1. Schritt: **Informationen sammeln**
- Was soll einander gegenübergestellt werden?

2. Schritt: **Die Informationen in eine Tabelle schreiben**
- Was erfährst du alles darüber?

3. Schritt: **Gemeinsamkeiten und Unterschiede formulieren**
- Was haben die zwei Dinge gemeinsam?
- Wo liegen Unterschiede?

T1 • Über die Priester

Die Priester halfen den Pharaonen in religiösen Dingen. Sie waren die Vermittler zwischen den Göttern und den Menschen. Zu ihren Aufgaben gehörte es, religiöse Feiern durchzuführen, die Tempel zu bewachen und sauber zu halten. Damit der Tempel rein blieb, mussten auch die Priester sehr sauber sein: Sie mussten sich zwei Mal am Tag und zwei Mal in der Nacht nach einer bestimmten Vorschrift waschen. Sie waren wohlhabend und beliebt. In der Gesellschaft standen sie über den Bauern und Handwerkern, aber unter dem Wesir und dem Pharao.

T2 • Über die Handwerker

Die Handwerker lebten in Dörfern oder Städten. Sie stellten beispielsweise Stoffe, Brot oder auch Keramikgefäße her. Kunsthandwerker, wie Steinmetze, Bildhauer oder Maler gab es weniger. Sie wurden besser bezahlt als die anderen Handwerker, da sie an wichtigen Gebäuden, wie Grabstätten, arbeiteten. Sie dienten alle dem Pharao. Die Kunsthandwerker wohnten oft direkt neben den Bauwerken, an denen sie arbeiteten. Ihre Arbeit mussten sie genau und schnell machen. In der ägyptischen Gesellschaft standen sie über den Bauern, aber unter den Beamten, Priestern und dem Pharao.

Stelle Aufgaben und Lebensweisen von Handwerkern und Priestern gegenüber.

Lebensweise
Zu der Lebensweise gehören Dinge wie Wohnung, Lohn und Stand in der Gesellschaft.

1. Schritt: Informationen sammeln.

- Im ersten Schritt sammelst du die Informationen zu den ägyptischen Priestern und Handwerkern. Kopiere dafür die Seite 64.
- Lies die Texte und markiere darin Aufgaben und Lebensweisen beider Personengruppen in den Texten.
- **Tipp:** Um die Informationen übersichtlicher zu machen, kannst du verschiedene Farben verwenden: Unterstreiche die Informationen zu den Aufgaben rot und die zur Lebensweise blau.

T2 • Über die Handwerker
Die Handwerker lebten in Dörfern oder Städten. Sie stellten beispielsweise Stoffe, Brot oder auch Keramikgefäße her. ...

2. Schritt: Die Informationen in eine Tabelle schreiben

- Im zweiten Schritt schreibst du die Informationen, die du in Texten gefunden hast, in eine Tabelle. Die Informationen zu den gleichen Themen sollten nebeneinanderstehen. Zum Beispiel solltest du nebeneinanderschreiben, welche Aufgaben die Personen hatten.
  So kann deine Tabelle aussehen:

	Priester	Handwerker
Aufgaben	- Pharao in religiösen Dingen helfen - ...	- dem Pharao dienen - Brot, Stoffe usw. herstellen - ...
Lebensweise	- lebten nahe ... - waren wohlhabend - ...	- lebten in ... - ...

3. Schritt: Gemeinsamkeiten und Unterschiede formulieren

- Zuletzt schreibst du auf, welche Gemeinsamkeiten und welche Unterschiede es zwischen den ägyptischen Priestern und Handwerkern gab. Nutze hierfür die Tabelle. Schreibe zuerst die Gemeinsamkeiten auf und dann die Unterschiede. Schreibe so:
  Wenn man die ägyptischen Handwerker den ägyptischen Priestern gegenüberstellt, sieht man wenige Gemeinsamkeiten und viele Unterschiede. Eine Gemeinsamkeit ist, dass beide unter dem Pharao standen und ihm dienten. Außerdem ... . Beide standen in der Gesellschaft über ... .
  Handwerker und Priester unterschieden sich in vielen Dingen, zum Beispiel ... . Vor allem die Wohnorte waren unterschiedlich: ... . Ein weiterer Unterschied war, dass ... . Die Handwerker wurden von den Beamten ständig überwacht, die Priester aber ... .

Eine Geschichtserzählung

Die Sorgen des Bauern Pamai

Bald würde die Sonne hinter den Bergen am Rande des Niltals untergehen. Pamai lehnte sich einen Augenblick zurück, denn sein Rücken tat ihm weh. Seit Sonnenaufgang hatte er auf seinen Feldern gehackt und an den Bewässerungsgräben gearbeitet. Die letzten zwei Stunden hatte er Wasser aus dem Nil geschöpft. Er schaute sorgenvoll auf seine Felder. Das Getreide stand nicht gut, und von seinen Gemüsepflanzen konnte er auch keine gute Ernte erwarten. In diesem Jahr war die Flut kürzer und nicht hoch genug gewesen. Der Schlamm, der als Düngung diente, lag am Ende des Hochwassers nur hauchdünn auf den Feldern. Was würde zur Erntezeit passieren, wenn die Beamten kamen und rücksichtslos Abgaben forderten? Würde von seiner Ernte genug übrig bleiben für seine Familie und als Saatgut für das nächste Jahr?

Tief in Gedanken über die Zukunft versunken, erschrak er, als sein Nachbar Cheb plötzlich neben ihm stand. „Machst du dir auch Gedanken über die Ernte?“ fragte er leise. „Ich mache mir auch Sorgen. Deshalb haben wir den Göttern geopfert, um sie gnädig zu stimmen.“ „Die Götter werden für uns sein“, antwortete Pamai, „denn wir arbeiten von Sonnenaufgang bis Sonnenuntergang auf den Feldern und beim Bau des Tempels. Mehr können wir nicht machen.“ Cheb nickte zustimmend: „Da hast du recht, aber erinnere dich an das vorletzte Jahr, als der Nil nur um fünf Ellen anstieg und die große Hitze unsere Pflanzen vertrocknen ließ. Trotzdem forderten die Beamten zehn Sack Weizen und ein Schaf von mir. Für uns blieb nichts. Wir hatten kaum zu essen. Die Kinder wurden krank und eines starb.“

Elle
Längeneinheit, ungefähr so lang wie der Unterarm eines Menschen

„Vielleicht haben die Götter diesmal ein Einsehen, und unser Herr, der Pharao, ändert seine Befehle“, meinte Cheb unsicher. „Das glaube ich nicht“, flüsterte Pamai. „Er muss all seine Soldaten und Beamten versorgen und all die, die die Bauwerke zu seinem Ruhm errichten. Er wird wieder seine Beamten schicken, und die werden uns schlagen, wenn wir nicht abliefern, was sie fordern. Vielleicht werfen sie sogar einen von uns den Krokodilen zum Fraß vor, als Abschreckung.“

1 Hilfe Beschreibe die Stimmung von Pamai am Beginn der Geschichte.

2 Hilfe Nenne Arbeiten, die Pamai und Cheb verrichten müssen.

3 Vor welchen Ereignissen fürchten sich Pamai und Cheb?

4 Hilfe Warum gehorchen die beiden Bauern den Beamten des Pharao? Erkläre.

5 a) Wie könnte die Geschichte von Pamai weitergehen, wenn die Beamten kommen? Überlege dir ein Ende der Geschichte.
b) Lest euch eure Geschichten vor.
Kugellager

Hilfe zu

1 Folgende Adjektive kannst du verwenden:
traurig – verzweifelt – erschöpft – hoffnungslos – wütend – müde – besorgt – ängstlich – erwartungsvoll - pessimistisch.

2 Achte darauf, dass die Bauern nicht nur Feldarbeiten erledigen müssen.

4 Schreibe in ganzen Sätzen. Folgende Formulierungshilfen kannst du nutzen:
Weil der Pharao für die Ägypter ein … .
Wenn die Bauern nicht tun, was die …,
dann werden sie … .

M1 Lehmhäuser von Arbeiterfamilien in der Nähe eines Pyramidenbaus

M2 Eine ägyptische Bauernfamilie

Alltagsleben im alten Ägypten

T1 • Wohnen in Lehmhäusern

Der größte Teil der Bevölkerung, die Bauern, lebte in kleinen Dörfern am Rand des Niltals. Ihre einstöckigen Hütten erbauten sie mit Ziegelsteinen aus getrocknetem Nilschlamm, Holz, Schilf und Palmblättern. Die Fußböden bestanden aus gestampftem Lehm. Die Wände wurden oft weiß gestrichen, damit man Ungeziefer wie Spinnen und Skorpione besser erkennen konnte. Ihre Vorräte bewahrten die Bauern in kleinen Kellern auf.

Außerdem gab es Arbeitersiedlungen, die der Pharao errichten ließ. Dort lebten all jene, die an den Pyramiden und Tempeln arbeiteten. Diese Siedlungen waren so ähnlich wie Reihenhaussiedlungen gebaut.

T2 • Wohnen in Villen

In Ägypten gab es damals nur wenige Städte. Dort lebten die Bediensteten des Pharao, vor allem die Beamten und deren Familien. Die Reichen und Mächtigen wohnten in prachtvollen Palästen. Diese hatten neben den Wohnräumen größere Vorratsräume und Viehställe. Schattige Gärten gehörten ebenfalls zu den Palästen. Wie überall in Ägypten üblich hatten auch diese Häuser nur kleine Fenster. So drang wenig Sonne ein, sodass es in den Gebäuden angenehm kühl war.

1 Hilfe Bildet Gruppen und informiert euch arbeitsteilig:
a) Wie lebten Bauern und Arbeiter? (M1, T1)
b) Wie lebten die Wohlhabenden? (M3, T2)
Partnerpuzzle

Hilfe zu
1 Informiert euch zum Beispiel über:
- die Größe und Bauart der Häuser,
- die Umgebung,
- zugehörige Gebäude.

M3 Villa einer wohlhabenden Familie

T3 • Männer und Frauen im alten Ägypten

In der ägyptischen Gesellschaft waren Männer und Frauen weitgehend gleichberechtigt. Allerdings waren ihre Aufgaben von vornherein festgelegt. Männer wurden Handwerker oder Bauern. Sie verrichteten die körperlich schweren Arbeiten, zum Beispiel auf den Feldern oder am Bau. Die Frauen waren, von wenigen Ausnahmen abgesehen, nach ihrer Heirat für die Erziehung der Kinder und die Führung des Haushalts zuständig. Dabei webten sie Stoffe, mahlten Korn, backten Brot und brauten Bier.

Die Arbeitsteilung war in wohlhabenden ägyptischen Familien ähnlich wie in ärmeren Familien. Die Männer arbeiteten in ihren Berufen, zum Beispiel als Schreiber, Beamte, Baumeister oder Offiziere. Die Frauen organisierten den Haushalt und leiteten das Hauspersonal an.

M4 Eine wohlhabende ägyptische Familie

T4 • Aus dem Leben der Kinder

Die meisten Kinder lebten auf dem Land. Schon früh mussten sie ihren Eltern helfen, zum Beispiel bei der Arbeit auf den Feldern, beim Fischen, in der Werkstatt des Vaters, im Haushalt oder bei der Betreuung von jüngeren Geschwistern. Zur Schule gingen meistens nur die Söhne wohlhabender Familien. Der Schulbesuch war wichtig, um später Schreiber, Beamter oder Handwerksmeister werden zu können.

② Stelle die Kleidung der reichen und der armen Familien gegenüber. (M2, M4)
Lerntempoduett

❸ Hilfe Welche Aufgaben hatten im alten Ägypten Frauen und Männer zu erledigen? Liste auf. (T3)

❹ Berichte über das Leben der Kinder. (T4)

Hilfe zu ❸

Frauen	Männer
Tätigkeiten im Haus:	Tätigkeiten im Beruf:

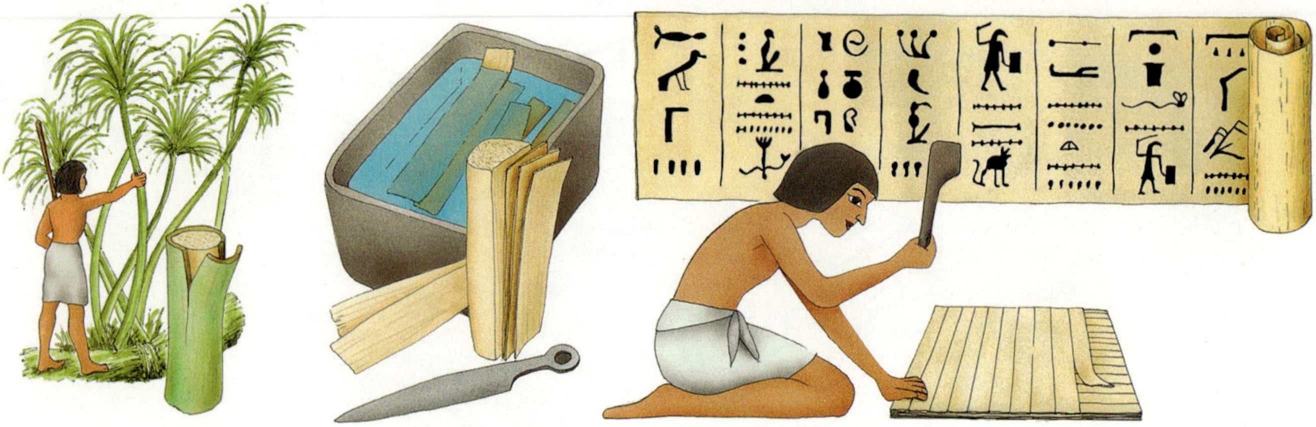

1. Ein Ägypter beschneidet eine Papyruspflanze.

2. Das Innere der Pflanze wird herausgeschält, in Streifen geschnitten und eingeweicht.

3. Die Papyrusstreifen werden zu großen Blättern oder Rollen zusammengefügt.

4. Die Schreiber schreiben mit Tinte Texte auf die Papyrusrolle.

M1 Die Herstellung einer Papyrusrolle

Die Schrift – Grundlage des Wissens

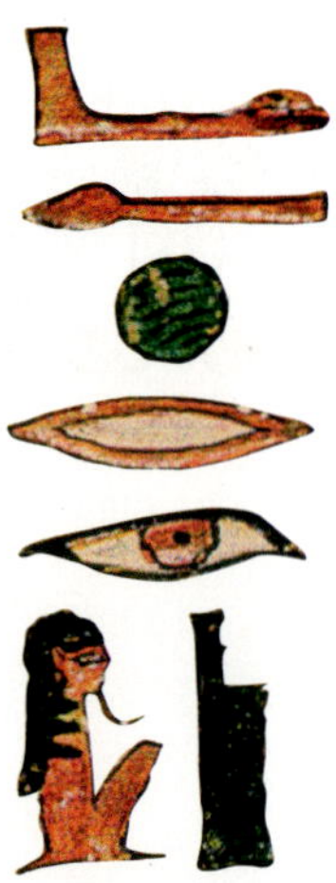

M2 Hieroglyphen

T1 • Die ägyptische Schrift

Die Ägypter entwickelten um 3000 v. Chr. eine Schrift. Da die Wörter auch auf Grabstätten eingemeißelt waren, nannte man diese Zeichen Hieroglyphen, das bedeutet „heilige Zeichen". In dieser eingemeißelten Form ist uns ein Teil der alten ägyptischen Schriften bis heute erhalten geblieben.

Für viele Aufgaben brauchten die Ägypter schriftliche Aufzeichnungen. Sie mussten Abgaben notieren, Listen über die Vorräte führen und die Befehle des Pharao richtig weitergeben. All diese Informationen wurden natürlich nicht in Stein gemeißelt. Hierfür entwickelten die Ägypter ein Material, das beschrieben und transportiert werden konnte. Dies war Papyrus, eine Art Papier, das mit Pinsel und Tinte beschrieben wurde.

Mithilfe der Schrift konnten die Ägypter ihr Wissen für sich und auch für ihre Nachkommen festhalten.

1. Hilfe Versetze dich in den Papyrushersteller aus M1. Beschreibe aus seiner Sicht, wie Papyrus gefertigt wurde und wozu die Ägypter es nutzten. (M1)
2. Warum heißen die ägyptischen Schriftzeichen Hieroglyphen? (T1)
3. Hilfe Wofür benötigten die Ägypter die Schrift? Erkläre. (T1)
4. Welche Bedeutung hatte die Entwicklung des Papyrus für die Ägypter?

Hilfe zu

1. Betrachte Bild für Bild genau und lies die Bildunterschriften sorgfältig durch.
3. Die Schrift machte es möglich, … . Dadurch konnten die Ägypter … .

T2 • Die Hieroglyphen

Die ägyptische Schrift ist eine der ältesten Schriften der Welt. Die Hieroglyphen waren Bildzeichen, die sich zur Schrift weiterentwickelt haben. Zunächst bedeutete zum Beispiel das Bild „Mund“ auch Mund. Später erhielt es weitere Bedeutungen: reden, essen, lachen. Schließlich wurde es auch für den Buchstaben „R“ benutzt. So entstanden über 700 Hieroglyphen für Buchstaben, Silben und Begriffe. Schreibregeln gab es nicht, selbst die Schreibrichtung war nicht festgelegt. Die Vokale a, e, i, o und u wurden oft nicht mitgeschrieben.

M3 Ein ägyptischer Schreiber

1409GX_2

Buchstabe	Zeichen	Bedeutung	Buchstabe	Zeichen	Bedeutung
a		Geier	l		Löwe
b		Bein	m		Eule
c		Tierbauch mit Zitzen	n		Wasser
d		Hand	o		Seil
e		Arm	p		Stuhl
f		Schlange	q		Abhang
g		Krug	r		Mund
h		Hof	s, x, z		gefalteter Stoff
i, j, y		Schilfblatt	t		Brot
k		Korb	u, v, w		Wachtel

Zeichen:
- Mann
- Frau
- Ring, in den der Name des Pharao eingeschrieben wurde (Kartusche)

© Westermann

M4 Ägyptisches Alphabet

T3 • Die Entschlüsselung der Hieroglyphen

Die Hieroglyphen konnten erst im Jahr 1822 entziffert werden. Einem französischen Forscher war aufgefallen, dass die Namen der Pharaonen immer von einem bestimmten Zeichen, einer Kartusche, eingerahmt waren. In den Texten erkannte er so den Namen des Pharao. Auf diese Weise konnte er die Bedeutung einzelner Hieroglyphen herausfinden. Nach und nach gelang es ihm, ganze Texte zu entschlüsseln.

5 a) Hilfe Schreibe deinen Namen in Hieroglyphen in eine Kartusche. (M4)
b) Hilfe Verfasse in Hieroglyphen eine kurze Mitteilung an eine Mitschülerin oder einen Mitschüler. (M4)
c) Tauscht eure Mitteilungen und entschlüsselt den Text. (M4)
Stühletausch

6 Wie entwickelte sich die ägyptische Schrift? Erkläre. (T2)

7 Wie und wann gelang es, die Hieroglyphen zu entziffern? (T3)

Hilfe zu
5 a) Zeichne eine Kartusche wie in M4 und setze die Zeichen aus M4 für die Buchstaben deines Namens ein.
b) Überlege dir einen kurzen Satz, z. B.:
Ich bin ... . oder Ich gehe in die Klasse ... . oder ... ist mein bester Freund.

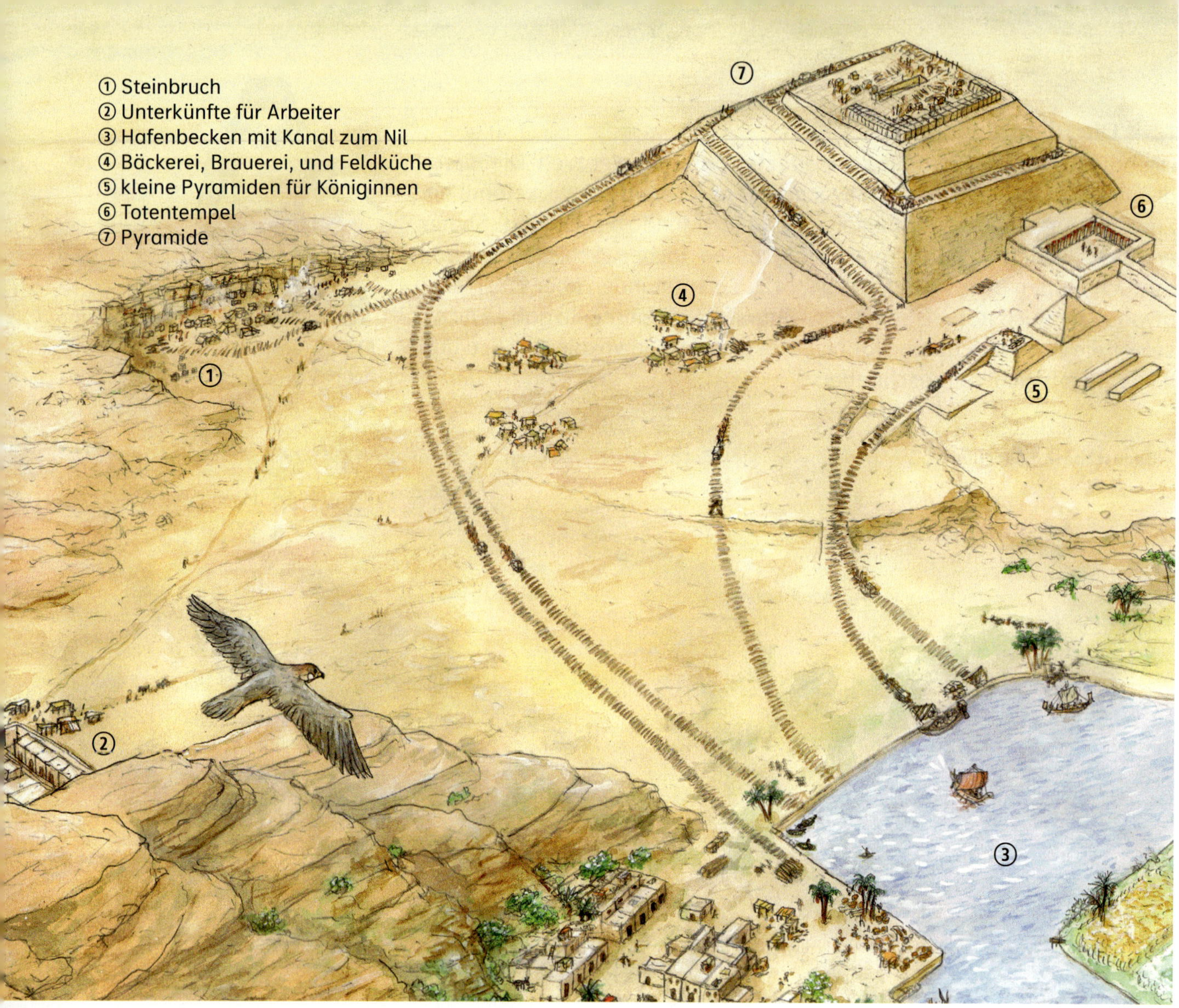

M1 Pyramidenbaustelle (heutige Zeichnung)

Die Pyramiden

T1 • Die Großbaustellen der Ägypter

Man schätzt, der Bau einer Pyramide dauerte ungefähr 30 Jahre und wurde von speziell ausgebildeten Handwerkern geleistet. Während der Nilflut wurden sie von den Bauern unterstützt. Insgesamt waren ungefähr 25 000 Menschen am Bau beteiligt. Sie arbeiteten in den Steinbrüchen, beim Transport der Steinblöcke und auf der Baustelle. Allein 5000 Bäcker und Köche versorgten die Arbeiter. Durch ihre Arbeit für den Pharao wollten sich die Bauern und Arbeiter seine Unterstützung im Jenseits sichern, denn sie verehrten ihn als einen Gott.

Nilflut
die Zeit im Jahr, in der der Nil die Felder der Bauern überschwemmt

1 Nenne die verschiedenen Bereiche der Baustelle. (M1)

2 Welche und wie viele Personen waren beim Pyramidenbau beteiligt? (T1)

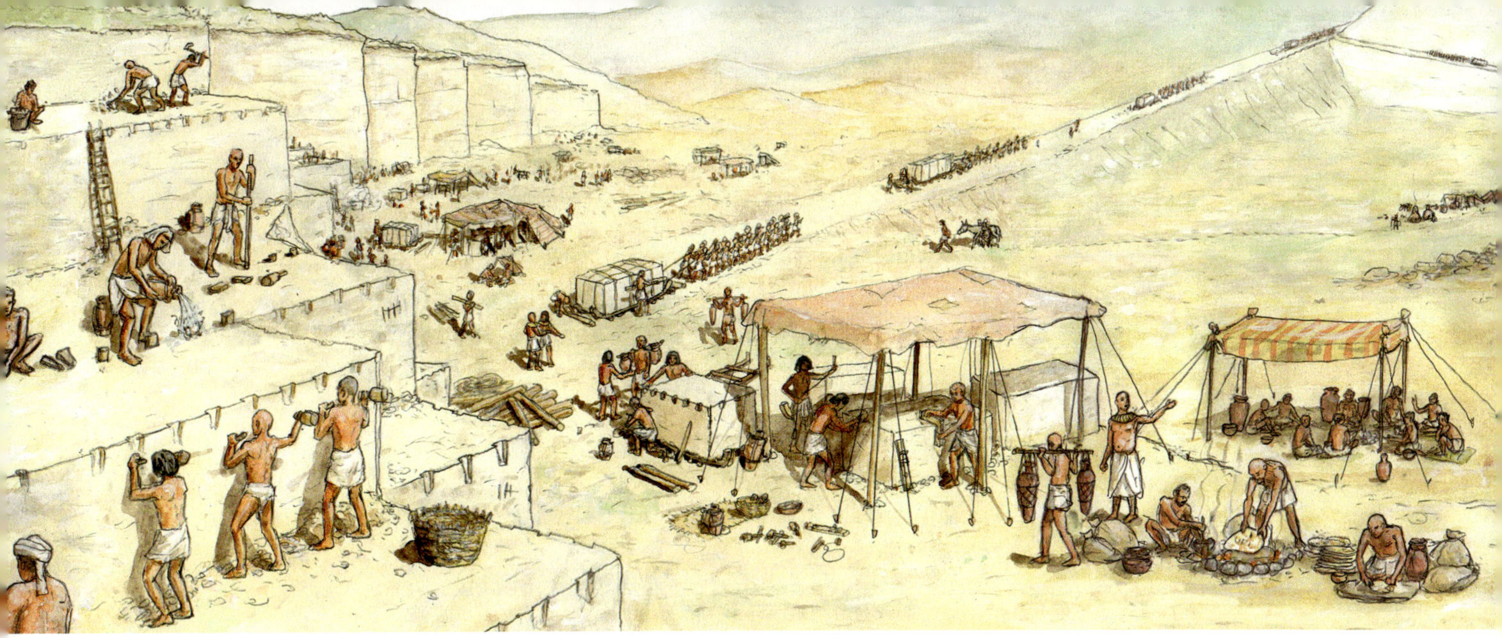

M2 Arbeiten auf der Pyramidenbaustelle (heutige Zeichnung)

T2 • Wohnungen für das Leben nach dem Tod

Die Ägypter glaubten, dass ein Pharao nach seinem Tod weiterlebte und für seine Untertanen sorgte. Daher errichteten sie große Grabanlagen, mit einer Pyramide als Mittelpunkt, die den Leichnam des Pharao und seinen wertvollen Besitz schützten. Außerdem gab es Tempel zur Verehrung der Götter und Pharaonen. Alle Bauten zusammen nannte man Totenstadt. Den Eingang zur Totenstadt bewachte die Sphinx, eine Statue mit dem Kopf eines Pharao und dem Körper eines Löwen.

M3 Die Sphinx und die große Pyramide von Gise. Sie ist die Grabstätte des Pharao Cheops:
- ca. 3000 v. Chr. erbaut,
- 250000 Steinblöcke von etwa 2,5 Tonnen Gewicht pro Block.

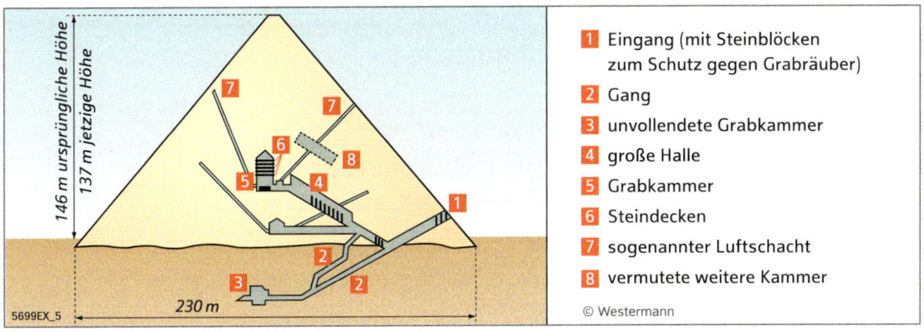

M4 Ein Blick in die Cheops-Pyramide

3 Hilfe Welche Arbeiten mussten beim Bau der Pyramiden erledigt werden? (M1, M2, T1)
Lerntempoduett

4 Die Pyramiden waren ursprünglich außen glatt und strahlend weiß. Wie sehen sie heute aus? Beschreibe. (M3)

5 Warum wurden die Pyramiden gebaut?(T2)

6 Welche Funktion könnten die weiteren Grabkammern und die Geheimgänge in der Cheops-Pyramide gehabt haben. (M4)

Hilfe zu
3 Du kannst folgende Wörter verwenden:

- Steinbrüche
- Steinblöcke
- Schlitten
- Rampe
- Pyramide
- Bäcker, Köche
- Bauleiter
- Beamte

- herausbrechen
- aufladen
- ziehen
- heraufziehen
- einpassen
- versorgen
- planen
- überwachen, regeln.

Ein Rollenspiel

Im Rollenspiel versetzt ihr euch in eine andere Person. Ihr spielt diese Person in einer bestimmten Situation. Vorher müsst ihr euch über die Person informieren. Außerdem müsst ihr euch überlegen, wie sich diese Person wohl in der konkreten Situation verhalten würde.

So geht ihr vor:

1. Schritt

Verwendet die Rollenkarten auf Seite 75. Verteilt die Rollen in der Klasse.
Tipp: Die Rollen können auch doppelt besetzt werden.

2. Schritt

Macht euch mit eurer Rolle vertraut. Überlegt euch genau, wie eure Person in der vorgegebenen Situation handeln würde.
Tipp: Informiert euch zusätzlich in eurem Geschichtsbuch:
- der Pharao Chefren und seine Frau Meresanch Seite 60/61,
- der Beamte Snofru Seite 62/63,
- der Baulciter Imothep Seite 62/63.

Macht euch kurze Notizen auf eurer Rollenkarte.

3. Schritt

Spielt die folgende Situation:
„Der Bauleiter berichtet dem Pharao über die Unzufriedenheit der Arbeiter auf der Pyramidenbaustelle."

4. Schritt

Bewertet das Spiel und die Spieler. Diskutiert zum Beispiel:
- Wer kann seine Meinung durchsetzen?
- Wer nennt die besten Gründe?
- Nennt jemand Gründe, die nicht zu seiner Rolle passen?
- Welcher Spieler hat welches Ziel?

1. Hilfe Nenne die Probleme oder Ziele, die die einzelnen Rollen haben.
2. Werden in eurem Rollenspiel Lösungen für die Probleme bzw. Ziele gefunden?
3. Was habt ihr aus dem Rollenspiel über die Alltagsprobleme in Ägypten gelernt?
4. Welche Probleme hattet ihr beim Umsetzen des Rollenspiels?

Hilfe zu 1

Rolle	Problem / Ziel	Lösung
Pharao	- Pyramide bauen - Arbeiter beruhigen	- Lebensmittel verteilen - ...
Meresanch	- ...	

Streik auf der Pyramidenbaustelle

❶ Du bist der **Pharao** Chefren. Du lässt gerade eine Pyramide als dein Grab bauen. Du überlegst, wie du deine Arbeiter beruhigen kannst. Deine Beamte sollen eine Nachricht von dir weitergeben: „Ich lasse euch, meine Arbeiter, nicht einen Tag ohne Essen. Außerdem wird jeder für jeden Monat Arbeit bezahlt. Ich habe für euch Speicher mit Brot und Fleisch gefüllt. Jeder bekommt Sandalen und Kleider."

❷ Du bist **Imothep**, der Bauleiter des Pharao. Du hast beim Bau der Pyramide Schwierigkeiten mit den Arbeitern. Sie sagen, dass sie vor Hunger sterben. Sie erhalten zu wenig Lebensmittel. Es seien noch 18 Tage bis zum nächsten Monat, in dem es Lohn gibt. Sie hätten aber keinen Stoff mehr, kein Öl, keinen Fisch und auch kein Gemüse. Du stellst fest, dass die Arbeiter im Recht sind und der Pharao etwas tun muss.

❸ Du bist **Meresanch**, die Ehefrau des Pharao. Deine Aufgabe ist es, dem Volk von Ägypten zu zeigen, wie groß und mächtig ihr Pharao ist. Du darfst nicht mitregieren. Du weißt aber, dass dein Mann nur ein großer Pharao werden kann, wenn seine Pyramide fertig wird. Du machst deinem Mann klar, dass die Arbeiter besser für ihn arbeiten, wenn er beliebt bei ihnen ist und wenn er dafür sorgt, dass die Arbeiter genug zu essen haben.

❹ Du bist **Snofru**, ein Beamter. Du hast dafür zu sorgen, dass Material und Bauarbeiter für den Bau der Pyramide bereitgestellt werden. Du sollst den Arbeitern mitteilen, dass der Pharao Männer bestimmt hat, die den Arbeitern Essen und Kleidung beschaffen, zum Beispiel sollen Gärtner Gemüse und Früchte anbauen. Fisch und Wild sollen gefangen und gelagert werden. Zudem sollen andere Arbeiter Kleidung und Sandalen fertigen.

M1 Grabkammer des Pharao Tutanchamun mit Sarkophag

Der Totenkult im alten Ägypten

Sarkophag
ein großer und prunkvoller Sarg

Jenseits
Ort, an dem sich, nach religiöser Vorstellung, die Seelen der Menschen nach dem Tod befinden.

Webcode
Filmclip zu ägyptischen Grabkammern
WES-110345-1

T1 • Gräber in der Wüste

Die Ägypter richteten ihr ganzes Leben auf die Zeit nach dem Tod aus. Alle Menschen sparten für ihr Begräbnis. Viele Herrscher und Reiche ließen sich gewaltige Gräber bauen. Sie glaubten daran, unsterblich zu sein und im Jenseits weiterzuleben.

Die Wände der Grabkammern schmücken noch heute prächtige Bilder. Einige zeigen den Weg der Toten zu den Göttern im Jenseits. Andere Bilder geben das Alltagsleben der Ägypter wieder. Die Ägypter glaubten an die magische Kraft der Bilder. Dort ist dargestellt, wie Menschen auf Feldern und in Werkstätten arbeiten, Nilpferde jagen, Brot backen und Bier brauen. Die Darstellungen sollten verhindern, dass die Toten im Jenseits Not leiden. In den Grabkammern konnten Archäologen außerdem viele Gegenstände des Alltags finden, wie zum Beispiel Kleidung, Krüge, Körbe oder Spiele.

1. Hilfe Beschreibe die Grabkammer in M1.
2. Welche Bedeutung hatte der Tod für die Ägypter? (T1)
3. Hilfe Warum fand man in ägyptischen Grabkammern viele Gegenstände und Wandmalereien? Erkläre. (M1, T1)
   Stühletausch

Hilfe zu

1. Im Vordergrund ... . Im Hintergrund ... . Links im Bild ... .
3. Die Menschen sollten nach ihrem Tod ..., deshalb ... . Die Toten sollten durch die Bilder ... . Die Bilder sollten den Toten ... .

T2 • Die Kunst der Mumifizierung

Der Körper des Toten wurde für das Leben im Jenseits vorbereitet. Dazu musste er vor Verwesung geschützt werden. Diese Vorbereitung nannte man Mumifizierung. Die Arbeit zur Mumifizierung des Toten dauerte über zwei Monate. Danach wurde die Mumie in einen reich verzierten Holzsarg gelegt. Nach dem Ende der Bestattungszeremonie wurde die Grabkammer von außen versiegelt.

M2 Gefäße für innere Organe (zum Beispiel das Herz)

Sie holen zuerst mit einem gebogenen Eisen einen Teil des Gehirns durch die Nasenlöcher heraus. Den Rest lösen sie mithilfe ... (von Säuren) auf, die sie in den Schädel gießen. (Danach schneiden sie) mit einem scharfen Stein den Bauch (auf), entleeren die Bauchhöhle und spülen sie mehrfach aus. Darauf füllen sie den Leib mit reinen zerstoßenen Kräutern und nähen ihn wieder zu. Danach legen sie die Leiche in Salz, 70 Tage lang. Nach dieser Zeit waschen sie den Toten und umwickeln ihn mit Binden ... Nun legen sie (die Leiche) in einen hölzernen Sarg von Menschengestalt und verschließen ihn.

M3 Der Grieche Herodot über die Mumifizierung bei den Ägyptern (Beschreibung aus dem 5. Jahrhundert v. Chr.)

M4 Ägyptische Priester gießen Reinigungsflüssigkeiten über den Toten. (Darstellung auf einem Holzsarg, etwa aus dem 2. Jahrhundert v. Chr.)

M5 Die ausgewickelte Mumie des Pharao Ramses II. (ca. 1290–1224 v. Chr.)

4. Warum mumifizierten die Ägypter die Körper der Toten? Erkläre. (T2)
5. Hilfe Beschreibe aus der Sicht eines ägyptischen Priesters die Mumifizierung der Toten. (M2–M4)

Hilfe zu

5. Nutze folgende Formulierungshilfen
Wir mussten den Toten mit einem gebogenen ... . Der Rest des ... haben wir mithilfe von ... gelöst. Wir schnitten mit einem Stein den ... .

Bildquellen geschichtlich einordnen

Informationen aus Bildern entnehmen

Bildquellen geben uns Informationen über die Zeit, in der sie entstanden sind. Sie sind historische Bildquellen. Sie können Personen, Tätigkeiten oder Gegenstände des Alltags abbilden. Auf Bildern wird auch dargestellt, welches Ansehen eine Person zu der Zeit hatte. Sie zeigen, was die Menschen als bedeutsam ansahen oder ablehnten.

Vorstellungen entwickeln

Nicht aus allen Zeiten sind Bildquellen überliefert. Auf der Grundlage von wissenschaftlichen Erkenntnissen werden aus diesem Grund häufig Rekonstruktionszeichnungen angefertigt. Das Wort „Rekonstruktion" bedeutet „Wiederherstellung" oder „Nachbildung". In Geschichtsbüchern finden sich häufig Rekonstruktionszeichnungen. Ein Vorteil dieser Zeichnungen ist es, dass man sich besser vorstellen kann, wie Menschen gelebt haben. Gleichzeitig müssen wir aber auch hinterfragen, inwieweit die Darstellung aus der Fantasie des Zeichners stammt oder sie auf wissenschaftlichen Vermutungen beruht. Bei der Arbeit mit Bildern ist es also wichtig zu untersuchen, ob es sich um eine historische Bildquelle oder eine spätere Darstellung handelt.

Sarkophag
ein großer und prunkvoller Sarg

M1 Ein Priester mit der Maske des Gottes Anubis schließt den Sarkophag nach der Mumifizierung des Pharao. (Wandmalerei aus dem Grab des Sennedjem aus dem Jahr 1290 v. Chr.)

1. Schritt: **Bilder beschreiben**

- Beschreibe die beiden Bilder mithilfe der Methode „Bildquellen beschreiben“ auf Seite 58/59.

2. Schritt: **Bilder untersuchen**

- Lies die Bildunterschriften genau durch. Suche nach Hinweisen und Informationen über die Zeit, in der das jeweilige Bild entstanden ist.
- Vermute, wie der Künstler das Bild gemalt hat.
  Der Künstler nutzte … . Er malte … .
  Vergleiche zum Beispiel die Abbildung der Menschen mit den Darstellungen, die du aus anderen Bildern der Ägypter kennst.
- Nenne Gemeinsamkeiten und Unterschiede in den Darstellungen.
  Die Bilder M1 und M2 zeigen beide … .
  Sie haben gemeinsam, dass … . Vergleichbar ist, dass … .
  Unterschiedlich ist, … .
  Beide Bilder unterscheiden sich … .
  Im Unterschied zu Bild M1 ist Bild M2 … .

3. Schritt: **Bilder geschichtlich einordnen**

- Zeige mithilfe deiner Ergebnisse auf, ob das Bild aus der gleichen Zeit stammt wie das Ereignis, das dargestellt wird.

- die Mumifizierung
- mit weißen Binden umwickeln
- der Priester
- die Maske

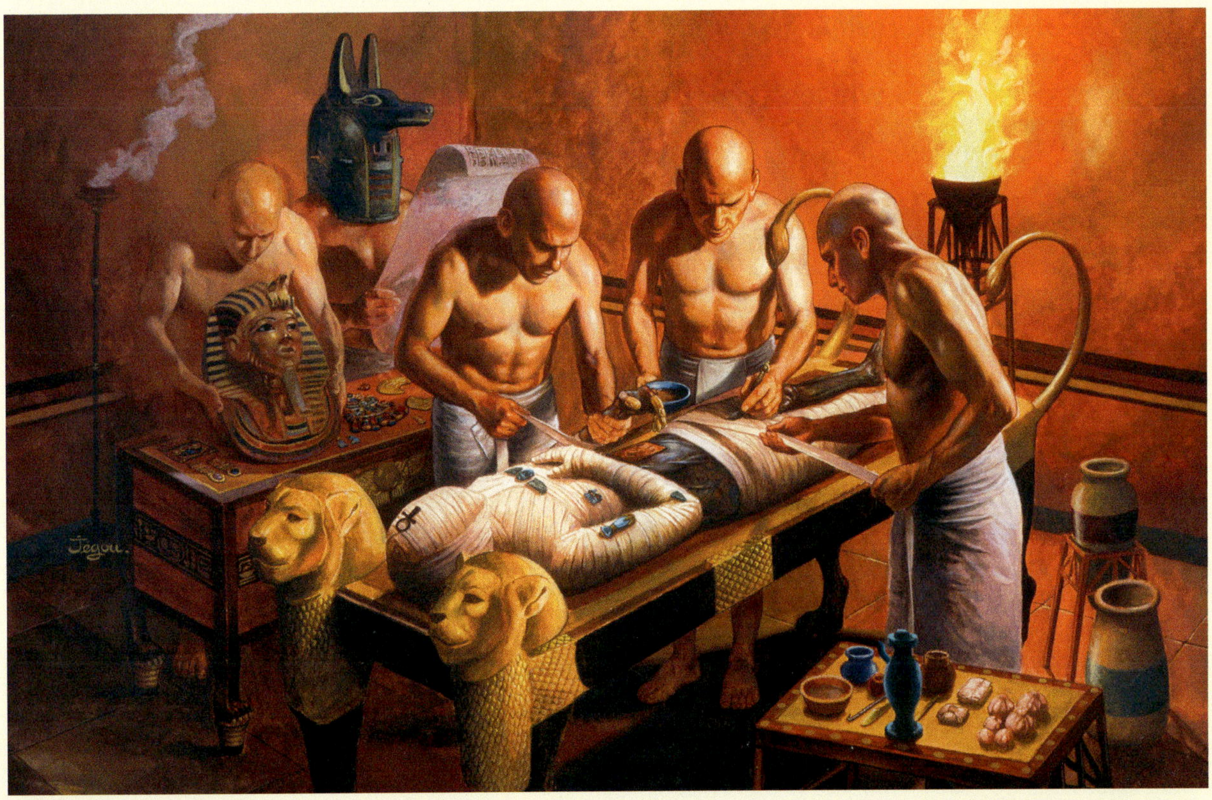

M2 Während einer Mumifizierung im alten Ägypten (Rekonstruktionszeichnung aus einem heutigen Jugendbuch)

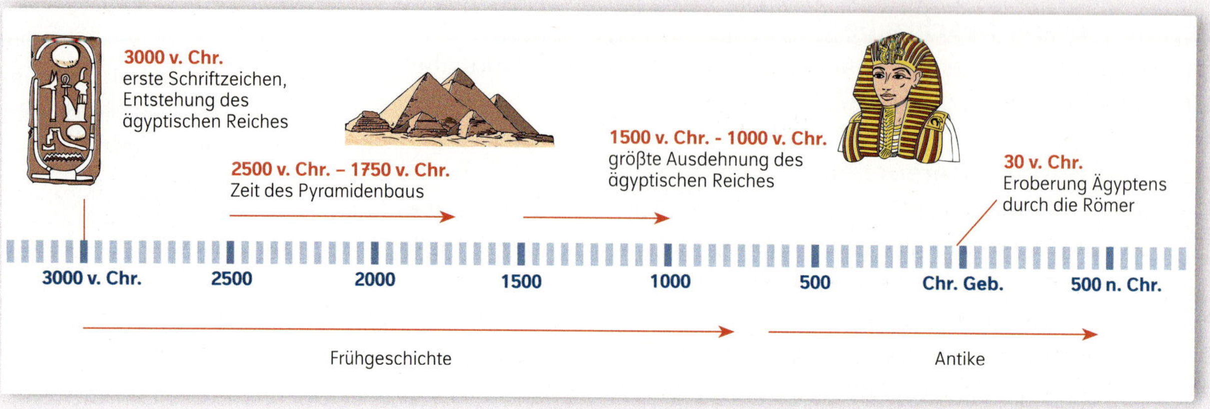

Ägypten – eine frühe Hochkultur

Warum siedelten die Menschen am Nil?

Nur auf dem Gebiet entlang des Nils ist Landwirtschaft möglich, weil das Wasser und die fruchtbaren Böden eine sogenannte Flussoase bilden. Menschen siedelten sich am Nil an, da es dort ausreichend Wasser gab. Nach den heftigen Regenfällen in jedem Sommer überschwemmte der Nil die Uferbereiche und Felder, auf denen die Ägypter zum Beispiel Getreide anbauten. Wenn das Nilwasser zurückgegangen war, blieb Schlamm liegen. Dieser fruchtbare Schlamm sorgte als Dünger für gute Ernten.

Wie lebten und arbeiteten die Ägypter?

Der größte Teil der Bevölkerung, die Bauern, lebte in kleinen Dörfern am Rand des Niltals. Sie wohnten in einstöckigen Hütten. Sie verrichteten die körperlich schweren Arbeiten auf den Feldern oder auf Baustellen. Die Frauen waren, von wenigen Ausnahmen abgesehen, nach ihrer Heirat für die Erziehung der Kinder und die Führung des Haushalts zuständig. In Ägypten gab es damals nur wenige Städte. Dort lebten die Bediensteten des Pharao, vor allem die Beamten und deren Familien. Sie wohnten in prachtvollen Häusern.

Nur wenige Kinder konnten zur Schule gehen. Meist waren dies die Kinder der wohlhabenderen Familien. Der Schulbesuch war nötig, um später Handwerksmeister, Schreiber oder Beamter zu werden. Die meisten Kinder mussten von klein auf ihren Eltern bei der Landwirtschaft helfen und wurden als Erwachsene Bauern.

Warum bauten die Ägypter Pyramiden?

Pyramiden sind riesige Gräber für die ägyptischen Herrscher und ihre Familie. Die Ägypter glaubten, dass ein Pharao nach seinem Tod weiterlebt und für seine Untertanen sorgt. Deshalb errichteten sie eine Pyramide, die seinen Leichnam und seinen wertvollen Besitz schützte. Gleichzeitig gab es auch Tempel bei der Pyramide, damit man zum Pharao beten konnte.

Beamte

Der Pharao musste die Ordnung in seinem Staat überwachen lassen. Dazu benötigte er Beamte, die seine Befehle weitergaben. Sie bekamen Ämter mit bestimmten Aufgaben zugewiesen. Manche Beamte planten und kontrollierten die Bewässerung der Felder und das Errichten von Dämmen. Andere kümmerten sich zum Beispiel um den Bau von Tempeln oder Pyramiden.

Bewässerungssystem

Die Ägypter entwickelten Methoden, um ihre Felder bewässern zu können. Sie schöpften Wasser aus dem Nil, das über Bewässerungskanäle zu den Feldern geleitet wurde.

Flussoase

Eine Flussoase ist ein Gebiet an den Ufern eines Flusses in einer Wüste. Dort gibt es einen reichen Pflanzenwuchs. Grundlage einer Flussoase ist Wasser eines Flusses.

Hieroglyphen

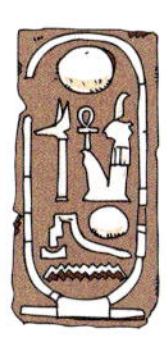

Die um 3000 v. Chr. von den Ägyptern entwickelten Schriftzeichen werden Hieroglyphen genannt, das heißt „heilige Zeichen“.

Hochkultur

Eine Hochkultur besaß bereits eine Schrift und Gesetze, die das Zusammenleben der Menschen regelten. Handwerker und Künstler schufen Malereien, Skulpturen und Bauwerke, und Wissenschaftler forschten. Es entstanden erste Städte. Das Leben auf dem Land und in der Stadt wurde durch eine Verwaltung gesteuert.

Pharao

Er war der gottgleiche Herrscher über Ägypten. Alles in Ägypten gehörte dem Pharao und er konnte über alles befehlen. Nach seinem Tod wurde der Pharao als Gott weiter vom Volk verehrt.

Pyramide

Pyramiden sind Grabmäler der Pharaonen. In ihnen gab es große Grabkammern, in denen der Sarkophag des Pharao stand. Außerdem waren die Grabkammern mit großen Reichtümern und allen Dingen gefüllt, die man zum Leben braucht. Denn die Ägypter glaubten, dass der Pharao nach seinem Tod als Gott weiterlebt.

Ägypten – eine frühe Hochkultur

1. Der Nil

Schreibe den Text ab und ergänze die Begriffe aus der Randspalte.

Bewässerungsanlagen
Überschwemmung
Landwirtschaft
Flussoase
ca. 1000
Sahara
Bauern
Nil

Die … ist die größte Wüste der Welt. Der … durchquert sie von Süden nach Norden. Er ist mit … km Länge die Lebensgrundlage des alten Ägyptens. In dem trockenen und heißen Gebiet der Sahara ist nur in dem 8 bis 25 km breiten Niltal … möglich. Seit Jahrtausenden gab es einmal im Jahr eine … . Der Boden wurde feucht und mit Schlamm gedüngt. Mithilfe von … erzielten die … gute Erträge. Das Niltal ist damit die längste … der Welt.

Stühletausch

2. Der Aufbau der ägyptischen Gesellschaft

Übertrage die Zeichnung auf ein A4-Blatt. Setze die richtigen Begriffe in die Pyramide ein und schreibe die passenden Erklärungen daneben.

Bauern
Priester
Schreiber
Kaufleute
Soldaten
Wesir

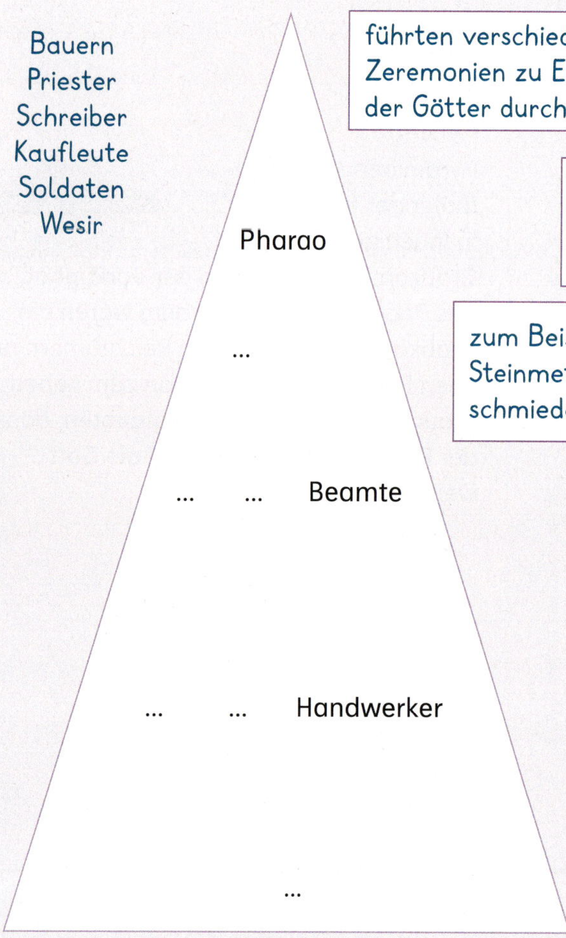

- führten verschiedene Zeremonien zu Ehren der Götter durch
- schrieben alles auf wie zum Beispiel Befehle, Abgaben, Materiallisten, Vorratsmengen
- sorgten dafür, dass alle Menschen im Land zu essen hatten, und arbeiteten auf den Baustellen des Pharao
- zum Beispiel Töpfer, Tischler, Steinmetze, Bildhauer, Gold-schmiede
- trieben im Auftrag des Pharao Handel
- oberster Beamter und damit Chef der staatlichen Verwaltung
- zogen für den Pharao in den Krieg
- gottgleicher Herrscher über Ägypten
- überbrachten die Befehle des Pharao und überwachten deren Ausführung

Bienenkorb

3. Nach dem Hochwasser

Bringe die Bilder in die richtige Reihenfolge und schreibe dann einen kurzen Bericht.

Lerntempoduett

4. Hieroglyphenrätsel

Übersetze den Satz mithilfe der Tabelle auf Seite 71.

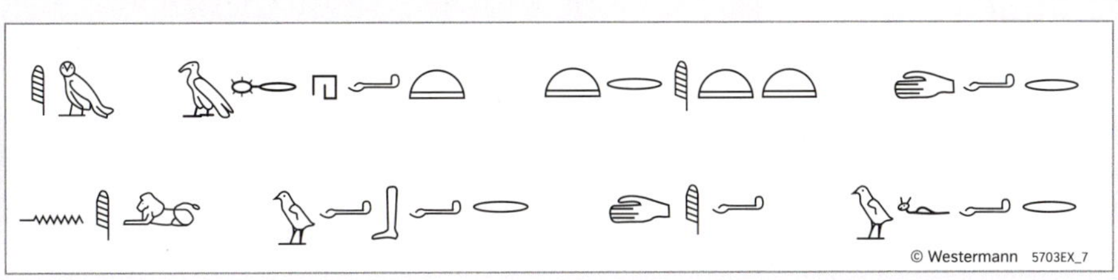

M1 Rom – Hauptstadt eines Weltreiches

Römer und Germanen

- → Wann und wie hat sich das Römische Reich entwickelt?
- → Wie lebten die Römer?
- → Wie lebten Römer und Germanen miteinander?

M2 Römisches Mietshaus

M3 Tauschhandel an einer Grenzbefestigung

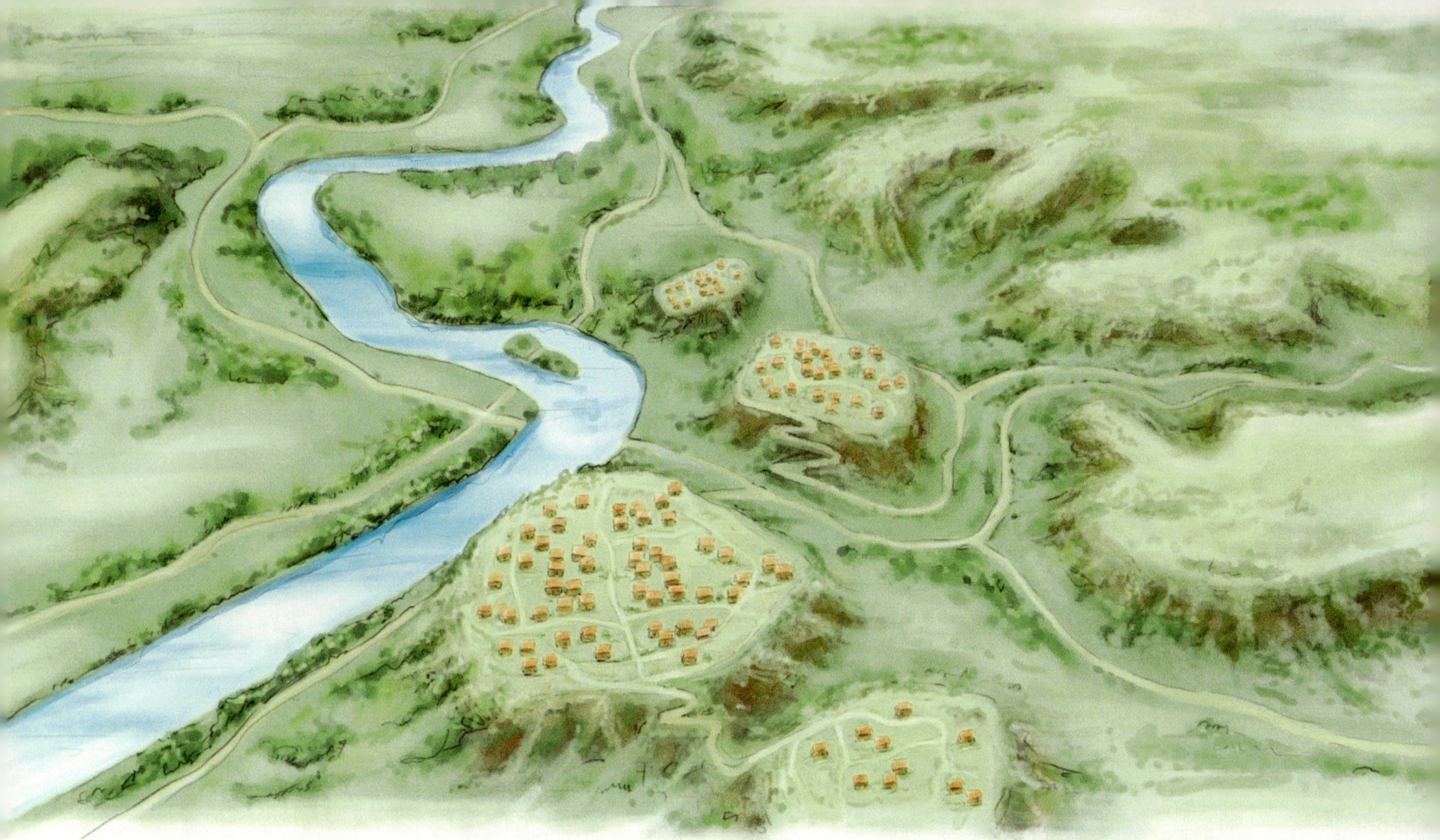

M1 Siedlungen auf den Hügeln am Fluss Tiber – aus ihnen entstand die Stadt Rom (heutige Zeichnung)

Die Anfänge Roms

T1 • Am Fluss Tiber

Rom ist heute die Hauptstadt von Italien. Wann und wie genau die Stadt gegründet wurde, wissen wir nicht. Es gibt nämlich keine schriftlichen Quellen darüber.

Archäologen haben herausgefunden, dass sich Bauern schon um 1000 v. Chr. auf den Hügeln am Fluss Tiber angesiedelt hatten. Dort lebten sie in einfachen Hütten. Das Gebiet war umgeben von einem Sumpfgebiet, das Schutz vor Feinden bot. Der Fluss hatte an dieser Stelle eine Furt und eine kleine Insel und konnte so überquert werden.

Nach und nach ließen sich immer mehr Bauern, Handwerker und Händler nieder und gründeten Siedlungen. Sie tauschten Waren untereinander und der Tiber wurde zu einem wichtigen Schiffshandelsweg.

Im Laufe der Zeit wuchsen die Siedlungen zu einem größeren Ort zusammen. Um 750 v. Chr. war daraus eine Stadt geworden: Rom.

Furt
flache Stelle in einem Bach oder Fluss

1. Hilfe Was siehst du in M1? Beschreibe.
2. Warum ließen sich Bauern, Handwerker und Händler am Fluss Tiber nieder? Erkläre. (T1)
   Lerntempoduett
3. Wie ist Rom entstanden? Beschreibe. (T1)

Hilfe zu

1. Im Vordergrund sehe ich ... . In der Mitte ist ... zu erkennen. Im Hintergrund ... .

T2 • Die Sage von der Gründung Roms

Die Römer glaubten damals, was eine Sage über die Gründung ihrer Stadt berichtete. Danach wurde Rom 753 v. Chr. von den Zwillingen Romulus und Remus gegründet.

Angeblich stammten die Königskinder Romulus und Remus von den Göttern ab. Als Säuglinge wurden sie in einem einfachen Korb auf dem Tiber ausgesetzt. Sie sollten sterben, denn ihr boshafter Onkel wollte als König herrschen.

Der Korb aber trieb ans Ufer und eine Wölfin entdeckte die Babys. Sie säugte sie und rettete ihnen somit das Leben. Dann fand ein Hirte die beiden, nahm sie mit nach Hause und zog sie auf.

Als junge Erwachsene besiegten Romulus und Remus ihren Onkel und erhielten ihr Königreich zurück. An dem Ort ihrer Rettung durch die Wölfin gründeten sie die Stadt Rom. In der Sage heißt es weiter, dass es dann zu einem heftigen Streit zwischen den beiden Brüdern kam, bei dem Romulus seinen Bruder Remus tötete.

M2 Wölfin aus Bronze – Wahrzeichen der Stadt Rom (um 500 v. Chr.)

Sagen
Eine Geschichte über ausgedachte und oft übernatürliche Ereignisse, die mündlich weitererzählt wird. Der Autor der Geschichte ist unbekannt.

Hirte
ein Mensch, der eine Tierherde, zum Beispiel Schafe, bewacht und versorgt

M3 Comic zur Sage

4 a) Hilfe Zeichnet arbeitsteilig einen Comic zur Sage von der Gründung Roms.
b) Präsentiert eure Ergebnisse.
Galeriegang

5 Hilfe Welche Informationen kommen nur in der Sage vor, welche haben die Wissenschaftler herausgefunden? Stelle die Sage den wissenschaftlichen Erkenntnissen gegenüber. Finde Gemeinsamkeiten und Unterschiede. (M1, T1, T2, M2)
Think – Pair – Share

Hilfe zu

4 Findet euch in Gruppen zusammen. Überlegt, wie viele Bilder ihr zeichnen wollt.

5 Du kannst auf ein A4-Blatt 2 Kreise zeichnen, die sich überschneiden. In die Überschneidungsfläche schreibst du die Gemeinsamkeiten, in die anderen jeweils die Unterschiede.

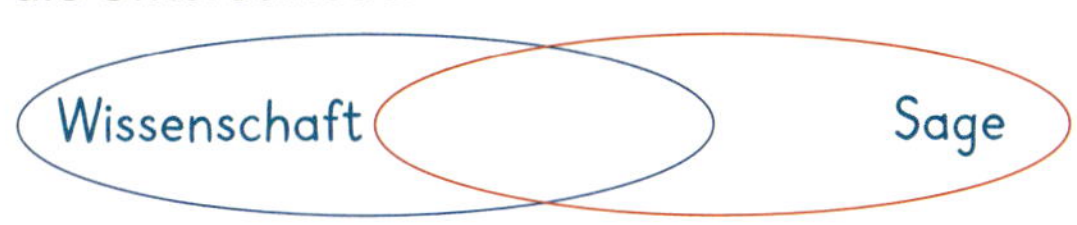

M1 Römischer Berufssoldat (Legionär) mit Marschgepäck (Rekonstruktionszeichnung)

Ein Weltreich entsteht

Feldherr
der oberste Anführer einer Legion

Legion
Eine feste Einheit von ca. 6100 Soldaten, die gemeinsam ausgebildet wurden und zusammen kämpften.

T1 • Die römischen Legionäre

Das römische Heer bestand aus Berufssoldaten, den Legionären, die ihrem Feldherrn treu ergeben waren. Sie waren gut ausgebildet und bestens ausgerüstet. Bei Feigheit drohten ihnen hohe Strafen.

Wer Legionär werden wollte, musste muskulös und kräftig sein, denn das Marschgepäck wog über 40 Kilogramm. Es bestand aus Kleidung, Rüstung, Waffen und Alltagsgegenständen wie zum Beispiel Töpfen.

In Friedenszeiten verrichteten die Legionäre verschiedene Arbeiten. So wurden sie zum Beispiel beim Straßenbau oder für Sonderaufgaben wie die Warenkontrolle eingesetzt. Oder sie bauten an den Reichsgrenzen befestigte Lager, die Kastelle. Hier waren Soldaten stationiert, um im Kriegsfall sofort einsatzbereit zu sein.

Nach 25 Jahren endete die Dienstzeit eines Legionärs. Er bekam dann ein Stück Land oder Geld zur Altersversorgung.

T2 • Der Aufbau des römischen Heeres

Im Römischen Reich spielte das Heer eine wichtige Rolle. Um Christi Geburt umfasste die römische Armee 25 Legionen. Eine Legion bestand aus ungefähr 6100 Mann Fußvolk, 700 Reitern und leicht bewaffneten Truppen. Mit ihrer Kampftechnik und ihrer Kriegsplanung waren sie vielen Gegnern überlegen. Jede Legion erhielt eine Fahne mit dem Zeichen des höchsten römischen Gottes, Jupiter.

1 a) Woraus bestand das Marschgepäck eines römischen Legionärs? Beschreibe. (M1)
b) Wofür benötigte der Legionär die verschiedenen Ausrüstungsgegenstände?
Bienenkorb

2 Welche Aufgaben hatten die römischen Soldaten in Friedenszeiten? (T1)

3 Wie war das römische Heer aufgebaut? (T2)

4 Warum waren die römischen Soldaten so erfolgreich? (T2)

T3 • Römische Soldaten erobern und sichern

Mithilfe des riesigen Heeres entwickelte sich das Römische Reich über viele Hundert Jahre zu einem Weltreich. Im Laufe der Zeit unterwarfen die Römer viele Völker. In diesen Kriegen fanden viele Menschen den Tod. Die eroberten Gebiete wurden als Provinzen ins Reich eingebunden. Die römischen Kriegsgefangenen wurden zu Sklaven gemacht.

Provinzen
Die Römer eroberten viele Gebiete, die weit weg von Rom lagen. Diese nannten sie Provinzen. Sie wurden durch römische Vertreter verwaltet.

Therme
Badeanlage, in der sich die Legionäre reinigen und erholen konnten

> Die Römer sind Plünderer des Erdballs. Stehlen, Morden, Rauben nennen sie mit falschem Namen Herrschaft; und Frieden, wo sie eine Wüste schaffen. Kinder und Verwandte sind für jeden das Liebste: Die werden davongeschleppt, um anderswo zu dienen.

M2 Der römische Historiker Tacitus (um 55-120 n. Chr.) gibt die Rede eines Fürsten wieder, der von den Römern besiegt worden war. (vereinfacht)

M3 Römisches Kastell zur Sicherung der Reichsgrenze

6.00 Uhr	Aufstehen	18.00 Uhr	Abendessen, Freizeit (Besuch einer nahe gelegenen Stadt, Baden in der Lagertherme, Pferderennen, Kampfspiele, Jagd)
6.30 Uhr	Versammlung		
7.00 Uhr	Frühstück		
7.30 Uhr	Wachdienste, Kastellarbeiten		
12.00 Uhr	Mittagessen	21.30 Uhr	Nachtruhe
12.30 Uhr	Waffenübungen, Märsche	22.00 Uhr	absolute Ruhe

M4 Tagesablauf in einem römischen Kastell

5. Was war die Hauptaufgabe des römischen Heeres? (T3, M3)
6. Arbeite aus M2 heraus, was der besiegte Fürst über die Römer dachte.
7. Wie war ein Kastell aufgebaut? Beschreibe. (M3)
8. Hilfe Schreibe als Legionär einen Brief über deinen Alltag im Kastell. (M3, M4)

Hilfe zu

8. Beachte zum Beispiel folgende Fragen:
   - Wann stehst du auf?
   - Was geschieht nach dem Aufstehen?
   - Wann sind Essenszeiten?
   - Wie verbringst du deine Freizeit?
   - Wann gehst du schlafen?

Geschichtskarten auswerten

Karten geben Orientierung

Karten gibt es nicht nur im Fach Erdkunde, sondern auch im Fach Geschichte. Geschichtskarten sind thematische Karten. Sie stellen ein bestimmtes Thema innerhalb eines bestimmten geografischen Raumes dar.

Mithilfe von Geschichtskarten kannst du erarbeiten, wo bestimmte geschichtliche Ereignisse stattgefunden haben, zum Beispiel wer mit wem Handel trieb oder wer welche Gebiete besaß. Die dargestellten Themen können sich auf einen bestimmten Zeitpunkt beziehen, aber auch eine Entwicklung über einen längeren Zeitraum abbilden.

Zeichen richtig verstehen

Es ist notwendig, eine Geschichtskarte richtig zu lesen, um sie zu verstehen. Dazu muss die Karte genau untersucht werden. Die vielen unterschiedlichen Zeichen und Symbole, die verwendet werden, sind dir zum Teil aus dem Erdkundeunterricht bekannt.

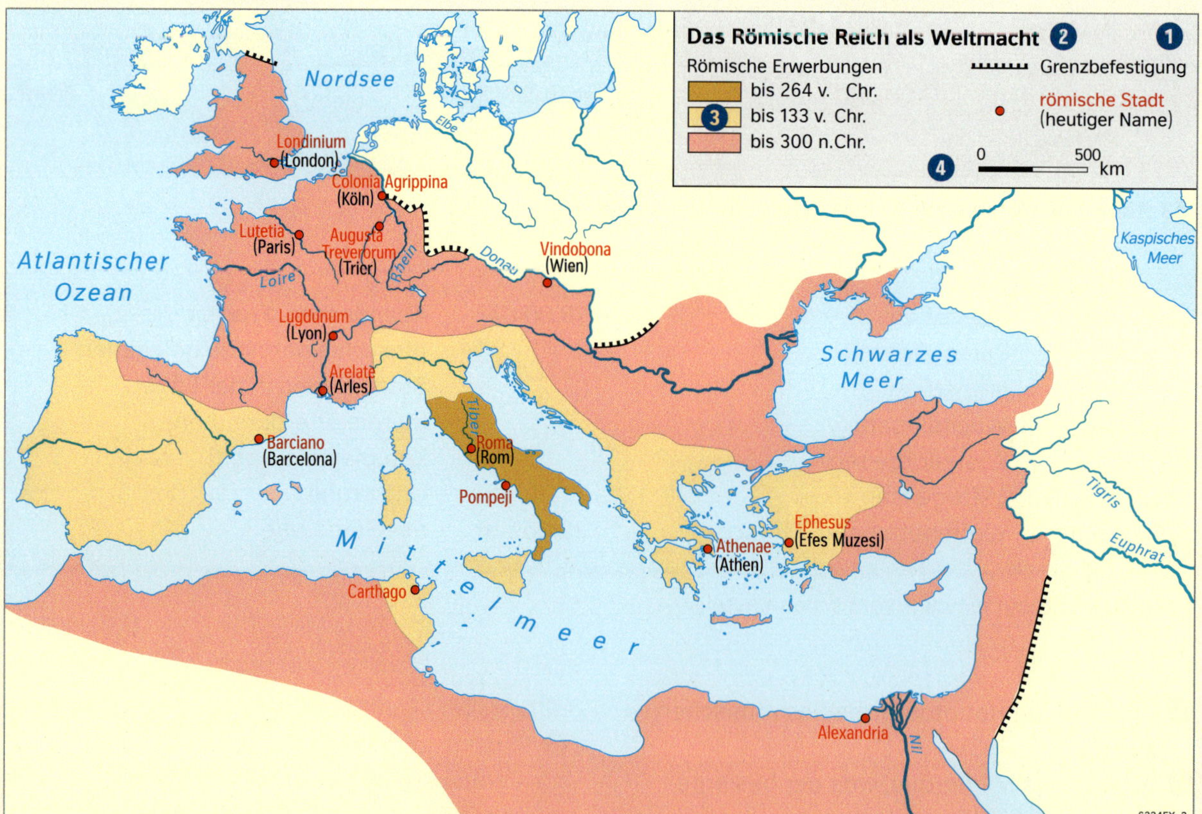

M1 Die Ausbreitung des Römischen Reiches

❶ die Legende (Erklärung der Zeichen)
❷ das Thema der Karte
❸ die Flächenfarben
❹ der Maßstab

1. Schritt: **Eine Geschichtskarte beschreiben**

- Nenne das Thema der Karte.
  Die Karte M1 hat das Thema … .
- Bestimme, welches Gebiet die Karte zeigt (Kontinent, Land, Region, Stadt).
  Die Karte M1 zeigt das Gebiet rund um das Mittelmeer und Großbritannien.
- Benenne den Zeitraum, für den die Karte gültig ist.
  Der Zeitraum, der dargestellt wird, geht von … bis … .
- Formuliere mit den Informationen einen treffenden Einleitungssatz.

2. Schritt: **Eine Geschichtskarte inhaltlich erfassen**

- Beschreibe, welche geschichtliche Entwicklung oder welches Ereignis dargestellt wird.
  - Gebiete: …
  - dargestellte Zeit: …
  - geschichtliches Ereignis: …
- Untersuche, was die Zeichen, die Farben und weitere Angaben in der Karte bedeuten.
  - Zeichen in der Legende: …
  - Flächenfarben: …
  - Besonderheiten: …
- Notiere, was dir besonders auffällt.
  - Auffälligkeiten: …
  - Besonderheiten: …
  - Veränderungen: …

3. Schritt: **Eine Geschichtskarte auswerten**

- Fasse deine Ergebnisse in einem kurzen Text zusammen.
  Das Thema der Karte ist … .
  Das dargestellte Gebiet erstreckt sich über … .
  Die Karte informiert über … .
  In der Karte wird deutlich … .
  Die Verteilung der Flächenfarben weist darauf hin … .
  Zusammenfassend lässt sich sagen … .
- Überlege, ob sich aus dem Inhalt der Karte mögliche Konfliktsituationen erkennen lassen.
  Ich vermute, … . Ich frage mich, … .
  Ich könnte mir vorstellen, dass … .
- Notiere Fragen, die bei deiner Erarbeitung nicht beantwortet werden konnten.

die Karte	der Raum	das Ereignis	im Jahr …	zeigen
der Ausschnitt	das Gebiet	die Entwicklung	der Zeitraum	darstellen
das Thema der Karte	die Region	der Verlauf	von … bis …	abbilden
		die Veränderung		

Eine Geschichtserzählung

Der Lehrer Julius spricht mit seinem Schüler Claudius

Julius: Los, Claudius, komm! Ganz Rom ist auf den Beinen! Wir wollen unserem Kaiser Vespasian und seinem Sohn Titus, der wieder nach Rom heimgekehrt ist, einen ehrenvollen Empfang bereiten!

Claudius: Woher ist Titus denn zurückgekommen?

Julius: Er hat im Auftrag seines Vaters die Aufstände in den östlichen Provinzen beendet und so den Frieden des Reiches gesichert.

Claudius: Seit wann gibt es solche Triumphzüge?

Julius: Schon seit langer Zeit. Ursprünglich hielten erfolgreiche Feldherren einen Triumphzug ab. Seit der Kaiserzeit ist das aber nur dem Kaiser erlaubt. Für Titus wird heute eine Ausnahme gemacht!

Claudius: Aha. Und wer war eigentlich der erste Kaiser von Rom?

Julius: Augustus war der erste Kaiser Roms. Er beendete einen großen Bürgerkrieg und übernahm 31 v. Chr. die Herrschaft in Rom.

Claudius: Aber wenn Augustus der erste Kaiser von Rom war – was war dann vorher?

Julius: Vorher wählten die römischen Männer bestimmte Bürger in die Regierung. Sie sollten dort die Interessen ihrer Wähler vertreten. Diese Herrschaftsform nennt man Republik. Die Römer wollten damals ein Mitspracherecht haben. Sie hatten nämlich sehr schlechte Erfahrungen mit dem letzten König gemacht. Der hatte sein Volk unterdrückt. Als die Römer diesen König um 510 v. Chr. aus der Stadt vertrieben hatten, errichteten sie die Republik.

Claudius: Dann verstehe ich aber überhaupt nicht, warum Rom später ein Kaiserreich wurde? Und wieder nur einer über alle regierte?

Julius: Nun ja, die römische Republik bestand recht lange. Aber dann kam es im 2. Jahrhundert v. Chr. zu großen Streitigkeiten in der Bevölkerung. Die Verwalter der Provinzen bereicherten sich an den Steuereinnahmen, anstatt das Geld nach Rom zu schicken. Außerdem kämpften große Heerführer mit ihren Legionen gegeneinander, um mehr Macht und mehr Reichtum zu erlangen. Dem einfachen Volk aber ging es immer schlechter.

Claudius: Und was ist dann passiert? Wer hat denn den Menschen in dieser Situation geholfen?

Julius: Diesen Namen hast du bestimmt schon einmal gehört, wenn du im Unterricht aufgepasst hast: Das war Caesar. Er wurde 59 v. Chr. der mächtigste Mann im Reich. Während seiner Regierungszeit kehrte wieder Recht und Ordnung in Rom ein.

Claudius: Und ob ich aufgepasst habe! Caesar war doch der Mann, der 44 v. Chr. von seinen politischen Gegnern ermordet wurde!

Julius: Richtig! Sie hatten Angst, dass Caesar die Republik abschaffen wollte. Er hatte sich vorher nämlich zum Alleinherrscher wählen lassen. Das gefiel vielen nicht. Nach seiner Ermordung folgte ein neuer Bürgerkrieg. Den konnte Augustus beenden. Er regierte das Reich von da an als Kaiser. Und nun komm endlich! Beeile dich!

Triumphzug
Damit ist ein feierlicher Einzug eines siegreichen Feldherrn in die Stadt Rom gemeint. Mit dem Triumphzug wurde der Feldherr geehrt und gefeiert.

Kaiser
Der Kaiser war der oberste Herrscher des Römischen Reiches und aller Provinzen. Er war Alleinherrscher und hatte die Macht über das römische Heer.

Bürgerkrieg
In einem Bürgerkrieg stehen sich Bürger des gleichen Staates feindlich gegenüber. Sie haben verschiedene politische Interessen und versuchen, diese mit Gewalt durchzusetzen.

M1 Triumphzug für Kaiser Vespasian und seinen Sohn Titus im Jahr 71 n. Chr. (heutige Darstellung)

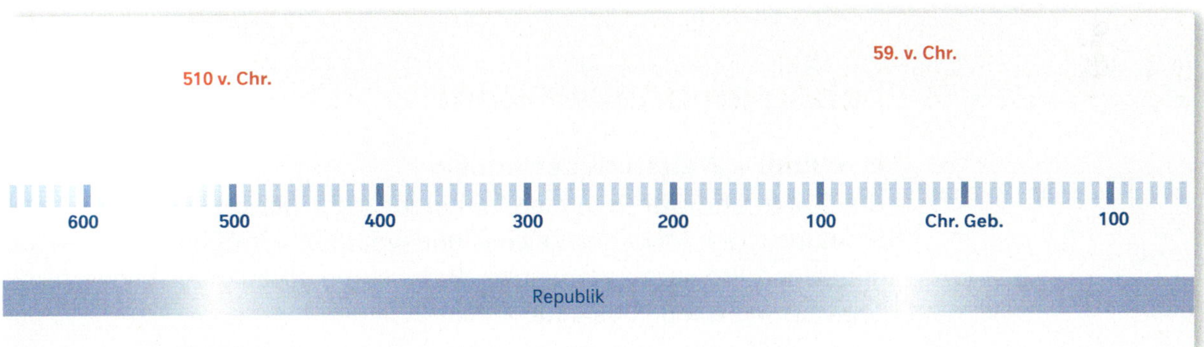

M2 Eine unfertige Zeitleiste

1 Lest die Geschichtserzählung.
Lesekarussell

2 Hilfe Fertige mithilfe von M2 eine Zeitleiste zur Geschichtserzählung an.
Bienenkorb

3 Hilfe Versetze dich in Claudius und beschreibe die Ereignisse in M1.

Hilfe zu

2 Übertrage M2 in deine Mappe und ergänze die fehlenden Einträge.

3 Du kannst verschiedene Dinge beschreiben: den Triumphzug, den Ort, die Stimmung, die Teilnehmer des Triumphzuges, deine eigenen Gedanken usw.

M1 Rom um 100 n. Chr. (heutiges Modell)

① Thermen des Titus und des Trajan: öffentlicher Ort der Reinigung und Erholung
② Kolosseum: hier kämpften die Gladiatoren
③ Aquädukt: römische Wasserleitung, führte Quellwasser aus dem Gebirge bis zu 150 km weit in die Stadt
④ Kaiserpaläste auf dem Palatinhügel: von hier aus regierte der Kaiser sein Reich
⑤ Circus Maximus: Stadion für Wagenrennen mit Platz für 250 000 Zuschauer
⑥ Forum Romanum: Fest- und Marktplatz, Tempelbezirk
⑦ Jupitertempel: Jupiter war der höchste Gott der Römer
⑧ Tiber: Fluss, Verbindung zum Mittelmeer, wichtiger Verkehrsweg

Leben im antiken Rom

T1 • Rom – Weltstadt der Antike

Um 100 n. Chr. war Rom eine Weltstadt mit 1 Million Einwohnern. Die Stadt lag in der Mitte des Reiches und war durch Straßen und Seewege mit seinen Provinzen verbunden. Rom wurde ständig verschönert und zog viele Menschen aus anderen Ländern an.

Kapitol
(Kapitolinischer Hügel) zweitkleinster der sieben Hügel Roms

Palatin
einer der sieben Hügel Roms, ältester bewohnter Teil der Stadt

Die Bauwerke ..., die ringsum stehen, der Rasen und die Hügel geben einen Anblick, dass man sich von ihm kaum losreißen kann. Kommt man ... auf den alten Markt und sieht die königlichen Tempel, dazu auch noch das Kapitol mit seinen Bauwerken und die auf dem Palatin, so könnte man leicht alles, was draußen liegt, vergessen. Solcherart ist Rom.

M2 Der griechische Geograf Strabo (63 v. Chr. – 23 n. Chr.) nach einem Besuch der Stadt Rom (vereinfacht)

M3 Überreste des antiken Roms

❶ Hilfe Wie sah Rom um das Jahr 100 n. Chr. aus? Beschreibe. (M1)

❷ a) Wie empfand der Grieche Strabo die Stadt Rom? Gib M2 mit eigenen Worten wieder.
b) Was denkst du über Rom? (M1)

③ Hilfe Ordne die Fotos A–F dem Modell M1 zu.
Stühletausch

④ Hilfe Gestaltet in Gruppenarbeit Werbeflyer zu den Sehenswürdigkeiten aus M3.
Galeriegang

Hilfe zu

❶ In M1 ist ein heutiges Modell von ... . Oben rechts im Bild mit der Ziffer 1 sind die Thermen ... zu erkennen. ...

③ A = ④ Kaiserpaläste auf dem Palatinhügel
B =

④ Sucht Informationen zu eurer Sehenswürdigkeit (Bibliothek, Reiseführer, Internet). Formuliert auch einen Werbetext. Präsentiert anschließend eure Flyer.

M1 Wohnblock in Rom (Rekonstruktionszeichnung)

Wohnen in Rom

T1 • Wohnen in Armut

In Rom lebten die meisten Menschen im Stadtzentrum. Dort waren die Straßen eng und verdreckt, und es herrschte Gedränge und Lärm.

Viele Römer lebten in Wohnblocks. Diese Mietshäuser hatten bis zu fünf Etagen und waren häufig schlecht gebaut. Im Erdgeschoss gab es Läden und Werkstätten. Hier konnten die Römer Lebensmittel kaufen, sich die Haare schneiden lassen und vieles mehr. In den oberen Etagen, die aus Holz gebaut waren, befanden sich kleine Wohnungen. Bis zu 400 Menschen wohnten in einem Haus. Eigene Toiletten gab es nicht, man benutzte die öffentlichen Gemeinschaftstoiletten, die Latrinen.

Wir traten ein. „Je höher die Treppe, desto niedriger die Miete", erklärte ich ihr ... Ich wohnte zwischen Himmel und Erde. Das Mädchen war hingerissen ... Ich lebte in ständiger Angst, die Fundamente des Hauses könnten nachgeben und sechs Schichten Wohnraum in einer Wolke aus Mörtelstaub in sich zusammenstürzen, oder ich könnte in einer Brandnacht den Alarm der Feuerwache verschlafen.

M2 Auszug aus dem Roman „Silberschweine" von Lindsey Davis

Fundamente
Grundmauern eines Hauses in der Erde, die aus stabilem Material, wie zum Beispiel Stein, gebaut sind. Häuser werden auf ein Fundament gebaut, damit sie fest auf dem Boden stehen und nicht einsinken können.

Mörtel
Baumaterial, das die Steine beim Bau eines Hauses fest aneinander kleben lässt. Die Römer machten ihren Mörtel aus Vulkanasche, Kalk und Wasser.

T2 • Wohnen in Luxus

Reiche und vornehme Römer wohnten mit ihren Familien in luxuriösen Villen. Sie waren von wunderschönen Gärten umgeben. Diese Häuser lagen fernab vom Lärm und Gestank der Stadt. Sie waren prächtig gestaltet mit Wandmalereien, Springbrunnen und vielem mehr. Es gab fließendes Wasser, eigene Toiletten und eine Heizung.

Mittelpunkt des Hauses war ein offener, hoher Raum, das Atrium. Die Dachöffnung und ein darunterliegendes Wasserbecken sorgten für angenehme Temperaturen. Um das Atrium herum waren die Räume für das Personal angeordnet. Im hinteren Hausteil befanden sich Ess-, Wohn-, Empfangs- und Schlafräume der Familie.

① Eingang
② Laden
③ Atrium
④ Regenbecken
⑤ Hausaltar
⑥ Empfangsraum
⑦ Wohn-, Schlaf- und Wirtschaftsräume
⑧ Speiseraum
⑨ Garten und Säulenhalle
⑩ Keller

M3 Stadtvilla einer reichen römischen Familie (Rekonstruktionszeichnung)

❶ Hilfe Was ist in M1 dargestellt? Beschreibe.
❷ Wie lebten die meisten Menschen im antiken Rom? Beschreibe. (M1, T1)
③ Wovor hat der Erzähler in M2 Angst? Erkläre mit eigenen Worten.
❹ Hilfe Versetze dich in einen reichen Römer, der eine Stadtvilla besitzt. Führe einen Besucher durch dein Haus. (T2, M3)
❺ Hilfe Stelle das Wohnen damals und heute gegenüber. (T1, T2, M1–M3)
Stühletausch

Hilfe zu
❶ Beginne im Erdgeschoss.
❹ Herzlich willkommen in meiner wunderschönen Villa! Tritt ein und folge mir geradeaus. Du befindest dich nun … . Dieser Raum … . Hier steht auch unser Hausaltar. Die Räume, in die man von hier aus gelangt, sind … .
❺

	damals	heute
Unterschiede		
Gemeinsamkeiten		

M1 Gladiatoren im Kampf (Mosaik, 2. Jh. n. Chr.)

M2 Sieger eines Wagenrennens (Mosaik, 3. Jh. n. Chr.)

Freizeit und Vergnügen

T1 • Unterhaltung für alle

In Rom gab es eine Vielzahl von Feiertagen. Normalerweise fanden dann Umzüge, Theateraufführungen und öffentliche Spiele statt. Ganz besonders beliebt waren Wagenrennen im Circus Maximus oder auch Tierhetzen und Gladiatorenkämpfe im Kolosseum. Dieses bot Platz für 50000 Zuschauer. Die Begeisterung war groß – je sensationeller die Veranstaltung, desto besser.

Manche Gladiatoren und Wagenlenker waren berühmt und wurden wie Stars verehrt. Der reichste Sportler aller Zeiten, Gaius Appuleius Diocles, war Wagenlenker in Rom und lebte im 2. Jahrhundert n. Chr. Auf heutige Verhältnisse übertragen hatte er insgesamt rund 12 Milliarden Euro verdient.

Tierhetzen
Die Römer ließen zur Unterhaltung Tiere, wie zum Beispiel Löwen, gegeneinander kämpfen.

Gladiatoren
Berufskämpfer, die zur Unterhaltung der Römer häufig auf Leben und Tod gegeneinander oder gegen Tiere kämpften

T2 • Brot und Spiele

Die Kaiser in Rom ließen sich die Veranstaltungen einiges kosten. Sie wollten sich bei ihren Untertanen beliebt machen, um auf diese Weise ihre Herrschaft zu sichern. Deshalb wurde während der Veranstaltungen auch schon mal Geld in die Menge geworfen oder Getreide und Essenspakete verteilt.

Webcode
Filmclip über das Kolosseum
WES-110345-2

1 a) Was seht ihr in den Abbildungen M1 und M2? Beschreibt.
Partnervortrag
b) Was, glaubt ihr, hat das mit Freizeit und Vergnügen zu tun?

2 Welche Freizeitvergnügungen waren bei den Römern beliebt? (T1)

③ Welche Absicht verfolgten die Kaiser mit ihrem Unterhaltungsangebot für alle? Erkläre. (T2)

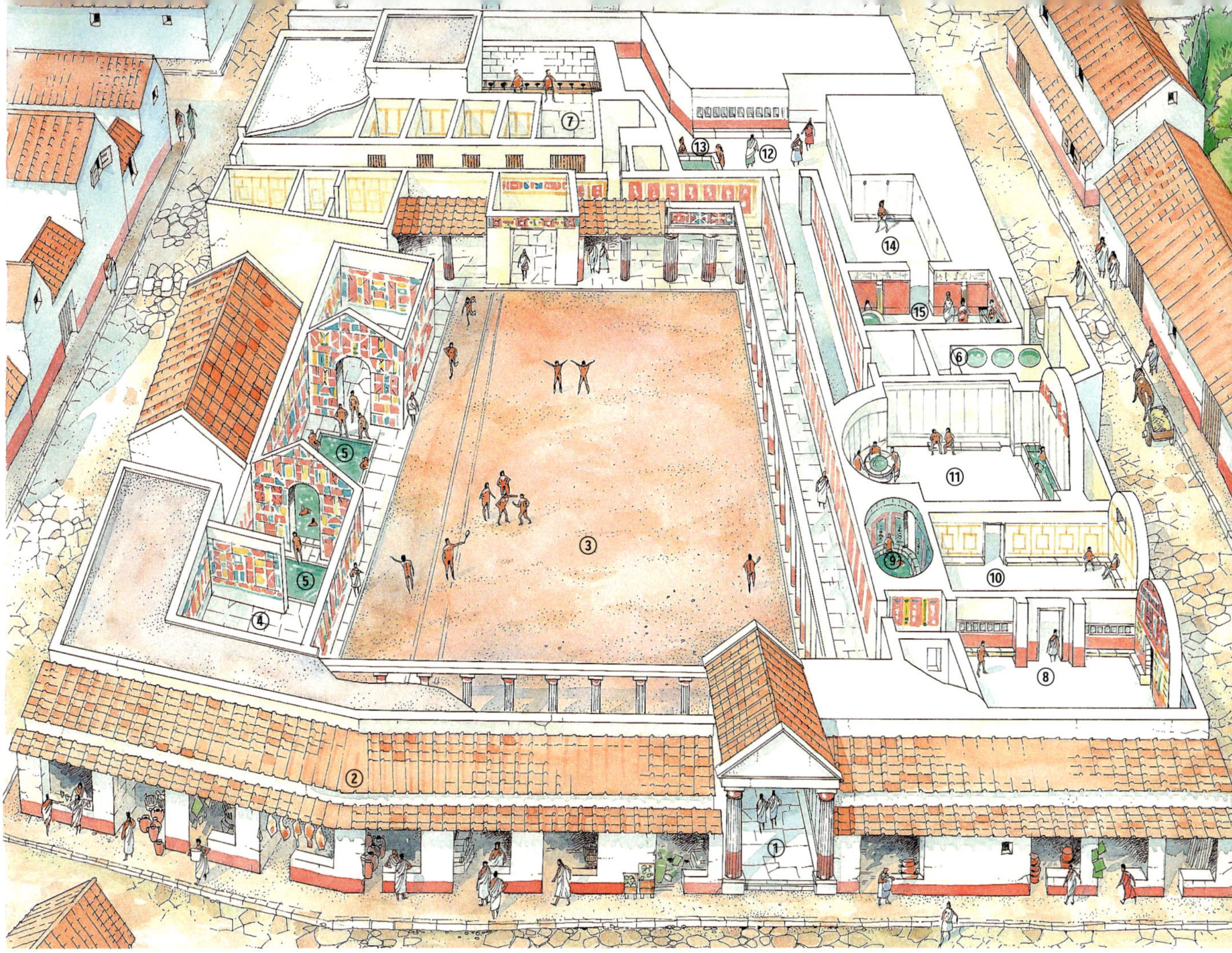

M3 Eine römische Therme (Rekonstruktionszeichnung)

① Haupteingang
② Läden
③ Hof
④ Umkleideraum
⑤ Schwimmbad
⑥ Öfen mit Wassertanks
⑦ Toiletten

Männerbad:
⑧ Umkleideraum
⑨ Kaltwasserbad
⑩ Warmluftraum
⑪ Heißraum

Frauenbad:
⑫ Umkleideraum
⑬ Kaltwasserbad
⑭ Warmluftraum
⑮ Heißraum

T3 • Thermen und Wellness

Die Stadt Rom verfügte über Hunderte von Badeanlagen, sogenannte Thermen. Diese waren häufig sehr groß. Eine zwischen 298 und 306 erbaute Therme war zum Beispiel so groß wie 32 Fußballfelder. Mehr als 3000 Personen sollen darin Platz gehabt haben.

Der Eintritt in die Thermen war niedrig, für Kinder umsonst. Für die Römer war das Baden sehr wichtig. Man wusch und erholte sich in den Thermen, trieb Sport und traf Freunde, besprach dort aber auch politische und geschäftliche Angelegenheiten. Männer und Frauen besuchten die Thermen nicht gemeinsam. Sie badeten in getrennten Baderäumen oder zu unterschiedlichen Zeiten.

4 Was ist in M3 dargestellt? Beschreibe.

5 Hilfe Du verbringst einen Tag in einer römischen Therme. Berichte. (M3, T3)
Bienenkorb

6 Stelle die Freizeitbeschäftigungen der Römer deinen eigenen gegenüber.

Hilfe zu

5 Möglicher Ablauf: Kleider ablegen – Körper erwärmen beim Sport – sich einölen lassen – Warmluft- oder Heißraum besuchen – Öl- und Schmutz mit Schaber abkratzen – Kaltwasserbad – Schwimmen im Schwimmbecken

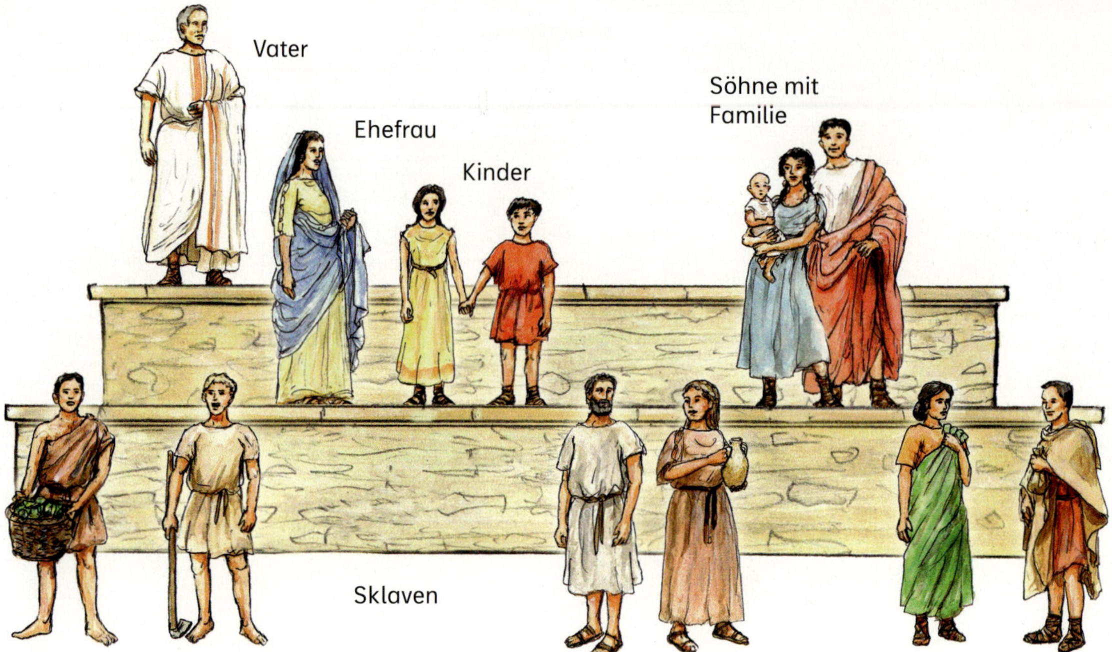

M1 Eine reiche römische Familie

Die „familia"

Latein
Hauptsprache der Menschen im Römischen Reich

T1 • Die römische Familie

Unser Wort „Familie" stammt vom lateinischen „familia". Zu einer römischen Familie gehörten alle Menschen, die in einem Haushalt lebten. Geheiratet wurde meist nicht aus Liebe, sondern häufig um Besitz und Einfluss zu vergrößern.

Das Oberhaupt der Familie war der Vater. Er hatte das Recht, über alle Angehörigen seiner „familia" zu bestimmen. Er konnte Befehle erteilen und Bestrafungen vornehmen. Auch über den Familienbesitz durfte er entscheiden. Seine Frau führte den Haushalt und beaufsichtigte die Sklaven. Im Gegensatz zum Mann verließ sie eher selten das Haus. Ärmere Familien besaßen keine Sklaven; Rechte und Pflichten innerhalb der Familie waren aber in gleicher Weise verteilt.

> Ein Mann hat unbeschränkte Gewalt über seine Frau. Wenn du deine Frau beim Ehebruch erwischst, darfst du sie ... ungestraft töten. Wenn du aber selbst die Ehe brichst oder gebrochen hast, steht ihr keineswegs das Recht zu, dich auch nur mit dem Finger zu berühren.

M2 Der römische Schriftsteller Cato der Ältere (234 – 149 v. Chr.)

1 a) Wer gehörte zu einer römischen Familie? (M1)
b) Warum stehen die Mitglieder auf unterschiedlichen Stufen? Erkläre. (M1, T1)

2 Nenne die Aufgaben des Vaters und der Mutter in einer römischen Familie. (T1)

3 Stelle die Rechte von Männern und Frauen in der „familia" gegenüber. (T1, M2)

T2 • Sklaven im Römischen Reich

Für die Menschen damals war die Sklaverei etwas ganz Normales. In der Zeit um Christi Geburt war ungefähr jeder dritte Bewohner Roms ein Sklave. Die meisten Sklaven waren Kriegsgefangene. Aber römische Bürger konnten auch Sklaven werden, wenn sie jemandem Geld schuldeten. Kinder von Sklaven waren selbst auch Sklaven.

Der Preis für einen Sklaven richtete sich nach seinen Fähigkeiten oder seinem Aussehen. Ein preiswerter Sklave kostete so viel wie ein Rind und war damit für den Jahreslohn eines Legionärs zu haben.

Die Sklaven arbeiteten zum Beispiel als Bauern, Bergwerkarbeiter, Köche und Haushaltshilfen, Friseurinnen und Tänzerinnen, aber auch als Wissenschaftler, Lehrer, Schreiber und Gutsverwalter. Viele Römer behandelten ihre Sklaven gut, schließlich waren sie ein Teil ihres Vermögens. Ein großer Teil der Sklaven wurde sogar nach einer gewissen Zeit freigelassen. Andere hingegen mussten unter unmenschlichen Bedingungen arbeiten.

M3 Sklavenmarke mit der Inschrift: „Ich bin geflohen, halte mich. Wenn du mich meinem Herrn Zoninus zurückgebracht hast, erhältst du einen Solidus Belohnung.“(4. Jh.)

M4 Römische Slaven arbeiten in einer Bäckerei (römisches Relief)

> Guter Gott, was gab es da für Wesen! Die ganze Haut mit blauen Striemen gekennzeichnet, den verprügelten Rücken mit ein paar zerrissenen Fetzen mehr betupft als bedeckt, einige nur mit einem winzigen Lendenschurz – und alle jedenfalls so angezogen, dass die Knochen durch die Lumpen zu sehen waren! Die Stirn gezeichnet, der Kopf halb rasiert, die Füße beringt.

M5 Der Schriftsteller Apuleius (125 – 170 n. Chr.) über Sklaven in einer Mühle (vereinfacht)

4 Hilfe Berichte aus Sicht eines Sklaven:
a) Wie bist du in die Sklaverei geraten?
b) Wie könntest du deine Freiheit wiedererlangen?
c) In welchem Bereich arbeitest du?
d) Unter welchen Bedingungen musst du leben und arbeiten?
(a–c: T2, M4); (a–d: T2, M3–M5)

5 Überprüfe folgende Aussage: „Die römische Wirtschaft war von der Arbeit der Sklaven abhängig.“

Hilfe zu

4 Schreibe in ganzen Sätzen. Überlege dir zuvor, wer du bist, woher du kommst, wer deine Eltern sind usw.

Die Germanen: viele Stämme – eine Kultur

> Die äußere Erscheinung ist bei allen dieselbe. Wild blickende blaue Augen, rötliches Haar und große Gestalten, die allerdings nur zum Angriff taugen ... In jedem Haus wachsen Kinder nackt und schmutzig zu diesem Körperbau, zu dieser erstaunlichen Größe heran.

M1 Der römische Geschichtsschreiber Tacitus über die Germanen (um 98 n. Chr.)

Die Männer trugen überwiegend lange Hosen und darüber einen Kittel, der mit einem Gürtel zusammengehalten wurde. Daran wurde auch das Schwert befestigt. Gegen Kälte schützte eine große Decke als Umhang.

Frauen trugen ein Untergewand aus Leinen mit einem Gürtel. Der Überwurf wurde von kostbaren Broschen, den Fibeln, zusammengehalten. Je wertvoller die Fibel war, desto angesehener war auch die Frau.

Aus der Sicht eines Römers waren die Germanen sehr groß: Die meisten Männer erreichten 1,70–1,80 m, die Frauen 1,60–1,65 m. Ihre Augen waren zumeist blau und die Haare rötlich.

M2 Germanen (Rekonstruktionszeichnung nach archäologischen Funden)

T1 • Woher stammt unser Wissen über die Germanen?

Die Historiker wissen heute über die Germanen viel weniger als über die Römer, denn die Germanen haben keine Schriftstücke hinterlassen. Einiges kann aber aus archäologischen Funden erschlossen werden.

Die Römer stießen bei ihren Kriegszügen auch auf die Germanen. Daher liefern uns römische Geschichtsschreiber wichtige Informationen über diese Menschen. Einer von ihnen war der berühmte Schriftsteller Tacitus mit seiner Schrift „Germania“ aus dem Jahr 98 n. Chr.

1 Wie werden die Germanen von dem Römer Tacitus beschrieben? (M1)

2 Wie sahen die Germanen nach heutigen Erkenntnissen aus? Beschreibe. (M2)

3 a) Hilfe Stelle M1 und M2 gegenüber.
b) Überlege, warum Tacitus die Germanen anders beschrieben hat. (M1, T1)

Hilfe zu **3** a)

	M1	M2
Größe		
Haarfarbe		
Kleidung		
Kinder		

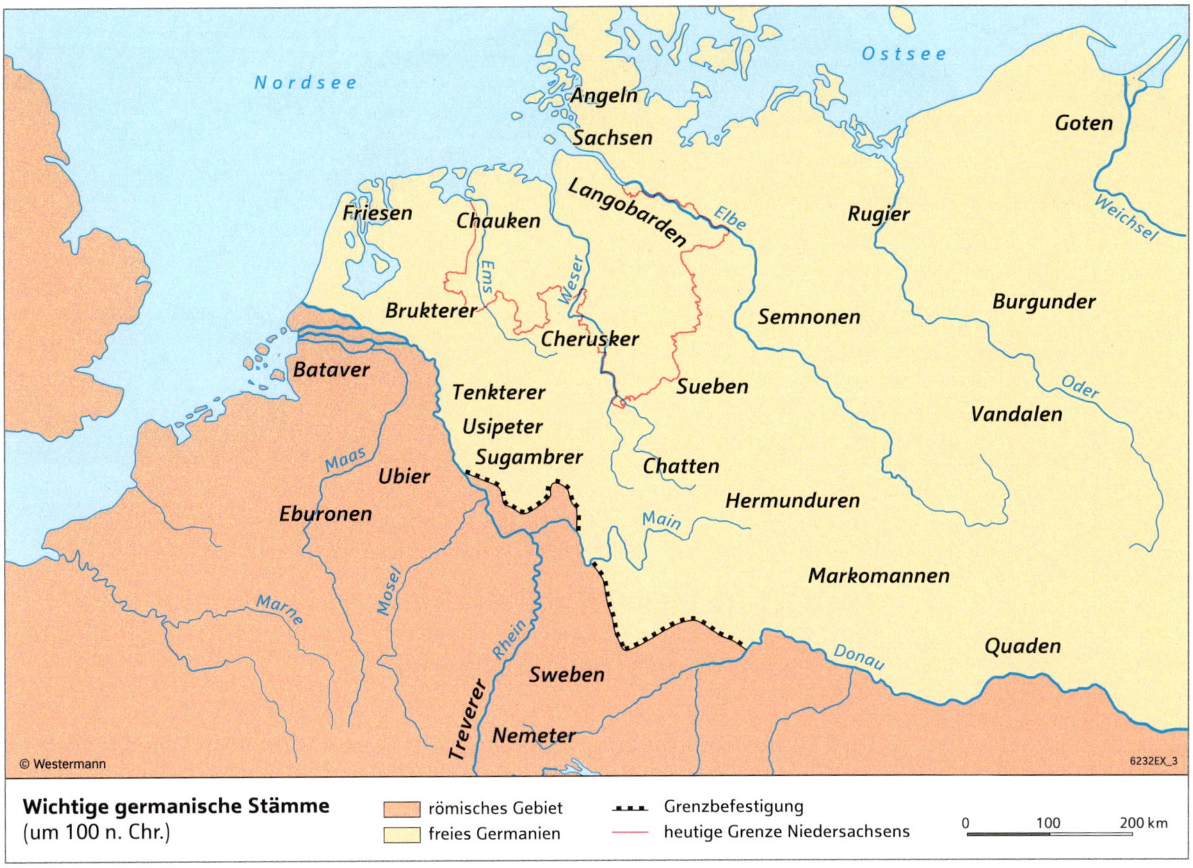

M3 Germanenstämme

T2 • Die germanische Gesellschaft

Die Germanen waren kein einheitliches Volk. Sie lebten in verschiedenen Volksstämmen, die sich untereinander bekämpften. Sie sprachen aber dieselbe Sprache und glaubten an dieselben Götter.

Angeführt wurden die Stämme von adligen Stammesführern. Unter ihnen standen die Freien, die lange Haare hatten und Waffen trugen. Die Unfreien waren meist Kriegsgefangene anderer Stämme. Sie waren Eigentum ihres Herrn, der sie zum Beispiel verkaufen, verheiraten oder hart arbeiten lassen konnte.

Der Mann war das Oberhaupt der Familie, die Frau und die Kinder waren ihm rechtlich unterstellt.

M4 Germanisches Langschwert

4 Werte die Karte M3 mithilfe der Schritte auf den Seiten 90/91 aus.

5 Nenne mithilfe von M3 germanische Stämme, die a) im freien Germanien,
b) im Römischen Reich,
c) im heutigen Niedersachsen
siedelten.
Stühletausch

6 Hilfe Was erfährst du über die germanische Gesellschaft? (T2)
Lerntempoduett

Hilfe zu
6 Lies den Text einmal in Ruhe durch. Lies anschließend ein zweites Mal und mache dir nach jedem Absatz Notizen.

M1 Germanisches Dorf (Rekonstruktionszeichnung)

Alltag in Germanien

T1 • Die germanischen Siedlungen

Große Teile Germaniens waren von Sümpfen und Wäldern überdeckt. Das Klima war kühler und feuchter als heute. Hier lebten die Germanen als Bauern auf Einzelgehöften oder in kleinen Siedlungen.

Einzelgehöfte
Wohnplatz, an dem nur ein oder zwei Familien leben

Reet
getrocknetes Schilf, das zur Abdeckung von Häusern genutzt wird. Schilf ist eine Pflanze, die am Wasser wächst und wie Getreide aussieht.

> Dass die Stämme der Germanen keine Städte bewohnen, ist bekannt. Sie hausen einzeln, dort, wo ihnen eine Quelle, eine Fläche, ein Gehölz gefällt. Ihre Dörfer legen sie nicht in unserer Weise an, dass sie verbunden sind. Jeder umgibt sein Haus mit freiem Raum. Nicht einmal Bruchsteine oder Ziegel sind bei ihnen im Gebrauch, zu allem verwenden sie unbehandeltes Holz, ohne auf ein gutes Aussehen zu achten.

M2 Tacitus über germanische Siedlungen (um 98 n. Chr., vereinfacht)

T2 • Das germanische Langhaus

Die germanischen Langhäuser waren mit Stroh und Reet bedeckt. Die Dächer reichten fast bis auf den Boden. Die Außenwände bestanden aus senkrechten Holzbalken. Die Zwischenräume wurden mit geflochtenen Zweigen und Lehm abgedichtet. Licht fiel nur durch zwei kleine Rauchlöcher im Dach. Mensch und Vieh wohnten meist zusammen. Oft trennte nur eine einfache Flechtwand den Stall vom Wohn- und Schlafbereich, wo sich das alltägliche Leben abspielte.

1. Wie lebten die Germanen? (M1).
2. Was war typisch für Germanien? (T1)
3. Wie sahen die germanischen Siedlungen aus? (T1, M2)
4. a) Wer lebte in einem Langhaus? (M1, T2)
   b) Wie war das germanische Langhaus gebaut? (M1, T2, M2)
   Bienenkorb

T3 • Landwirtschaft und Handwerk

Die Germanen waren Selbstversorger. Fast alles, was sie zum Leben brauchten, stellten sie selbst her.

Auf ihren Feldern bauten die Germanen Getreide, Kohl, Rüben, Erbsen und Bohnen an. Außerdem sammelten sie Pilze, Beeren und Obst, fingen Fische und jagten Wildtiere. Als Haustiere besaßen sie Schweine, Rinder, Schafe, Ziegen und Geflügel.

Aus Flachs und Wolle fertigten die Frauen Kleidung. Aus Ton und Lehm formten sie Schüsseln und Töpfe. Aus Zweigen flochten sie Körbe. Die Männer stellten aus Holz Werkzeuge und andere Gebrauchsgegenstände her. Die Herstellung von Waffen, Schmuck und Metallwerkzeugen war Aufgabe des Schmieds. Das war ein freier Mann, der die angefertigten Gegenstände gegen Nahrung und anderes eintauschte.

Flachs
Pflanze, aus deren Fasern Fäden gewonnen werden. Mit diesen Fäden können Stoffe hergestellt werden.

T4 • Das Thing

Die freien Männer eines Stammes trafen sich regelmäßig, um aktuelle Streitfälle zu schlichten, Verbrechen zu bestrafen oder um über Krieg und Frieden zu entscheiden. Diese Versammlungen hießen Thing.

Die Germanen treffen sich entweder bei Neumond oder Vollmond. Sie setzen sich mit ihren Waffen zusammen. Wenn ihnen ein Antrag nicht gefällt, lehnen sie ihn durch Murren ab, wenn er ihnen aber gefällt, schlagen sie die Speere zusammen.

M3 Tacitus über das Thing (um 98 n. Chr., vereinfacht)

M4 Germanisches Thing (Rekonstruktionszeichnung)

5 „Die Germanen waren Selbstversorger." Erkläre. (T3)

6 a) Wozu trafen sich die Germanen beim Thing? (T4)

b) Hilfe Spielt den Ablauf einer Thingversammlung nach. (T4, M3, M4)

7 Hilfe Bildet Gruppen. Verteilt innerhalb eurer Gruppe die Texte der Seiten 102–105. Fasst die wichtigsten Informationen über die Germanen in einer Mindmap zusammen.

Gruppenpuzzle

Hilfe zu

6 b) Überlegt euch zuvor:
- Was soll auf dem Thing beraten werden?
- Wer leitet als Fürst das Thing?

7

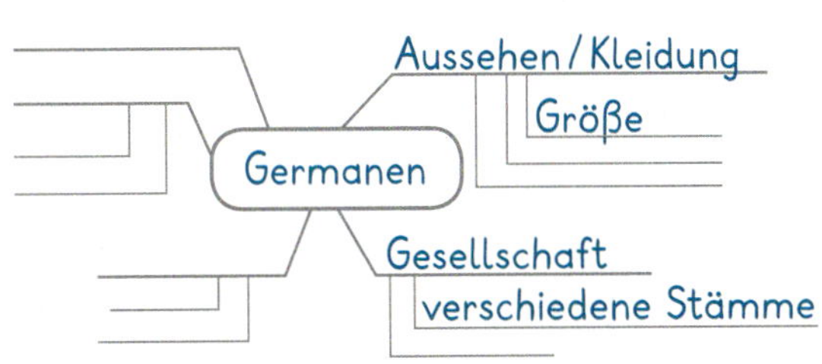

M1 Tauschhandel an einem Grenzübergang (Modell im Römermuseum Aalen)

Handel über die Grenze hinaus

T1 • Am Limes

Zur Sicherung ihrer Grenzen bauten die Römer eine Grenzbefestigung, den Limes. Zu Beginn des 1. Jahrhunderts war der Limes noch ein befestigter Weg mit ein paar Wachtürmen aus Holz. Doch nach und nach verstärkten die Römer die Grenze. Sie bauten einen Zaun aus Holzpfählen oder auch eine Mauer, bis der Limes ungefähr 550 Kilometer lang war und vom Rhein bis an die Donau reichte. Etwa 900 Wachtürme und 120 größere und kleinere Kastelle befanden sich entlang der Grenze. Mit dem Limes wollten die Römer ihr Reich schützen, aber auch ihre Stärke unter Beweis stellen.

Große Angriffe konnte der Limes nicht abhalten, vielmehr sollte er gegen räuberische Überfälle der Germanen schützen. Es gab auch einige kontrollierte Übergänge, an denen sich ein lebhafter Tauschhandel zwischen Römern und Germanen entwickelte.

1. Beschreibe die Szene in M1.
2. Wo verlief der Limes? Betrachte dazu die Karte M3 auf Seite 103.
3. Fertige einen Spickzettel über den Limes an.
   a) Schreibe dazu zehn wichtige Wörter aus dem Text. (T1)
   b) Mache Zusammenhänge mit Zeichen und Symbolen deutlich.
   c) Erklärt euren Mitschülern mithilfe eures Spickzettels, was ihr über den Limes gelernt habt.
   Marktplatz

T2 • Der Handel zwischen Römern und Germanen

Die Kontakte, die sich am Limes zwischen Römern und Germanen entwickelten, waren für beide Seiten nützlich. Die Römer schätzten germanische Waren, wie Bernstein, Honig, Wachs, Felle oder Sklaven. Begehrt war auch langes, blondes Frauenhaar, womit die Römer Perücken anfertigten. Die Germanen interessierten sich zum Beispiel für römischen Schmuck, Wein, Gewürze, Olivenöl, Töpfe und Glasbecher.

M2 Bernstein (im Ostseeraum verbreiteter Schmuckstein)

T3 • Alle Wege führen nach Rom

Die Römer waren Meister im Straßenbau. Zur Zeit der größten Ausdehnung des Reiches verband ein römisches Straßennetz von 85 000 Kilometern die Provinzen mit dem Reich. Die Straßen wurden hauptsächlich von Soldaten und Händlern genutzt.

Mit der Ausdehnung des Reiches verstärkte sich der Handel zwischen Rom und seinen Provinzen. Die Provinzen handelten aber auch untereinander. So waren zum Beispiel Glasgefäße aus Köln auch in Britannien oder Holland erhältlich. Neben den Straßen nutzten die Fernhändler auch Wasserwege zum Transport ihrer Waren.

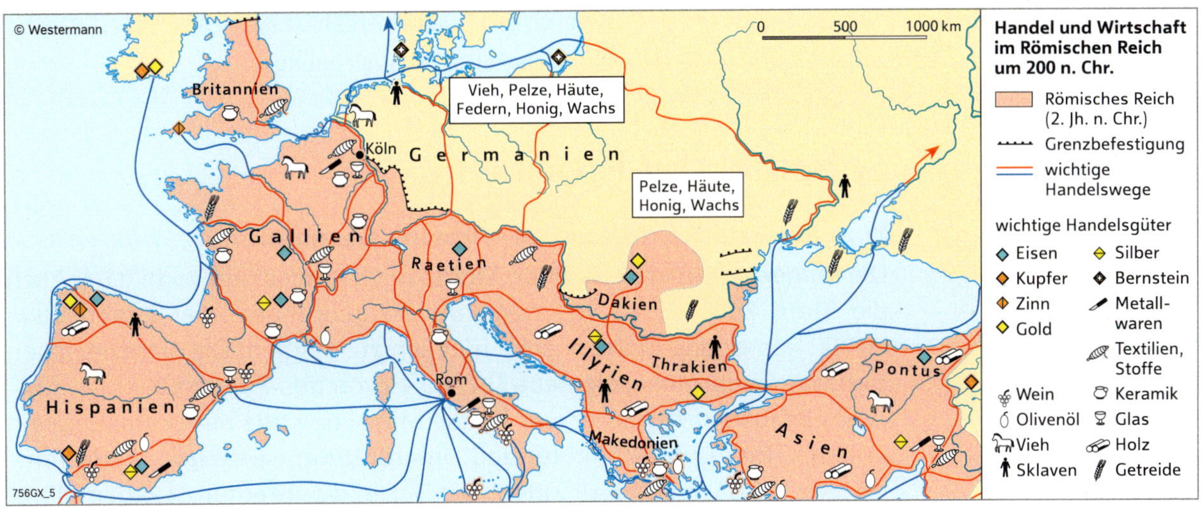

M3 Handelswege und Handelsgüter in der nördlichen Hälfte des Römischen Reiches

4 Welche Waren boten die Römer an, welche die Germanen? Liste auf. (T2)

5 Hilfe Ein Germane und ein Römer treffen sich am Limes. Verfasst in Partnerarbeit einen Dialog.

6 Berichte über das römische Straßennetz. (T3)

7 Hilfe Werte die Karte M3 aus.

8 Nenne drei Gebiete, die von Rom weit entfernt liegen. Notiere dazu, welche Waren von dort nach Rom kamen. (M3)

Lerntempoduett

Hilfe zu

5 Der Germane Aldemar trifft auf den Römer Titus: Aldemar: Ich habe eine große Auswahl an Fellen zum Tausch mitgenommen. Ich suche Töpfe und Schmuck. Titus: Ich suche Felle, da meine Kinder immer frieren. Ich habe Töpfe und Krüge mitgebracht. ...

7 Nutze die Anleitung auf den Seiten 90/91. Die Karte M3 hat das Thema „Handelswege ...“. Sie zeigt das nördliche Reichsgebiet und ... . Der Zeitraum, der dargestellt ist, ...

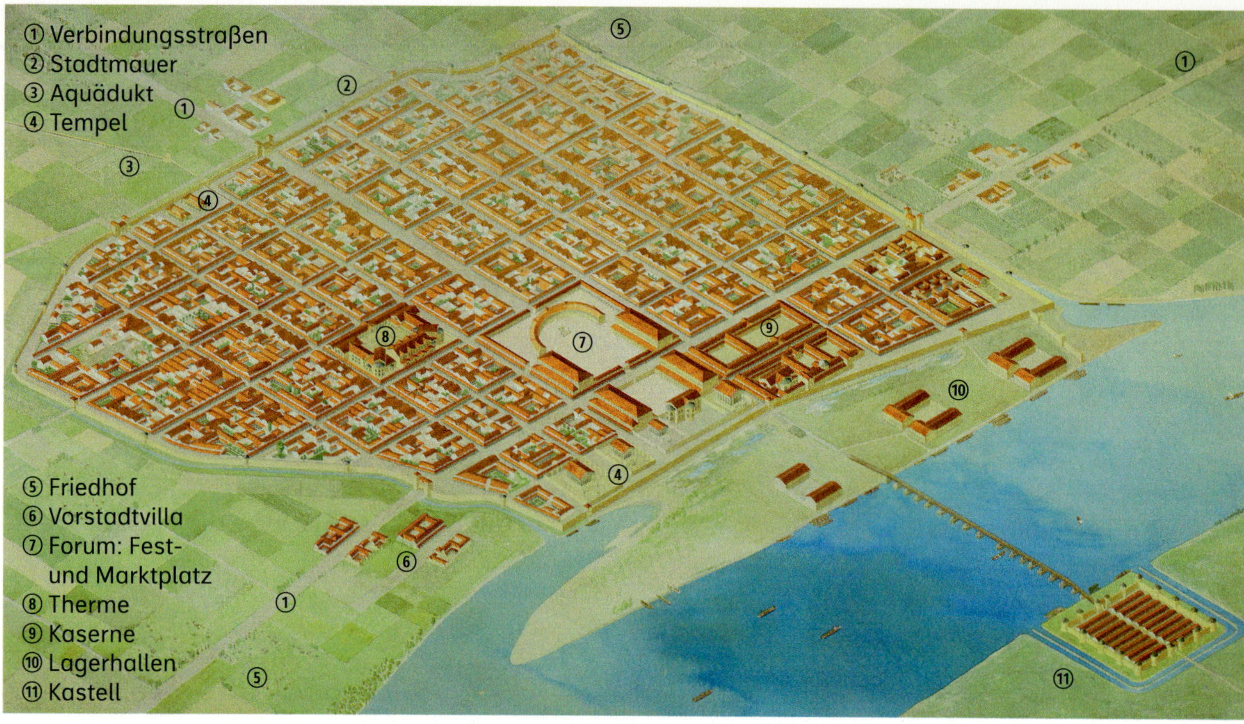

M1 Das römische Köln Anfang des 4. Jahrhunderts n. Chr. (Rekonstruktionszeichnung)

Leben in der Provinz

T1 • Römische Städte in der Provinz Germanien

Die Römer legten in Germanien Städte nach römischem Vorbild an. Auch die Stadt Köln wurde von den Römern gegründet. Hier lebten etwa 20 000 Römer und Einheimische friedlich zusammen. Die einheimischen Handwerker lernten viele neue Techniken von den Römern.

Ein Besuch in der Stadt war für die Menschen aus der Umgebung ein Erlebnis. Hier gab es Theater und Unterhaltung, Feste und große Tempel. Auch die Verwaltung hatte ihren Sitz in den Städten. Auf den Märkten kauften die Menschen Waren des täglichen Bedarfs, aber auch Luxusgüter wie Pfeffer von Fernhändlern.

Verwaltung
Einrichtung, in der Menschen arbeiten und sich um alles Wichtige in einer Stadt kümmern; zum Beispiel darum, dass jeder Steuern bezahlt oder dass die Straßen befahrbar sind.

1 Beschreibe die Stadt Köln zur Zeit der Römer. (M1)

2 „Die Römer legen ihre Städte planmäßig an." Überlege anhand von M1, ob diese Aussage stimmt.
Placemat

3 Hilfe Du lebst Anfang des 4. Jahrhunderts n. Chr. in Köln. Schildere deiner Cousine Mimi in Rom einen Tag in deiner Stadt.

4 Recherchiere im Internet den römischen Urprung weiterer deutscher Städte, z.B. von Xanten, Bonn, Mainz oder Regensburg.

Hilfe zu

3 ... aus Colonia grüßt Mimi in Rom! Gestern habe ich einen aufregenden Tag verbracht. Mein Vater ist mit den schönsten Stoffen aus ... zurückgekehrt und ich durfte ihn zum Markt begleiten ... .

T2 • Römische Städte in der Provinz Germanien

Viele Menschen aus dem freien Germanien reisten in das Römische Reich und arbeiteten für die Römer. Ebenso wie die Germanen, die in den Provinzen wohnten, lernten sie so die römische Lebensweise kennen. Sie sahen prächtige Häuser aus Stein, gepflasterte Straßen, Badeanstalten, Theater und Tempel.

Da die Germanen für einige Dinge keine Bezeichnungen hatten, übernahmen sie die Begriffe der Römer. Man nennt diese Wörter Lehnwörter. Noch heute kann man bei zahlreichen deutschen Wörtern ihren lateinischen Ursprung erkennen. So ist zum Beispiel in unserem Wort „Pforte" das lateinische Wort „Porta" enthalten.

M2 Von den Römern übernommene Wörter

5 Was ist ein Lehnwort? Erkläre. (T2)

6 Hilfe Finde zu den Wörtern in M2 die dazugehörigen deutschen Begriffe.
Bienenkorb

⑦ Hilfe Nenne einige Lehnwörter aus anderen Sprachen, die es heute in unserer Sprache gibt.

8 Nenne heutige Beispiele, bei denen sich Kulturen gegenseitig bereichern. Denke dabei an Handel, Tourismus und anderes.

Hilfe zu

6 Du kannst eine Tabelle anlegen:

lateinische Wörter	deutsche Begriffe
① fenestra	Fenster
② ...	

⑦ Denke dabei beispielsweise an Begriffe aus dem Englischen oder Französischen wie zum Beispiel Cornflakes und Baguette.

begründen

Wenn du etwas begründen sollst, dann sollst du eine Aussage erklären. Diese musst du erst einmal in deinen eigenen Worten zusammenfassen. Danach musst du Gründe dafür finden, dass diese Behauptung richtig ist. Du musst also die Frage nach dem „Warum ist das so?“ beantworten. Dafür brauchst du Informationen aus der Geschichte und auch Beispiele. Um Informationen und Beispiele auflisten zu können, musst du Materialien und Texte anschauen und lesen. Am Ende fasst du dein Ergebnis in einem Schlusssatz zusammen.

1. Schritt: **Informationen sammeln**
- Welche Informationen findest du in den Texten und Materialien?

2. Schritt: **Gründe formulieren**
- Warum ist die Aussage richtig?

3. Schritt : **Schlusssatz formulieren**
- Wie kannst du deine Ergebnisse zusammenfassen?

M1 Reste einer römischen Straße in Trier (Rheinland-Pfalz)

M2 Die Porta Nigra in Trier aus römischer Zeit (Rheinland-Pfalz)

M3 Reste einer römischen Wasserleitung in Köln (Nordrhein-Westfalen)

M4 Waffenreste von einem römisch-germanischen Schlachtfeld bei Kalkriese (Niedersachsen)

M5 Römische Handelswaren, gefunden in einem Grab bei Lübsow (Polen)

M6 Glaswaren aus Köln und Umgebung aus römischer Zeit (Nordrhein-Westfalen)

Begründe, warum der Austausch der Kulturen für Römer und Germanen vorteilhaft war.

1. Schritt: Informationen sammeln

In der Aufgabe steht die Aussage: „Der Austausch der Kulturen war für die Römer und die Germanen vorteilhaft." Diese Aussage soll begründet werden.

Zuerst musst du Informationen sammeln, um erklären zu können, warum die Aussage richtig ist. Das tust du, indem du die Texte aus dem Schulbuch liest:

Texte für alle:
- T2 auf Seite 107
- T1 auf Seite 108

zusätzliche Texte:
- T3 auf Seite 107
- T2 auf Seite 109.

Darüber hinaus schaust du dir die Materialien auf Seite 110 an. Danach musst du die gesammelten Informationen ordnen.

So kannst du die Informationen ordnen:

Warum war der Austausch für die Römer gut?	Warum war der Austausch für die Germanen gut?
- germanische Waren: Bernstein, Felle ... - stellten Perücken aus ... her - ...	- römische Waren: Schmuck ... - Handwerker lernen zum Beispiel ... - neue Wörter: ... - ...

Tipp

Nutze beim Lesen der Texte und Anschauen der Materialien ein Notizblatt. Auf diesem kannst du Informationen aufschreiben oder auch wieder durchstreichen. Deine Notizen von dem Notizblatt kannst du danach ordentlich in die Tabelle schreiben.

2. Schritt: Gründe formulieren

Im zweiten Schritt musst du die gesammelten Informationen in ganzen Sätzen aufschreiben. Achte dabei auf abwechslungsreiche Satzanfänge. Schreibe erst die Aussage auf und dann die Gründe.

So kannst du schreiben:

Der Austausch der Kulturen war für die Römer und die Germanen vorteilhaft. Das erkennt man zum Beispiel daran, dass sie untereinander handelten. Die Römer kauften von den Germanen ... . Die Germanen kauften von den Römern ... . Außerdem lernten die Germanen ... . In den Städten ... . Ebenso lernten die Germanen ... . Besonders beliebt waren ... .

Als Erstes ...
Außerdem ...
Auch ...
Ebenso ...
Besonders ...
Zuletzt...

3. Schritt: Schlusssatz formulieren

Zuletzt schreibst du einen Schlusssatz auf. In diesem fasst du noch einmal zusammen, was du herausgefunden hast.

- Stimmt die Aussage?
- Hast du viele Gründe gefunden?
- Für wen hast du mehr Gründe gefunden?

Schreibe so:

Es ist wahr, dass der Austausch ... . Es gibt viele Gründe ... . Aber ... . Vor allem ... .

Römer und Germanen im Kampf

Ambiorix
Anführer der Eburonen, die westlich bei Köln in den Niederlanden und Belgien wohnten

54 v. Chr.: Die Eburonen und andere Stämme wollten sich nicht den Römern unterwerfen. Sie töteten mehr als 9000 römische Soldaten.

Ergebnis: Die Römer übten grausame Rache: Bis zu 50 000 römische Soldaten töteten alle Eburonen und zerstörten ihr Land. Die Römer siedelten dort römerfreundliche Germanenstämme, wie die Ubier, an.

Arminius
Adeliger aus dem Germanenstamm der Cherusker, die rechts des Rheins lebten, Offizier im Römerheer, besaß das römische Bürgerrecht

9 n. Chr.: Aus Wut über die hohen Steuern zettelte Arminius einen Aufstand gegen die Römer an. Bei Osnabrück vernichtete er mit anderen Germanen ein Römerheer von 20 000 Soldaten.

Ergebnis: Die römischen Anführer nahmen sich das Leben, der Kaiser war verzweifelt. Große Krise für das Weltreich. Die Römer gaben ihre Eroberungspläne für das rechtsrheinische Germanien auf.

Julius Civilis
aus dem Germanenstamm der Bataver, lebte an der Rheinmündung

69 / 70 n. Chr.: Civilis führte einen Aufstand gegen die Römer an. Fast alle am Rhein lebenden Germanen unterstützten ihn und wollten sich von der römischen Fremdherrschaft befreien.

Ergebnis: Zuerst ein großer Erfolg für die Germanen. Fast alle römischen Stützpunkte am Rhein wurden niedergebrannt. Doch die Römer schlugen erfolgreich zurück und verwüsteten das Land der Bataver vollkommen. Der Aufstand war missglückt.

M1 Germanische Anführer und ihre Aufstände

1 a) Lest jeweils den Steckbrief eines germanischen Anführers. (M1)
b) Hilfe Stellt die drei germanischen Aufstände in einer Tabelle gegenüber.

2 a) Wo siedelten die genannten Stämme? (Seite 103, M3)
b) Welche Länder befinden sich heute dort? (Atlas)

Lerntempoduett

Hilfe zu
1 b) Germanische Aufstände

Anführer		Arminius	
Stamm		Cherusker	
Grund		hohe Steuern	
Vorgehen			
Ergebnis			

T1 • Vor mehr als 2000 Jahren: Die Varusschlacht

Über Jahrhunderte wurde der Ort, an dem Arminius die Römer besiegt hatte, gesucht. Lange vermutete man das Schlachtfeld in der Nähe der Stadt Detmold am Teutoburger Wald. Diese Vermutung stützte sich auf einen Hinweis in einem Text von Tacitus.

Nachdem in Kalkriese in der Nähe von Osnabrück römische Münzen gefunden wurden, begannen dort 1987 archäologische Ausgrabungen. Bis heute wurden über 4000 Fundstücke sichergestellt. Auch ein sehr großer römisch-germanischer Kampfplatz konnte nachgewiesen werden. All das deutet darauf hin, dass in Kalkriese bei Osnabrück vor mehr als 2000 Jahren der Cheruskerfürst Arminius die Legionen des Varus besiegt hatte. Hier lockte er die Römer in eine Falle. In dem Gelände um Kalkriese zog sich das römische Heer mehrere Kilometer auseinander. Dort griffen die Germanen die Römer an und vernichteten die Legionen.

M2 In Kalkriese gefundene Gesichtsmaske eines römischen Helms

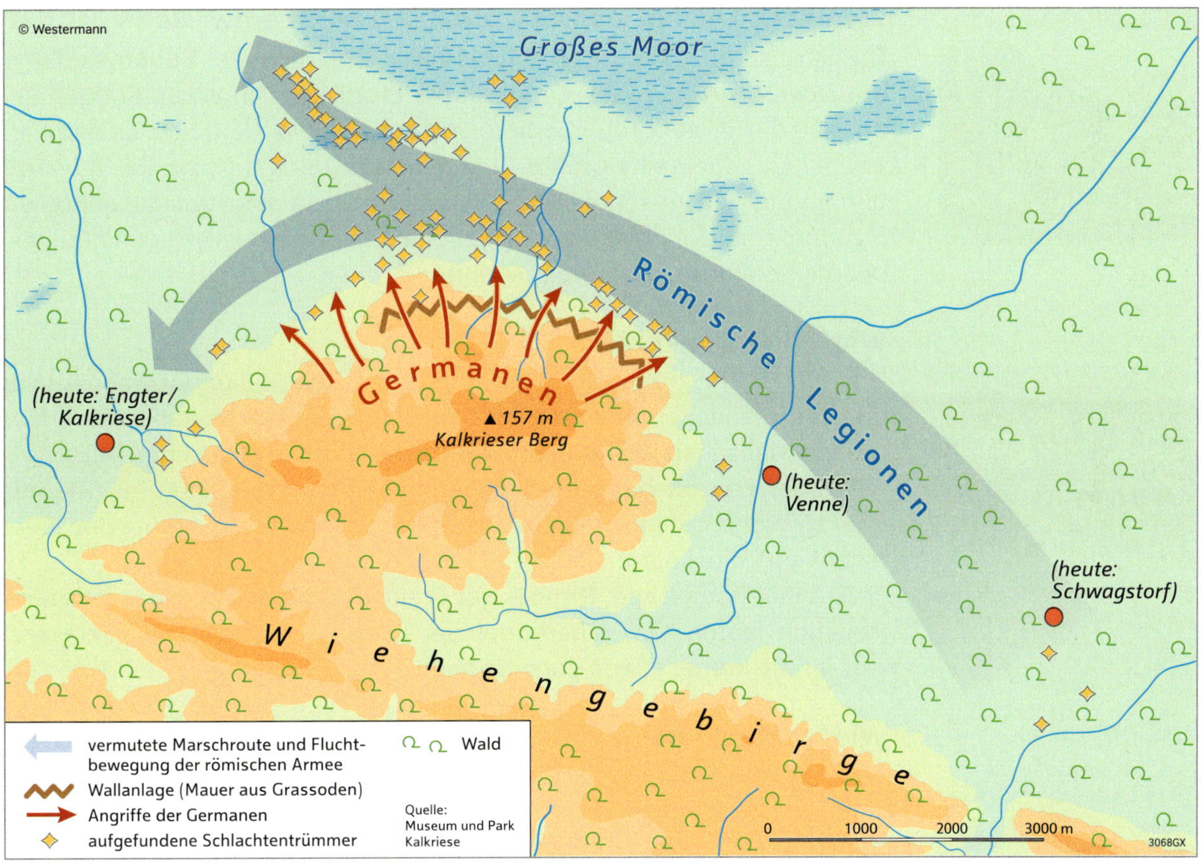

M3 Der vermutliche Ort der Varusschlacht in der Nähe von Kalkriese bei Osnabrück

❸ Weshalb ging man lange Zeit davon aus, dass sich der Ort der Varusschlacht bei Detmold befinden würde? Begründe. (T1)

❹ Warum meinen Forscher heute, dass Kalkriese der Ort der Schlacht ist? Erkläre. (T1, M2)

❺ Untersuche die Karte M3:
a) Beschreibe das Gebiet der Varusschlacht.
b) Arminius hatte die Römer in einen Hinterhalt gelockt. Erkläre mithilfe der Karte.
Think – Pair – Share

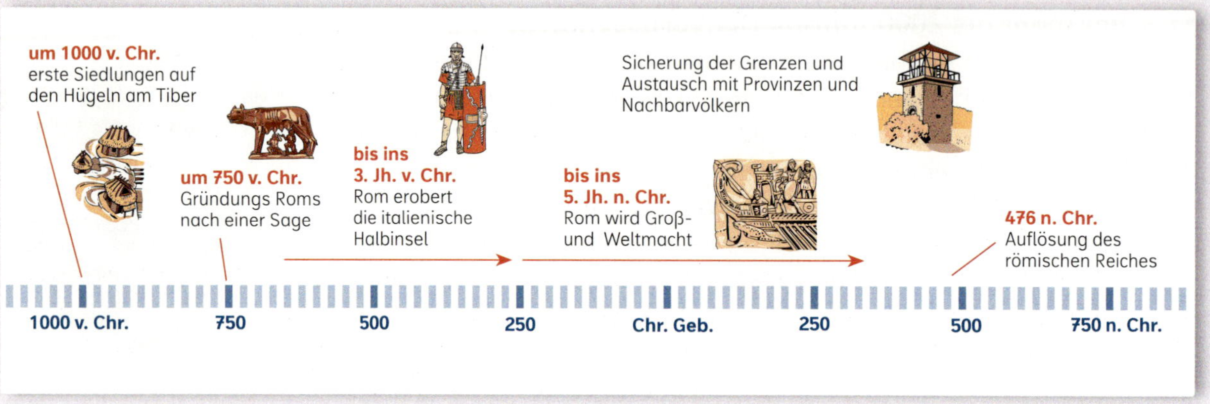

Römer und Germanen

Wann und wie hat sich das Römische Reich entwickelt?

Die Geschichte Roms begann um 1000 v. Chr. mit einer Bauernsiedlung am Tiber. Um 750 v. Chr. entstand die Stadt Rom. In vielen Kriegen eroberten die Römer große Gebiete und schufen ein Weltreich. Es hatte im Jahr 117 n. Chr. seine größte Ausdehnung. Das Römische Reich wurde durch eine gut funktionierende Verwaltung, ein sehr gut ausgebautes Straßen- und Handelsnetz und nicht zuletzt durch hervorragend ausgebildete Soldaten zusammengehalten.

Wie lebten die Römer?

Um 100 n. Chr. hatte die Stadt Rom über eine Million Einwohner. Die meisten Menschen wohnten in schlecht gebauten Mietshäusern. Nur wenige Menschen wohnten am Rande der Stadt in prächtigen Villen.

In ihrer Freizeit besuchten die Römer Thermen, gingen ins Theater oder zu Wagenrennen. Beliebt waren auch Gladiatorenkämpfe und Tierhetzen im Kolosseum.

Zu einer römischen Familie gehörten alle Menschen, die in einem Haushalt lebten. Das Oberhaupt der Familie war der Vater. Sklaverei war für die Römer etwas ganz Normales.

Wie lebten Römer und Germanen miteinander?

Die Germanen lebten in verschiedenen Volkstämmen, die aber die gleiche Sprache sprachen und an die gleichen Götter glaubten. Als Ackerbauern und Viehzüchter lebten sie auf Einzelgehöften oder in kleinen Siedlungen in Langhäusern.

In der eroberten Provinz Germanien gründeten die Römer neue Städte nach ihrem Vorbild. Dort lebten Römer und Germanen friedlich zusammen. Die einheimischen Handwerker lernten viele neue Techniken von den Römern. Am Limes, der Grenzbefestigung zwischen der Provinz und dem freien Germanien, entwickelte sich ein lebhafter Tauschhandel zwischen Römern und Germanen.

Familia
Sämtliche Mitglieder eines Haushaltes gehörten zur römischen Familia, zum Beispiel Sklaven, Freigelassene und die Familie an sich. Oberhaupt der Familie war der Vater. Er hatte das Recht, über alle Angehörigen seiner Familie zu bestimmen.

Germanen
Völkerstämme, die in Norddeutschland, Dänemark und Südschweden lebten. Die Stämme besaßen eine gemeinsame Sprache und glaubten an die gleichen Götter. Sie wurden von adligen Stammesführern angeführt.

Legionäre

Die Macht Roms gründete sich vor allem auf die Berufssoldaten, die Legionäre. Sie waren gut ausgebildet und hervorragend ausgerüstet. In Friedenszeiten wurden die Soldaten zum Beispiel beim Straßenbau eingesetzt. Nach 25 Jahren endete die Dienstzeit und der Legionär bekam ein Stück Land oder Geld zur Altersversorgung.

Limes
Die Römer errichteten an der Grenze zu den Germanen eine Grenzbefestigung, den Limes. Im 2. Jh. n. Chr. hatte dieser eine Länge von ca. 550 km. Der nördliche Teil bestand aus Holzpfählen, der südliche aus einer Steinmauer. Es gab ca. 900 Wachtürme und 120 Kastelle entlang des Limes sowie zahlreiche kontrollierte Übergänge. Dort entwickelte sich ein reger Tauschhandel zwischen Römern und Germanen.

Provinz
Die Römer eroberten viele Gebiete, die weit weg von Rom lagen. Diese Gebiete nannten sie Provinzen. Sie wurden durch römische Vertreter verwaltet.

Römisches Reich

Das Römische Reich entwickelte sich von der um 750 v. Chr. entstandenen Stadt Rom zunächst zu einer Landmacht. Zuvor hatten die Römer das Gebiet des heutigen Italiens erobert. Um 133 v. Chr. hatte sich das Römische Reich rund um das Mittelmeer ausgebreitet. Rom war nun eine Seemacht. Die größte Ausdehnung besaß das Römische Reich um 117 n. Chr., da es den gesamten Mittelmeerraum einschließlich Ägyptens sowie Westeuropa mit Teilen Britanniens und Germaniens umfasste. Rom war zur Weltmacht geworden.

Sklaven
Sklaven waren Unfreie, sie gehörten ihrem Besitzer. Sie arbeiteten in vielen Bereichen. Sklaverei war für die Römer damals etwas ganz Normales, um Christi Geburt war ungefähr jeder dritte Einwohner Roms ein Sklave.

Thing
Versammlung aller freien Männer eines germanischen Stammes. Dort wurden wichtige Dinge entschieden und Gericht gehalten.

Römer und Germanen

1. Die Weltstadt Rom

Der Zeichner ist ganz beeindruckt von der berühmten Stadt Rom.
Finde heraus, an welchen Stellen er ein wenig übertrieben hat.
Tipp: In dem Bild sind 10 Fehler vorhanden.

2. Schüttelrätsel

Bringe die Buchstaben der gesuchten Begriffe in die richtige Reihenfolge.
Tipp: Der fett gedruckte Buchstabe ist der Anfangsbuchstabe.

1. SCA**T**TIU
2. REÄ**L**OIGN
3. **P**VZIRNO
4. MNNEEA**G**R
5. REH**T**MEN
6. I**P**ANTLA
7. U**K**SOMOELS
8. DR**G**ALOIAT
9. VKNEAL**S**
10. SIE**L**M

Erkläre einem Mitschüler die Begriffe.
Lerntempoduett

4. Zuordnungsaufgabe

Finde zu jedem Wort die passende Aussage. Schreibe zu jedem Paar einen Merksatz auf.

1 Aquaedukt	A römisches Bad
2 Legion	B Ratsversammlung der Germanen
3 Kolosseum	C Grundlage der römischen Wirtschaft
4 Thing	D Wasserleitung in römischen Städten
5 Therme	E Grenzwall in Germanien
6 Sklaven	F oberster Gott der Römer
7 Limes	G größte Arena Roms
8 Jupiter	H größte Einheit des römischen Heeres

Zusatz:

9 Caesar	I erster Kaiser
10 Augustus	J vermuteter Ort der Varusschlacht
11 Kalkriese	K 44 v. Chr. ermordet
12 Romulus	L germanischer Freiheitskämpfer
13 Arminius	M sagenhafter Gründer Roms

3. Was gehört wozu?

Erstelle eine Tabelle in deinem Heft und ordne die Begriffe entweder den Römern oder den Germanen zu.

Langhaus – Heizung - Circus Maximus – Varus – Thing – Stammesführer – Olivenöl – Köln – Selbstversorger – Haussklaven - Langschwert – Kastelle – Bernstein – Thermen – Langobarden – Honig – Atrium – Fibel – Arminius – Latrinen

Römer	Germanen

Verfasst in Partnerarbeit Infotexte
a) zu den Römern und
b) zu den Germanen,
in denen die jeweils richtigen Begriffe vorkommen.
Partnerpuzzle

5. Richtig oder falsch?

a) Prüfe, welche Aussage richtig oder falsch ist.

Aussage	r/f
1. Ein Legionär ist ein Soldat.	
2. Das Kolosseum hatte 50 000 Plätze.	
3. Die Thermen waren Heißwasserspeicher.	
4. Der Familienvater konnte allen im Hause Befehle erteilen.	
5. Köln wurde Hauptstadt Galliens.	
6. Tacitus war germanischer Geschichtsschreiber.	

b) Berichtige die falschen Aussagen und schreibe sie in der richtigen Form in dein Heft.
Stühletausch

M1 Mittelalterlicher Markt in einer Stadt (Rekonstruktionszeichnung)

Leben im Mittelalter

→ Wie lebten die Menschen im Mittelalter?

→ Welche Rolle spielte der christliche Glaube im Mittelalter?

→ Wie wurden die Menschen regiert?

M2 Nonnen bei der Krankenpflege

M3 Der König mit seinem Gefolge auf einem Umritt durch sein Reich (Rekonstruktionszeichnung)

Die mittelalterliche Ordnung

M1 Christus teilt den Menschen Aufgaben zu: „Du bete untertänig" (links oben); „Du beschütze" (rechts oben); „Du aber arbeite" (Mitte). (Holzstich von 1492)

> Das Haus Gottes ist dreigeteilt: Die einen beten, die anderen kämpfen, die dritten arbeiten. Die drei Stände können nicht getrennt werden. Die Dienste des einen sind die Bedingung für die Werke der beiden anderen. Jeder trägt seinen Teil zum Ganzen bei.

M2 Der Bischof von Laon zur Ständeordnung (1016)

T1 • Das Mittelalter und der christliche Glaube

Als Mittelalter wird der Zeitraum zwischen 500 n. Chr. und 1500 n. Chr. bezeichnet. In dieser Zeit war der christliche Glaube für die Menschen extrem wichtig. Die religiösen Vorschriften bestimmten das Handeln der Menschen. Sie glaubten auch, dass Gott ihnen von Geburt an ihren Lebensweg vorgegeben hatte.

T2 • Die Ständeordnung

Ab dem 10. Jahrhundert entwickelte sich eine feste Ordnung der Gesellschaft. Diese Ordnung galt als von Gott gewollt. Die Menschen waren darin in drei verschiedene Stände unterteilt. Diese Stände waren:

- die Geistlichen, wie zum Beispiel Bischöfe und Mönche: Sie sollten für die Menschen beten;
- die Adligen, wie zum Beispiel Herzöge und Ritter: Sie hatten die Aufgabe, Land und Bevölkerung zu schützen;
- alle Übrigen, zum Beispiel Bauern, Handwerker oder Händler: Sie versorgten die Menschen mit ihren Waren.

Über alle regierte der König. Er leitete das Land und war für den Schutz der gesamten Gesellschaft zuständig.

Stände
Die Menschen wurden in Gruppen eingeteilt, in sogenannte Stände. Jeder Stand hatte verschiedene Rechte und Aufgaben.

M3 Ständeordnung im Mittelalter (heutige Zeichnung)

1 a) Beschreibe die Personen und deren Aufgaben in M1.
b) Der Künstler hat die Personen in verschiedenen Abständen zu Christus geordnet. Überlege, was das aussagen soll.
Think – Pair – Share

2 Gib die Aussagen des Bischofs von Laon in eigenen Worten wieder. (M2)

3 Welche Bedeutung hatte die Religion? (T1)

4 Hilfe Wie war die mittelalterliche Ständeordnung aufgebaut? Beschreibe. (T2, M3)

5 Hilfe Welche Rolle spielte der König im Mittelalter? Erkläre. (T2, M3)

6 Warum akzeptierten die Menschen die Ständeordnung? Begründe. (M1, T1)

Hilfe zu

4 Schreibe in ganzen Sätzen: An der Spitze der mittelalterlichen Ordnung stand … .

5 Schau dir noch einmal genau an, wo der König in der mittelalterlichen Ordnung stand und welche Aufgabe er hatte.

Das Lehnswesen

Heute ist ein besonderer Tag. König Heinrich wird den Adligen Bernhard von Ebensbach zum Herzog ernennen. Zu diesem Fest sind viele bedeutende Gäste gekommen. Sie sollen Zeugen sein, wie Bernhard das Herzogtum übertragen wird.

Gleich zu Beginn der Feierlichkeiten setzt sich König Heinrich auf seinen Thron. Bernhard kniet vor ihm nieder. Heinrich stellt ihm eine Frage: „Willst du von nun an mein Gefolgsmann sein?" Bernhard antwortet: „Ja, das will ich!" Nun umschließt Heinrich die Hände von Bernhard. Dann wendet sich Bernhard an den König: „Ich verspreche dir, dass ich dir ein treuer Gefolgsmann sein werde. Ich werde dich nicht betrügen und dir immer ein ehrlicher Berater sein." Heinrich antwortet ihm: „So nehme ich dich als Gefolgsmann an."

Zum Schluss gibt Bernhard ein Treueversprechen vor Gott ab. Er sagt: „Ich schwöre bei Gott, meinem Herrn, dem König, treu zu sein und mich um das Land zu kümmern, das ich als Herzogtum erhalten habe." Dann übergibt Heinrich an Bernhard eine Fahne. Sie ist ein Zeichen für das Herzogtum, für das Bernhard von nun an verantwortlich ist.

M1 Bernhard von Ebensbach wird Herzog (Geschichtserzählung mit mittelalterlichen Buchmalereien)

Heerführer
der Befehlshaber eines Heeres, das heißt einer großen Anzahl von Soldaten

Lehen
Das Wort „Lehen" ist mit unserem heutigen Wort „leihen" verwandt.

T1 • Amt und Land gegen Dienste

Im Mittelalter regierte der König sein Reich nicht allein. Es bestand aus mehreren Landesteilen, die zum Beispiel von Herzögen oder Bischöfen regiert wurden. Das Land und das Amt als Landesherr wurden ihnen vom König übertragen. Sie waren von da an die Vasallen des Königs, und er verlangte von ihnen Treue und bestimmte Dienste. Hierzu zählte in Zeiten des Krieges der Dienst als Heerführer. In Friedenszeiten dienten die Vasallen dem König beispielsweise als Ratgeber. Aber auch der König war seinen Vasallen zur Treue verpflichtet. Gerieten sie zum Beispiel in einen Konflikt, musste er ihnen helfen.

Sowohl das Land als auch das Amt waren nur eine Leihgabe des Königs. Sie wurden daher Lehen genannt. War ein Vasall dem König nicht treu oder verweigerte er die Dienste, konnte der König dem Vasallen das Lehen wieder wegnehmen und an jemanden anderen vergeben.

1 a) Hilfe Spielt die Szene aus M1 in kleinen Gruppen nach. Tauscht mindestens einmal die Rollen.
b) Wie habt ihr euch in eurer Rolle gefühlt?

2 a) Was ist ein Vasall? Erkläre. (T1)
b) Welche Pflichten hatte ein Vasall, welche der König? Stelle gegenüber. (T1)
c) Was ist ein Lehen? Erkläre. (T1)

3 Land und Amt als Leihgabe – überlege, welche Vor- und Nachteile das hatte.

Hilfe zu

1 a) Achtet auf die einzelnen Schritte: Niederknien vor dem König – Handumschließen – Treueversprechen – Übergabe eines Zeichens.

T2 • Kronvasallen und Untervasallen

Die Vasallen, die ihr Lehen direkt vom König erhielten, waren Kronvasallen. Sie teilten ihr Lehen wiederum in kleinere Lehen auf und gaben sie an Untervasallen. Damit wurde der Kronvasall selbst zum Lehnsherrn. Seine Untervasallen konnten zum Beispiel Ritter oder Äbte sein.

Auch bei diesem Lehnsverhältnis schworen sich beide Seiten gegenseitige Treue. Ebenso konnte der Lehnsherr einem untreuen Vasallen das überlassene Land wieder wegnehmen und neu vergeben.

Abt
Leiter eines Klosters

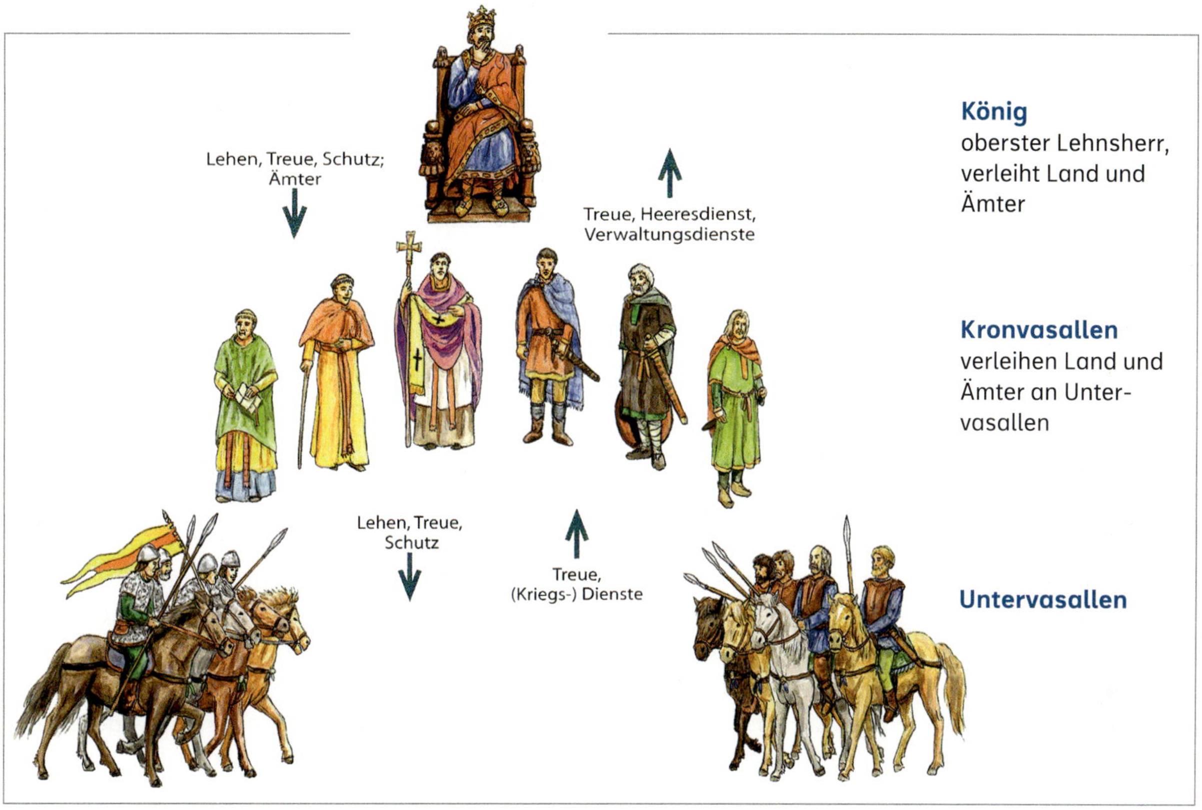

M2 Das Lehnswesen

T3 • Das Lehen und die unfreien Bauern

Zu den Lehen gehörten immer auch unfreie Bauern, die dort lebten. Sie waren Bestandteil des Lehens und somit Besitz des jeweiligen Herrn. Ihre Aufgabe war es beispielsweise, das Land des Herrn zu bewirtschaften und seinen Hof mit Nahrungsmitteln zu versorgen. Erst durch diese Versorgung war es dem jeweiligen Herrn möglich, sich um seine Aufgaben als Herzog, Ritter oder Abt zu kümmern.

4 a) Was ist der Unterschied zwischen den Kronvasallen und den Untervasallen? (T2)
b) Hilfe Wie funktionierte das Lehnswesen? Erkläre. (T1, T2, M2)
Think – Pair – Share

5 Die unfreien Bauern waren für das Lehnswesen wichtig. Begründe. (T3)

Hilfe zu
4 b) Beginne deine Erklärung mit dem König.

M1 Der König mit seinem Gefolge auf einem Umritt durch sein Reich (Rekonstruktionszeichnung)

M2 Karl der Große (Bronzestatue)

Der König auf Reisen

T1 • Karl der Große

Einer der bedeutendsten Könige des Mittelalters war Karl der Große. Er lebte von 747 bis 814. Zu seiner Zeit gab es keine Hauptstadt, von der aus er regieren konnte. Daher reiste Karl mit seinem Gefolge umher. Er besuchte dabei seine Vasallen, um ihre Arbeit zu kontrollieren.

Das Gefolge von Karl dem Großen war in der Regel ungefähr 150 Personen stark. Hierzu gehörten Ritter, Schmiede, Köche und viele mehr. Sie alle mussten beim Vasall vor Ort versorgt werden. Da dessen Vorräte bei so vielen Personen schnell verbraucht waren, reiste Karl immer wieder weiter. So durchritt er sein Reich von Vasall zu Vasall.

① Königshalle
② Wohngebäude für Familienmitglieder und hohe Gefolgsleute
③ Unterkünfte für Bedienstete
④ Eingangshalle mit Gerichtssaal
⑤ Pfalzkapelle, kleines Gebäude für Gottesdienste und Gebete
⑥ Therme
⑦ Säulengang mit Innenhof

M3 Karl der Große wohnte auf seinen Reisen auch in seinen Königspfalzen, die er überall in seinem Reich besaß. In der Abbildung ist die Pfalz Aachen zu sehen. (Rekonstruktionszeichnung)

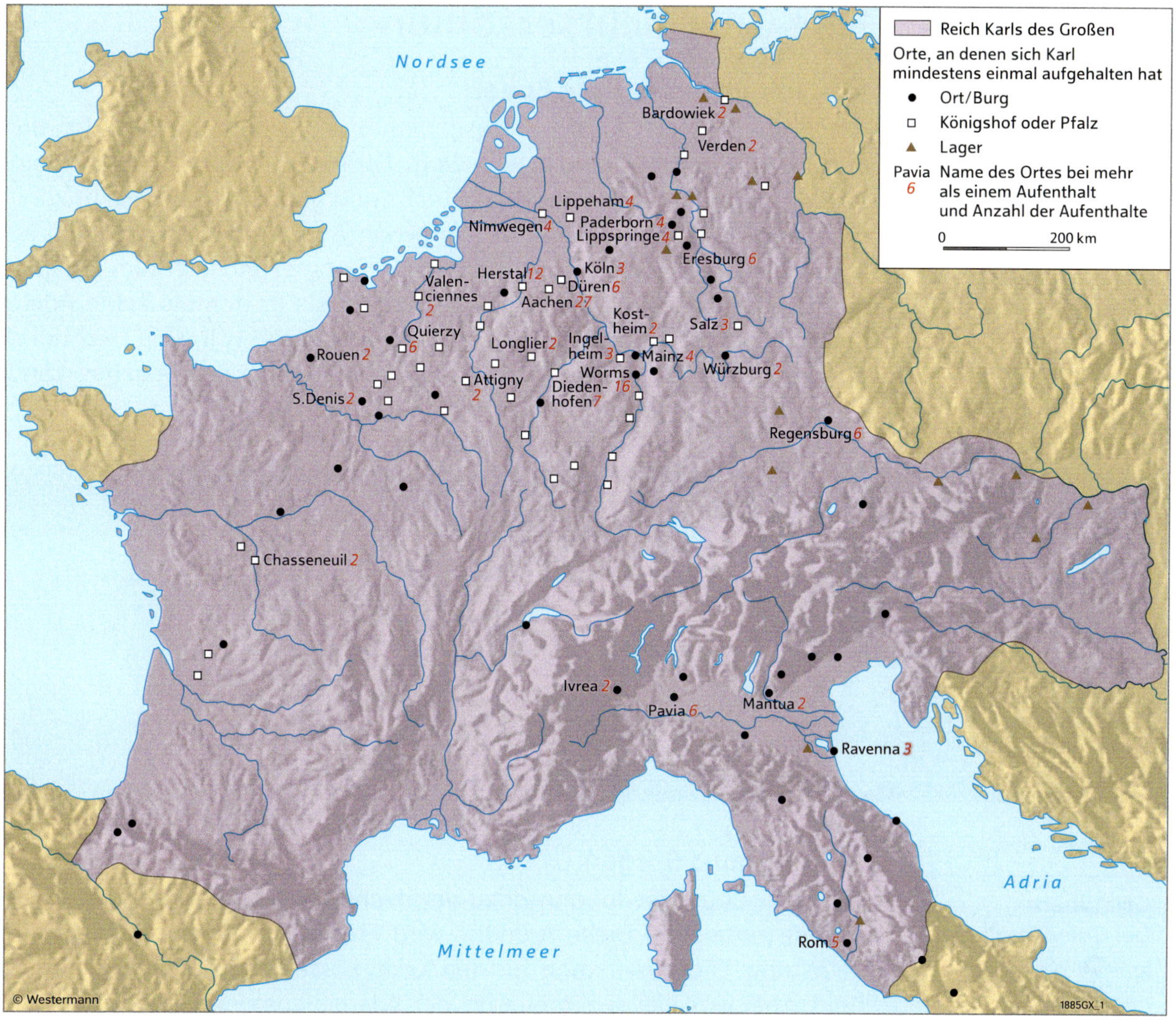

M4 Orte, an denen sich Karl der Große aufgehalten hat

1 a) Wer ist in M1 der König? Woran ist er zu erkennen?
b) Hilfe Überlege, aus welchem Grund der König so auffällig war. (M1, M2)

2 a) Warum musste der König im Mittelalter durch sein Reich reisen? Erkläre. (T1)
b) Warum waren die Aufenthalte des Königs selten besonders lang? Begründe. (T1)

3 Der König reiste mit einem großen Gefolge. Überlege, welche Vorbereitung auf einem Vasallenhof getroffen werden mussten, bevor der König eintraf.
Think – Pair – Share

4 Beschreibe die Königspfalz Aachen. Gehe auch auf die einzelnen Gebäude ein. (M3)

5 a) Nenne Orte, an denen Karl der Große besonders häufig war. (M4)
b) Welche Pfalz war vermutlich Karls Lieblingspfalz? (M4)

6 Schlage in einem Atlas nach, in welchen heutigen Ländern diese Orte liegen. (M4)
Lerntempoduett

7 Versetze dich in eine Person aus Karls Gefolge. Erzähle von deinen Erlebnissen auf den Umritten. Mache dabei auch deutlich, was du von den Reisen hältst.

Hilfe zu

1 b) Bedenke, dass es damals kein Internet, Fernsehen oder Zeitungen gab.

Eine Geschichtserzählung

freie Bauern
Bauern, die eigenes Land besaßen und dadurch nicht von einem Grundherrn abhängig waren. Diese Bauern waren frei.

T1 • Johann – der freie Bauer

Johann ist ein freier Bauer. Er besitzt ein Stück Land mit einem Hof, auf dem er mit seiner Familie lebt. Vom Grafen Eric von Hagedorn hat Johann zudem noch ein weiteres Stück Land gepachtet. Als Pacht zahlt er regelmäßig eine bestimmte Menge an Abgaben. Aber rechtlich ist Johann frei. Das bedeutet ihm sehr viel. Denn er musste zum Beispiel den Grundherrn nicht um Erlaubnis fragen, als er damals seine Adele heiraten wollte. Außerdem kann er, wann immer er will, sein Pachtland an Eric zurückgeben. Darüber hinaus kann er auch sein eigenes Land verkaufen und woanders hinziehen.

Grundherr
Der Grundherr hatte sein Land als Lehen erhalten. Seine Aufgaben waren zum Beispiel, das Land zu verwalten, seine Untertanen zu schützen, Streit zu schlichten oder Unrecht zu bestrafen.

T2 • Johanns Sorgen

Als freier Bauer ist Johann dazu verpflichtet, für seinen Herrn Kriegsdienste zu leisten. Diese Aufgabe wird für ihn jedoch immer mehr zur Belastung. Die Ausrüstung für den Krieg kostet ihn eine große Menge Geld. Aber was viel schlimmer ist, der Kriegsdienst ist für ihn auch sehr zeitaufwendig. Während dieser Zeit könnte er auf seinem Hof wichtige Arbeiten erledigen. Denn wenn Johann in den Krieg ziehen muss, kann er sich nicht mehr um seine Felder und sein Vieh kümmern. Seine Kinder sind noch zu klein, um das Heu für die Kühe zu ernten. Auch seine Frau Adele kann nicht das Getreide mähen, dreschen und zur Mühle bringen. Wenn Johann in den Krieg zieht, bedeutet dies für seine Familie noch mehr harte Arbeit und trotz der Mühe Hunger und Elend.

T3 • Eric von Hagedorns Angebot

Der Grundherr Eric von Hagedorn kennt die Sorgen der Bauern in seiner Grafschaft gut. Oft genug hatten sie ihn auf verschiedenen Kriegszügen begleitet.

Eines Tages macht er Johann ein Angebot: Er würde Johann von seinen Kriegsdiensten befreien. Weil Eric dafür aber mehr bewaffnete Männer einstellen und versorgen müsste, soll Johann ihm als Ausgleich sein gesamtes Land überlassen. Johann könnte weiterhin auf seinem Hof leben, wäre dann aber ein höriger Bauer auf Erics Land.

Johann muss sich dieses Angebot erst einmal durch den Kopf gehen lassen. Nie wieder in den Krieg ziehen, das ist ein schöner Gedanke. Er könnte sich das Geld für die Ausrüstung sparen. Er würde keine Sorge mehr haben, dass er im Krieg schwer verletzt oder gar getötet werden könnte. Er würde sich das gesamte Jahr über um seine Felder und sein Vieh kümmern können. Außerdem ist Eric als Grundherr verpflichtet, seine Hörigen in Notzeiten zu unterstützen.

Doch was ist die Kehrseite des Angebots? Johann und Adele müssten hohe Abgaben leisten. Dazu kämen verschiedene Dienste: Adele müsste für Eric Brot backen, Stoffe weben oder Kleidung nähen. Johann müsste zusätzliche Feldarbeiten für Eric von Hagedorn erledigen. Gerade dann, wenn er eigentlich auf seinen Feldern genug zu pflügen, säen oder ernten hätte. Außerdem müsste er für Eric Holz im Wald schlagen, Straßen ausbessern oder Zäune reparieren. – Dies wird keine einfache Entscheidung, denkt Johann.

hörige Bauern
Bauern, die nicht frei waren, sondern an das Land, das sie bewirtschafteten gebunden waren. „Hörig" bedeutet, „zu einem Stück Land gehören". Das Land war das Lehen eines Grundherren.

Abgaben
Hörige Bauern mussten zum Beispiel einen bestimmten Teil ihrer Ernte und ihres Viehs an den Grundherrn abgeben.

1. Johann ist ein freier Bauer. Erkläre. (T1)
2. Warum hat Johann Sorgen? Erkläre. (T2)
3. Hilfe Welches Angebot macht der Grundherr Eric von Hagedorn? (T3)
4. Hilfe Welche Vor- und welche Nachteile hätte das Leben als höriger Bauer? (T3)
   Partnerpuzzle
5. Hilfe Schreibe mit einem Partner einen Dialog, in dem Johann und seine Frau Adele über das Angebot Erics beraten.

Hilfe zu

3. Denke an die Verpflichtung, die Johann als freier Bauer hatte.
4. Ihr könnt die Vor- und Nachteile in einer Tabelle gegenüberstellen.

Das Leben als höriger Bauer

Vorteile	Nachteile
- keine Kriegsdienste	

5. Schaut euch noch einmal eure Ergebnisse aus Aufgabe 4 an.

M1 Mittelalterliches Bauernhaus (heutige Zeichnung)

Leben auf dem Land

T1 • Die Bauernhäuser

Die meisten Menschen im Mittelalter lebten als hörige Bauern in Dörfern. Sie wohnten in Häusern, die sie selbst aus Holz, Stroh und Lehm gebaut hatten. Geschlafen wurde meist auf Stroh, das auf dem Lehmfußboden ausgebreitet war. Toiletten gab es nicht. Wasser wurde aus Bächen oder Brunnen geholt. Mensch und Vieh lebten unter einem Dach.

T2 • Über die Not der Bauern

Das wichtigste Nahrungsmittel im Mittelalter war das Getreide. Die einfachen Bauern aßen grobes Brot oder Getreidebrei. Rüben, Kohl und Zwiebeln wurden zu Suppen zubereitet. Fleisch, Eier und Käse wurden von den einfachen Leuten wenig gegessen, denn vor allem die hörigen Bauern mussten Geflügel, Jungvieh, Eier und Käse als Abgaben ihrem Grundherrn überlassen.

In guten Erntejahren hatten die Bauern gerade genug Nahrung zum Überleben. Wenn jedoch durch Trockenheit oder Unwetter die Ernte ausblieb, mussten die Menschen hungern.

1. Hilfe Beschreibe das Bauernhaus in M1.
2. Wie lebten die Bauern in ihren Häusern? (T1)
3. Hilfe Wie ernährten sich die Menschen? (T2)
   Stühletausch
4. Weshalb kam es im Mittelalter oft zu Hungersnöten? Erkläre. (T2)

Hilfe zu

1. Was siehst du in den einzelnen Räumen? Beschreibe einen Raum nach dem anderen.
3. Die einfachen Bauern aßen meist … . Typisches Gemüse war … . Daraus bereiteten sie … . Sehr selten aßen sie …, weil … .

T3 • Die Arbeit der Bauern

Die Bauernfamilien stellten fast alles, was sie zum Leben brauchten, selbst her. Ihre Arbeiten hingen von den Jahreszeiten ab. Denn zu verschiedenen Jahreszeiten waren unterschiedliche Arbeiten nötig.

Tätigkeiten der Bauern

- Getreide mähen und Schafe scheren
- Heu ernten
- dem Grundherrn bei der Jagd helfen
- Schweine zur Mast in den Wald treiben
- Weintrauben ernten
- pflügen und säen

M2 Tätigkeiten der Bauern über das Jahr – eine Auswahl (Darstellungen von 1513/15)

⑤ a) Warum war die Arbeit der Bauern von der Jahreszeit abhängig? Erkläre. (T3)

b) Hilfe Ordne die Bilder den Tätigkeiten aus der Randspalte zu. (M2)

⑥ Hilfe Der elfjährige Hannes lebt in einem mittelalterlichen Dorf. Erzähle, wie du heute lebst. Stelle dabei dein Leben seinem gegenüber.

Hilfe zu

⑤ b) März: pflügen und säen
Juni: ...

⑥ Folgende Fragen helfen dir dabei:
- Wo lebst du? (Haus, Wohnung; Stadt, Land)
- Hast du Haustiere? Wo leben sie?
- Woher bekommst du deine Lebensmittel?

M1 Querschnitt einer mittelalterlichen Burg (Rekonstruktionszeichnung)

① Burggraben
② Burgmauer
③ Wehrgänge
④ Zinnen mit Schießscharten
⑤ Herrenhaus
⑥ Küche, Vorratsräume
⑦ Rittersaal
⑧ Schlafräume
⑨ Toilettenerker
⑩ Bergfried
⑪ Viehstall
⑫ Burggarten
⑬ Zugbrücke
⑭ Kapelle
⑮ Schmiede
⑯ Burgtor mit Fallgitter
⑰ Gesindehaus mit Pferdestall
⑱ Ziehbrunnen

Zinnen mit Schießscharten
Mauer auf dem Wehrgang. Die Zinne war mannshoch und bot Schutz. Durch die Lücke zwischen zwei Zinnen (Schießscharte) konnte der Schütze schießen.

Das Leben auf Burgen

T1 • Wohnen auf der Burg

Die Ritter im Mittelalter besaßen zumeist eine Burg. Hier lebten sie mit ihren Familien und ihrem Gefolge. Viele Ritter waren Grundherren. Sie herrschten über ihre Ländereien von ihrer Burg aus. Hier wurden auch die Abgaben der hörigen Bauern gelagert.

In Kriegszeiten diente die Burg dem Ritter als Stützpunkt und den Bauern als Zufluchtsort. Zur Absicherung der Burg hatte der Ritter eine bestimmte Anzahl an bewaffneten Männern.

T2 • Aufbau einer Burg

Burgen wurden an bevorzugten Standorten gebaut, meist auf hohen Bergen oder umgeben von Wasser. Um eine Burg herum wurde eine starke Verteidigungsmauer mit Türmen errichtet, die oft zusätzlich von einem Wassergraben umgeben war. Dies sollte die Burg vor Angreifern sichern.

Wenn es Feinden gelungen war, in das Innere der Burg zu kommen, gab es dort einen besonders starken Turm. Er war nur über Leitern zu erreichen. Dieser Turm wurde Bergfried genannt. Er war im Fall einer Belagerung die letzte Zuflucht für die Bewohner der Burg. Hier waren auch die Waffenkammer und Vorratsräume zu finden.

M2 Verteidigung einer Burg (Buchmalerei, 14. Jahrhundert)

Gleichgültig, ob eine Burg auf einem Berg oder in der Ebene steht, so ist sie auf jeden Fall doch nicht für Behaglichkeit, sondern zur Wehr erbaut, mit Gräben und Wall umgeben, innen von bedrückender Enge, zusammengepfercht mit Vieh- und Pferdeställen, Dunkelkammern vollgepfropft mit schweren Büchsen, Pech, Schwefel und allen übrigen Waffen und Kriegsgerät. Überall stinkt das Schießpulver, und der Duft der Hunde und ihres Unrates ist auch nicht lieblicher, wie ich meine. Reiter kommen und gehen, darunter auch Räuber, Diebe ...

Und welch ein Lärm! Da blöken die Schafe, brüllt das Rind, bellen die Hunde, auf dem Feld schreien die Arbeiter, die Wagen knarren, und bei uns zu Hause hört man auch die Wölfe heulen.

Jeden Tag kümmert und sorgt man sich um den folgenden, immer in Unruhe.

M3 Ritter Ulrich von Hutten über das Burgleben (bearbeitet)

Büchsen
Als Büchsen bezeichnete man am Ende des Mittelalters schwere Eisenkanonen. Sie schossen mit großen Stein- oder Eisenkugeln und konnten Burgmauern zerstören.

1 a) Beschreibe die Burg in M1.
b) Wer lebte auf einer Burg? Stelle Vermutungen an.

② Hilfe Informiere dich über Burgen in deiner Umgebung. Erstelle eine Wandzeitung.
Galeriegang

3 a) Hilfe Welche Funktion hatte eine Burg? Beschreibe. (T1)
b) Warum lebte ein Ritter nicht in einem vornehmen Landhaus, sondern in einer Burg? Begründe. (T1)

④ Hilfe Wie erlebte der Ritter Ulrich von Hutten den Alltag auf seiner Burg? (M3)
Lerntempoduett

5 Ein Ritter möchte sich eine sichere Burg bauen. Erkläre ihm, worauf er achten muss. (M1, M2, T2)

⑥ Hilfe Versetze dich in einen Bauern, der bei einem Überfall Schutz auf der Burg seines Herrn sucht. Erzähle von deinen Erlebnissen in der Burg.

Hilfe zu

② Du kannst zum Beispiel in der Schulbibliothek oder Stadtbücherei recherchieren oder das Internet nutzen.

3 a) Betrachte die Themen Wohnen und Schutz.

④ Gehe auf verschiedene Aspekte ein: Platz – Geruche – Lärm – Sorgen.

⑥ Denke an Dinge wie: Wasserversorgung – Hygiene – Lebensmittel – Übernachtung – deinen Tagesablauf – Verteidigung – und vieles mehr.

Ein Rollenspiel

Im Rollenspiel versetzt ihr euch in eine andere Person. Ihr spielt diese in einer bestimmten Situation. Vorher müsst ihr euch über sie informieren. Außerdem müsst ihr euch überlegen, wie sich diese Person wohl in der konkreten Situation verhalten würde.

So geht ihr vor:

1. Schritt

Verwendet die Rollenkarten auf Seite 133. Verteilt die Rollen in der Klasse.
Tipp: Die Rollen von Kuno und Bernhard können auch doppelt besetzt werden.

2. Schritt

Macht euch mit eurer Rolle vertraut. Überlegt euch genau, wie eure Person in der vorgegebenen Situation handeln würde.
Tipp: Informiere dich in deinem Geschichtsbuch. Schaut euch die Seiten 126/127 und 128/129 an – und vielleicht 130/131 als Zusatz.

- Welche Pflichten hatte der Grundherr?
- Welchen Pflichten musste der hörige Bauer nachkommen?
- Unter welchen Umständen lebten die Bauern?

Macht euch kurze Notizen auf eurer Rollenkarte.

3. Schritt

Spielt folgende Situation: Der Sommer ist dieses Jahr sehr heiß in Burenfeld. In den letzten Monaten gab es kaum Regen. Die Ernte ist zu einem großen Teil vertrocknet. Da es nun nicht mehr genug zu essen gibt, bitten die hörigen Bauern den Grundherrn um Hilfe.

4. Schritt

Bewertet das Spiel und die Spieler. Beantwortet folgende Fragen:

- Wer kann seine Meinung durchsetzen?
- Wer nennt die besten Gründe?
- Welcher Spieler hat welches Ziel?

1. Was ist euch gut gelungen?
2. Welche Probleme hattet ihr beim Umsetzen des Rollenspiels?
3. Welcher Spieler war überzeugend? Warum?
4. Hat jemand etwas genannt, das nicht zu seiner Rolle passte?
5. Hilfe Wurde in eurem Rollenspiel eine Lösung für das Problem gefunden?
6. Was habt ihr aus dem Rollenspiel über die Grundherrschaft gelernt?

Hilfe zu 5

Rolle	Problem	Lösung

Eine Hungersnot droht

❶ Du bist **Kuno**, ein höriger Bauer in Burenfeld. Du hast ein hartes Leben. Die Feldarbeit ist anstrengend, und du musst als höriger Bauer besonders viele Abgaben leisten. Du bist der Meinung, dass deine Familie in diesem Jahr wegen der Dürre weniger Abgaben leisten sollte. Euch würde sonst kaum etwas zum Überleben bleiben.

❷ Du bist **Hermann** von der Heide, Grundherr des Dorfes Burenfeld. Du überlegst, deinen Bauern dieses Jahr wegen der Dürre einen Teil der Abgaben zu erlassen. Aber du hast auch die Pflicht, immer genug Vorräte in deiner Burg zu lagern. Im Falle eines Angriffs musst du deine Bauern dort eine längere Zeit versorgen können.

❸ Du bist **Hildegard**, Kunos Frau. Du sorgst dich um deine Familie, vor allem um eure fünf Kinder. Im letzten Jahr habt ihr schon mit einer sehr geringen Ernte auskommen müssen. Du weißt aber, dass deine Familie hohe Abgaben leisten muss, denn ihr seid Hörige. Du glaubst fest an Gott und siehst deine Abgabenpflicht als Gottes Wille.

❹ Du bist **Bernhard**, Verwalter am Hof von Hermann von der Heide. Du bist der Meinung, dass die Bauern mehr Abgaben leisten müssen. Hermann hat in diesem Jahr selbst kaum genug Vorräte. Sollte vornehmer Besuch kommen, könnte er diesen nicht angemessen bewirten. Und bei einer Belagerung der Burg könnte es zur Hungerkatastrophe kommen.

M1 Nonnen bei der Krankenpflege

M2 Mönche beim Klosterbau

M3 Nonne beim Schreiben

M4 Mönch beim Unterrichten

Leben im Kloster

T1 • Ein Leben für Gott

Im Mittelalter war bei den meisten Menschen der christliche Glaube stark ausgeprägt. Für manche war er sogar so wichtig, dass sie ihr ganzes Leben Gott widmen wollten. Dafür gingen diese Frauen und Männer ins Kloster und wurden zu Nonnen bzw. Mönchen. Sie verpflichteten sich dazu, in Armut, Ehelosigkeit und Gehorsam zu leben.

1 Hilfe Was siehst du in M1–M4? Beschreibe.

2 Warum gingen im Mittelalter Menschen ins Kloster? Erkläre. (T1)

Hilfe zu

1 Achte zum Beispiel auf die Kleidung und die Tätigkeiten der dargestellten Personen.

T2 • „Bete und arbeite“

Der Tagesablauf im Kloster war streng nach dem Leitsatz „Bete und arbeite“ organisiert. Schon früh am Morgen wurde gebetet. Ihre Arbeit verrichteten die Nonnen und Mönche in den klostereigenen Werkstätten und auf ihren Feldern.

Zudem kümmerten sich die Nonnen und Mönche um die Armen und Kranken. Sie versorgten Hungernde mit Mahlzeiten und pflegten Kranke in den klostereigenen Krankenhäusern, den Spitälern. Aber auch Reisende fanden im Kloster eine Unterkunft.

Die Klöster waren auch Orte des Wissens. Hier wurden zum Beispiel Heilpflanzen gezüchtet und Arzneien hergestellt. Ihr Wissen hielten die Nonnen und Mönche in Büchern fest. So konnte es an spätere Generationen weitergegeben werden.

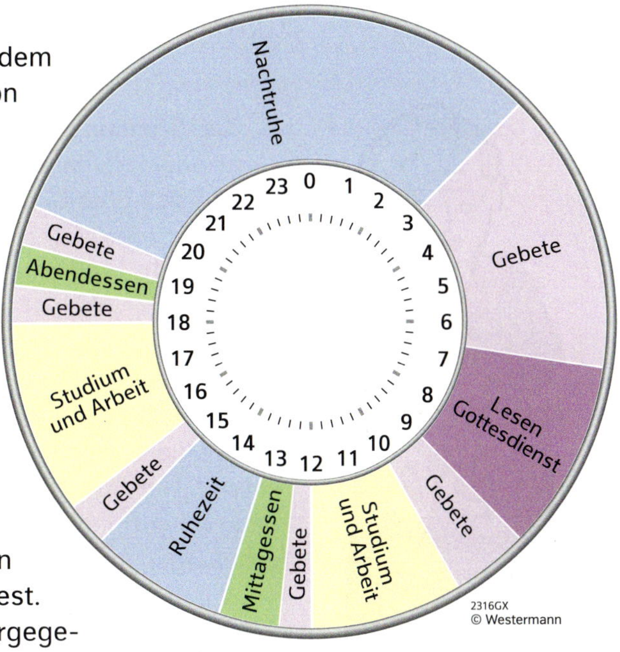

M5 Tagesablauf im Kloster

- Das Kloster soll so angelegt sein, dass sich alles Nötige innerhalb des Klosters befindet: Wasser, Mühle, Garten, Werkstätten.
- Alle Gäste sollen wie Christus aufgenommen werden, besonders Glaubensgenossen und Pilger.
- Für Arme soll immer Kleidung bereitliegen. ...
- Die Sorge für die Kranken muss vor und über allem stehen: Man soll ihnen so dienen, als wären sie wirklich Christus. ... Die kranken Brüder sollen einen eigenen Raum haben und einen eigenen Pfleger, der Gott fürchtet und ihnen sorgfältig und eifrig dient. Man biete den Kranken, sooft es ihnen guttut, ein Bad an. ...

M6 Aus den Klosterregeln Benedikts von Nursia, Norditalien (bearbeitet)

M7 Mönch bei der Getreideernte

3 Welche Aufgaben hatten Nonnen und Mönche? Liste auf. (M1–M4, M7, T2)
Lerntempoduett

4 Was bedeutet der Satz „Bete und arbeite“? Erkläre mit eigenen Worten. (T2)
Placemat

5 Hilfe Beschreibe den Tagesablauf in einem mittelalterlichen Kloster mithilfe von M5.

6 Nenne drei Dinge, die dir beim Tagesablauf im Kloster besonders auffallen. (M5)

7 Welche Klosterregeln nennt Benedikt von Nursia? Zähle auf. (M6)

8 Hilfe Versetze dich in eine Nonne oder einen Mönch. Berichte einem Reisenden von deinem Leben im Kloster.
Kugellager

Hilfe zu

5 Beginne mit den Gebeten nach der Nachtruhe. Gehe auch auf die Uhrzeiten ein.

8 Gehe dabei auf deinen Tagesablauf ein. Beschreibe verschiedene Tätigkeiten, die du ausübst. Erkläre vielleicht auch ein paar Klosterregeln.

Städtegründungen im Mittelalter

Die Gründung unserer Stadt Tenneburg vor 750 Jahren verdanken wir dem damaligen Stadtherrn Herzog Albrecht. Kaufleute erhofften sich gute Geschäfte in der Nähe seiner Burg. Sie wollten dort edle Stoffe, feinste Glaswaren oder Gewürze verkaufen. Herzog Albrecht gab ihnen nicht nur das Recht, ihre Waren auf seinem Markt anzubieten, sondern erlaubte ihnen auch, sich dort niederzulassen.

Um die Anwohner und ihre Waren vor Räubern zu schützen, ließ Albrecht um den Marktort mit seinen Wohn- und Geschäftshäusern eine Mauer bauen. Die Menschen konnten sich nun sicher fühlen. So entstand unsere Stadt.

Immer neue Händler und Handwerker siedelten sich an und machten Tenneburg immer interessanter für neue Einwohner. Sie verkauften hier ihre Waren. Und die Bauern aus der Umgebung versorgten die Stadt mit ihren Produkten. ...

M1 So könnte die Rede eines Bürgermeisters zum 750-jährigen Jubiläum seiner Stadt lauten.

T1 • Städte als neue Lebensräume

Die wichtigsten Lebensräume der Menschen im Mittelalter waren die Dörfer auf dem Land. Ab dem 10. Jahrhundert wurden viele Städte gegründet, die zu einem immer wichtigeren Lebensraum wurden.

Die adligen Landesherren erkannten, dass sie mit Stadtgründungen die Wirtschaft ihres Landes stärken konnten. Auf diese Weise wollten sie ihre Einnahmen erhöhen, denn sie bekamen als Stadtherren zum Beispiel Mieten für Grundstücke und Steuern von den Stadtbewohnern.

Für Kaufleute und Handwerker war die Stadt ebenso von Vorteil. Hier konnten sie ständige Käufer für ihre Waren finden. Außerdem brauchten sie Sicherheit für ihre Lagerhäuser. Die fanden sie in den Städten, denn diese waren von Mauern umgeben.

Auch für viele Dorfbewohner war die Stadt interessant, denn die Stadtbewohner waren frei. Wenn also Hörige ein Jahr und einen Tag in einer Stadt verbracht hatten, ohne vom Grundherrn zurückgefordert zu werden, waren sie frei und damit rechtmäßige Bewohner der Stadt.

1. Hilfe Was erfährst du über die Gründung der Stadt Tenneburg? Liste auf. (M1)
2. Warum entstanden im Mittelalter viele neue Städte? Erkläre. (T1)
3. Welche Vorteile brachte eine Stadt den Stadtherren, Kaufleuten und Handwerkern? Zähle auf. (T1)
   Lerntempoduett
4. Hilfe Versetze dich in einen Stadtbewohner und überzeuge einen Verwandten auf dem Land vom Leben in der Stadt.

Hilfe zu

1. Beantworte die Fragen: Wer? Wo? Was? Wie? Warum? Wann?
4. Schreibe einen Brief oder Dialog.

M2 Mittelalterliche Städtegründungen in Niedersachsen (Auswahl)

5 Hilfe Wo entstanden im Mittelalter viele Städte? Beschreibe mithilfe von M2.

6 Die Endungen vieler Städtenamen geben dir Auskunft darüber, an welchen Plätzen die Städte errichtet wurden, zum Beispiel -burg, -berg, -hafen, -brück.
Werte dazu M2 aus:
a) Suche fünf Städte, deren Namen den Gründungsort verraten.
b) Finde heraus, an welchen Plätzen sehr häufig Städte gegründet wurden.

7 Hilfe Erforscht eure Region:
a) Wann wurde deine Stadt oder eine Stadt in deiner Nähe gegründet?
b) Woher hat diese Stadt ihren Namen?

Hilfe zu
5 Betrachte zunächst die Bilder in M2 und vergleiche dann mit der Karte.
7 Du kannst dich zum Beispiel bei der Stadtverwaltung, in der Stadtbücherei oder auch im Internet informieren.

Textquellen verstehen

Unterschiedliche Textquellen

Textquellen sind zahlreich überliefert. Dazu gehören Bücher, Briefe, Zeitungen, Urkunden, Tagebücher, Verträge oder Reiseberichte. Sie enthalten viele Informationen über die Vergangenheit. Häufig ist es jedoch schwierig, alte Texte zu untersuchen. Sie müssen zunächst verstanden werden. Außerdem ist wichtig, sich kritisch mit einer Schriftquelle auseinanderzusetzen. Es muss geprüft werden, wer den Text verfasst hat und an wen er gerichtet ist. Wichtig ist herauszufinden, ob die Darstellungen den Tatsachen entsprechen oder der Verfasser etwas vortäuschen möchte.

Wir
Die Urkunden im Mittelalter begannen häufig mit „Wir", obwohl nur ein Herrscher die Urkunde verfassen ließ. Die Herrscher verstanden sich als Teil der Gemeinschaft.

Im Namen des Herrn. Amen. Wir, Otto, von Gottes Gnaden Herzog zu Braunschweig und Lüneburg, wünschen allen, an welche dieses Schreiben gelangt, Segen in Gott, der wahres Wohlergehen für alle schafft. Damit nicht, was in der Zeit verhandelt wird, gleichzeitig mit der Zeit vergehe, wird es durch schriftliche Bezeugung verewigt.

Daher sollen das jetzt lebende und die künftigen Geschlechter wissen, dass wir nach reiflicher Überlegung und vorsorglicher Beratung mit unsern Getreuen unsere Bürger, welche in unsere neue Stadt Celle ziehen, dort Häuser bauen und wohnen wollen, neben allen Vorrechten für ein Jahrzehnt völlige Abgabenfreiheit gewähren.

Außerdem erlassen wir auf ewige Zeiten unseren Bürgern jegliche Abgabe von Schweinen und den Grundzins, den wir in unserer alten Stadt Celle gehabt haben, ... und [geben] unseren oben genannten Bürgern ... alle Weiden, welche an die genannte Stadt grenzen, zur Weide für ihr Vieh oder ihre Schweine ... .

Außerdem bestimmen wir, dass ein jeder, welches Standes er sei, der aus der Heide oder sonst woher in unsere neue Stadt Celle zieht, um dort zu verbleiben, frei sein soll, wenn er nicht Jahr und Tag zurückgefordert wird.

Zum Zeugnis alles dieses geben wir diesen Brief und bekräftigen seine Echtheit durch Anhängen unseres Siegels. Gegeben im Jahr des Herrn 1292 am heiligen Pfingsttage.

M1 Urkunde zur Verlegung der Stadt Celle vom 25. Mai 1292 (vereinfacht)

Ergänzung: Im Mittelalter war die Stadt Celle ein wichtiger Handelsplatz, weil sie an der Handelsstraße zwischen Braunschweig und Bremen und an dem Fluss Aller lag. Als der Fluss verschlammte und nicht mehr von Schiffen befahren werden konnte, wurden die Waren 3 Kilometer entfernt umgeladen. Dort siedelten sich Menschen an und bauten Lagerhäuser. Herzog Otto wollte, dass sich mehr Menschen dort niederließen, weil der Handel Reichtum brachte.

1. Schritt: **Den Inhalt verstehen**
- Lies die Textquelle aufmerksam durch.
- **Hinweis:** Punkte ... bedeuten, dass hier Wörter aus der Originalquelle ausgelassen wurden. Wörter in eckigen Klammern [ ] sind eingefügt worden, damit der Text verständlich ist. Wörter in runden Klammern ( ) sind Erklärungen von schwierigen Begriffen.
- Lies den Text ein zweites Mal.
- Notiere, was du verstanden hast.
- **Tipp:** Nutze die W-Fragen (wer, wann, wo, was, wie, warum).
- Markiere Wörter, die du nicht verstehst, und kläre ihre Bedeutung.

2. Schritt: **Die Quelle untersuchen**
- Bestimme, um welche Art von Quelle es sich handelt (Urkunde, Bericht, Brief, Tagebuch, Zeitungsartikel usw.).
- Nenne das Datum oder den Zeitpunkt, wann die Quelle entstanden ist.
- Beschreibe, was du über den Verfasser der Quelle weißt.
- Ermittle, an wen sich der Text richtet.
- Beschreibe, wovon der Text handelt.

- So kann dein Text lauten:
  Bei der Quelle handelt es sich um ... . Die Quelle handelt davon, dass ... . Herzog Otto verspricht ... . Er bestätigt ... . Die Menschen dürfen ... . Sie können sogar ... .

3. Schritt: **Die Quelle einordnen**
- Untersuche, ob bestimmte Interessen oder Einstellungen des Verfassers deutlich werden.
  Der Verfasser ... möchte erreichen, dass ... . Er ist daran interessiert, weil ... . Die Bevölkerung hat Vorteile, weil ... . Herzog Otto verspricht den Menschen, dass ... .
- Bewerte, ob dir die Textquelle glaubwürdig erscheint.
  Mir erscheint die Quelle glaubwürdig, weil ... . Ich erkenne an dem Siegel, dass ... . Heute kann ich überprüfen ... .

1. Schritt: Den Inhalt verstehen

Das habe ich verstanden:
Wer?
Wann?
Wo?
Was?
Wie?
Warum?

Diese Wörter muss ich klären:

2. Schritt: Die Quelle untersuchen

Quellenart:
Zeitpunkt der Entstehung:
Verfasser:
Adressat:
Inhalt / Thema:

zusätzliche Informationen:

M2 Notizzettel zur Quellenauswertung

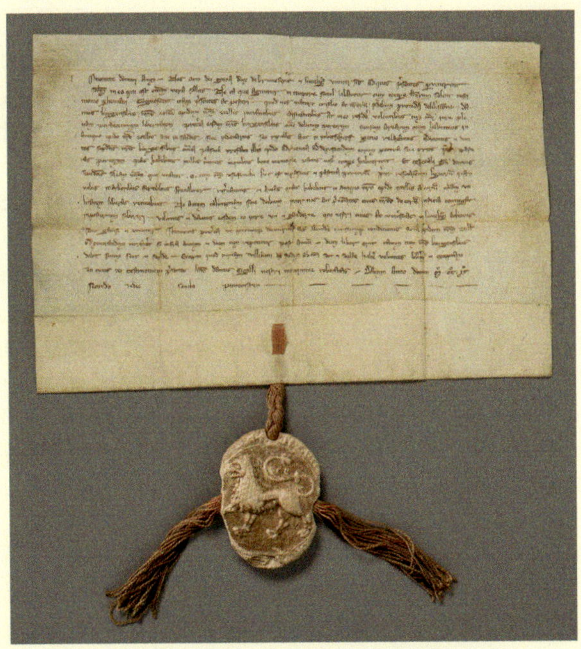

M3 Urkunde zur Verlegung der Stadt Celle vom 25. Mai 1292 (Foto der historischen Urkunde)

M1 Menschen in der mittelalterlichen Stadt

Menschen in der Stadt

T1 • Die Oberschicht

Die mittelalterliche Stadt stand unter der Führung eines adligen oder geistlichen Stadtherrn. Er sorgte für die Sicherheit der Stadtbewohner. Die Spitze der Gesellschaft bildeten die sogenannten Patrizier. Sie waren meist reiche Kaufleute und hatten durch ihr Geld großen Einfluss in der Stadt.

T2 • Die Mittelschicht

Den größten Teil der Stadtbewohner bildete die Mittelschicht. Das waren kleinere Händler und Handwerker. Hierzu gehörten ebenfalls die Angestellten der Stadt wie zum Beispiel die Stadtschreiber. Eine weitere Gruppe waren die Ackerbürger. Sie wohnten in der Stadt, betrieben aber in der näheren Umgebung Landwirtschaft.

T3 • Die Unterschicht

Zum unteren Teil der städtischen Gesellschaft gehörten Menschen, deren Beruf als unehrenhaft angesehen war, wie Henker oder Totengräber. Des Weiteren zählten hierzu jene Personen, die nur ein geringes Einkommen hatten. Das waren Handwerksgesellen, Knechte oder Mägde. Sie hatten kein eigenes Heim, sondern lebten bei ihren Arbeitgebern. Unter ihnen standen die Bettler, die um Geld betteln mussten, weil sie zum Beispiel wegen einer Krankheit nicht arbeiten konnten.

1. Hilfe Welche unterschiedlichen Personen sind in M1 dargestellt? Beschreibe.
2. Welche verschiedenen Gruppen gab es in einer mittelalterlichen Stadt? Arbeitet in 3er-Gruppen. (T1, T2, T3)
   Gruppenpuzzle
3. Ordne die Personen aus M1 der Ober-, Mittel- und Unterschicht zu. Begründe.
   Bienenkorb

Hilfe zu
1. Achte auf Kleidung und Tätigkeiten.

T4 • Die jüdische Bevölkerung

In der christlich geprägten Gesellschaft des Mittelalters waren die Juden eine religiöse Minderheit. Sie lebten in fast allen mittelalterlichen Städten und gehörten allen sozialen Gruppen an.

In den Städten wohnten die Juden von sich aus meist in eigenen Stadtvierteln. Dies erleichterte ihnen die Ausübung ihrer Religion. Wegen ihrer anderen Kultur wurden sie aber auch häufig von den christlichen Stadtbewohnern ausgegrenzt. So mussten sie in manchen Städten einen auffälligen spitzen Hut tragen, damit man sie sofort erkennen konnte.

M2 Jüdischer Stadtbewohner (Buchmalerei)

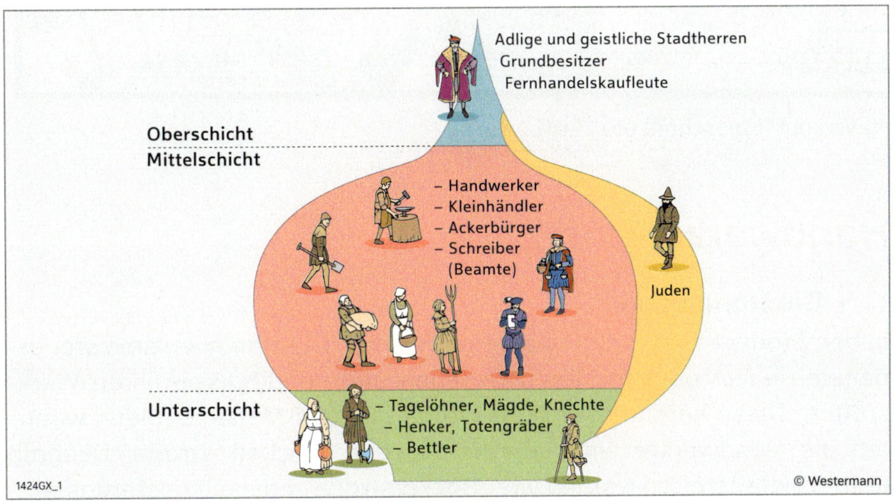

M3 Aufbau der städtischen Gesellschaft im Mittelalter

T5 • Das Bürgerrecht

Die Einwohner einer Stadt unterteilten sich nicht nur in verschiedene soziale Gruppen, sie hatten auch unterschiedliche Rechte. Ein wesentliches Recht in der Stadt war das Bürgerrecht. Es erlaubte den Bürgern zum Beispiel, in der Stadt ein Grundstück zu kaufen oder vor dem Stadtgericht zu klagen. Dieses Recht erhielten nur all jene, die genug Geld hatten, um Steuern zu zahlen. Das waren die städtische Ober- und Mittelschicht.

4 Die Juden waren in der mittelalterlichen Stadt eine Sondergruppe. Erkläre. (T4, M2)

5 Gib den Aufbau der städtischen Gesellschaft mit eigenen Worten wieder. (M3)
Partnervortrag

6 a) Was war das Bürgerrecht? (T5)
b) Wie konnte man das Bürgerrecht erhalten? (T5)
c) „Die Stadt machte frei, aber nicht gleich." Begründe diese Aussage. (T5)

7 Hilfe Suche dir eine Person aus M1 aus. Versetze dich in sie hinein. Erzähle über dein Leben.

Hilfe zu
7 Mache dir zuerst Notizen über: Name, Alter, Familie, Beruf, soziale Gruppe usw.
So kannst du beginnen: Sei gegrüßt! Mein Name ist … und ich wohne in … . Dort lebe ich seit … . Ich arbeite als … .

M1 Schuhmacherwerkstatt mit Verkauf (Holzschnitt um 1560)

Handwerker und Zünfte

T1 • Die Handwerker

In den Städten lebten sehr viele Handwerker. Die Handwerksmeister arbeiteten allein oder mit ihren Gesellen und Lehrlingen in ihren Werkstätten. Diese befanden sich im Wohnhaus des Meisters. Meist wohnten die Handwerker eines Berufes in der gleichen Straße. Deshalb hatten viele Straßen Namen wie „Bäckerstraße" oder „Schustergasse".

Geselle
Handwerker, der seine Ausbildung abgeschlossen hat

T2 • Die Zünfte

Die Handwerksmeister schlossen sich je nach Berufsgruppe zu Zünften zusammen. Nur wer in der Zunft war, durfte in der Stadt seinem Handwerk nachgehen. Die Zunftmitglieder erstellten Regeln für ihr jeweiliges Handwerk. Diese Regeln legten die Qualität des verarbeiteten Materials und die Preise der Waren fest. Außerdem gab es Vorschriften über die Löhne der Gesellen und die Ausbildung der Lehrlinge. Darüber hinaus wurde in der Zunft geregelt, wie viele Meister in der Stadt arbeiten durften. Damit wurde sichergestellt, dass jeder Handwerker genug Kunden hatte und somit ausreichend verdiente.

M2 Zunftzeichen der Schneider

1. a) Hilfe Beschreibe das Geschehen in M1.
   b) Wie würdest du heute Schuhe kaufen? Nenne Unterschiede. (M1)
2. Wo arbeiteten und wohnten die Handwerker im Mittelalter? (M1, T1)
3. a) Was war eine Zunft? (T2)
   b) Hilfe Der zwölfjährige Karl lebt in einem mittelalterlichen Dorf. Er bittet dich, ihm den Zweck der Zünfte zu erklären. (T2, M2)

Hilfe zu

1. a) Beschreibe von rechts nach links. Achte auf die Tätigkeiten der Personen.

3. b) Schreibe einen Brief. Beginne so:
Mein lieber Karl,
du hast mich gebeten, dir etwas über die Zünfte zu erzählen. Eine Zunft ist … . Die Aufgaben einer Zunft sind … . Ein solcher Zusammenschluss hat manche Vorteile … .

Leben im Mittelalter

> Kein Meister soll größer oder kleiner backen, als der Rat das Gewicht festgesetzt hat. Wer dagegen verstößt, soll eine Strafe bezahlen. Wer von außerhalb in die Stadt kommt und Brot verkaufen will, darf dies nur tun, wenn der Rat es ihm erlaubt hat. ... Keiner soll am Sonntag backen. Die Meister sollen am Markttag und sonntags um 8.00 Uhr umhergehen und die Backöfen besichtigen. Und wer nicht ausgebacken hat, der soll eine Strafe bezahlen.

M3 Aus der Ordnung der Bäckerzunft der Stadt Düren von 1544 (bearbeitet)

M4 Mittelalterliches Brotmaß öffentlich sichtbar am Freiburger Münster

T3 • Lehrlinge und Gesellen

Im Mittelalter suchten sich Jungen bereits im Alter zwischen 10 und 14 Jahren eine Lehrstelle. Sie zogen dann bei ihrem Meister ins Haus ein. Der Meister übernahm die Rechte und Pflichten des Vaters, seine Frau die der Mutter. Der Lehrling erhielt während seiner Ausbildungszeit Essen und Unterkunft. Dafür musste die Familie des Lehrlings monatlich ein Lehrgeld zahlen.

Wenn der Lehrling nach 4 bis 6 Jahren ausgebildet war, legte er eine Gesellenprüfung ab. Im Anschluss daran ging er wie viele andere Lehrlinge für mehrere Jahre auf die Walz. Das bedeutete, dass er auf Wanderschaft ging, um bei anderen Meistern in anderen Städten Berufserfahrung zu sammeln. Danach suchte er sich eine feste Anstellung.

Rat
Gruppe gewählter Bürger, die die Stadt regieren und zum Beispiel die Steuern der Bürger verwalten

Webcode
Filmclip über die Walz in heutiger Zeit
WES-110345-3

> ... Was ich bei diesem Meister während ... meiner Lehrzeit ausgestanden habe ... wie ich von drei oder vier Uhr morgens bis abends neun oder zehn, bisweilen auch bis elf oder zwölf Uhr ... in einem fort arbeiten musste, wie ich geplagt wurde mit Wassertragen, mit Hauskehren ... mit Hin- und Herlaufen ... in und außerhalb der Stadt ... mit Schuldeneintreiben ... Wie ich mitunter noch härtere Schläge ... Hunger, Durst bis zum Äußersten zu ertragen hatte ... das würde kaum in einem großen Buche zu beschreiben sein. Wir mussten ... auf das Sorgfältigste Wolken, Sterne ... Blitze, Hagel ... sticken ...

M5 Erinnerungen des Schneiders Johannes Butzbach 1494 – 1498 (bearbeitet)

4 a) Welche Vorschriften machte die Zunftordnung in M3? Zähle auf.
b) Erkläre das Brotmaß in M4 mithilfe der Zunftordnung M3.

5 Werte den Text T3 aus:
a) Berichte über die Lehrlinge.
b) Berichte über die Gesellen.
Partnervortrag

6 Werte die Quelle M5 aus. Berichte über die Arbeitsbedingungen des Schneiderlehrlings Johannes Butzbach.
Lerntempoduett

7 Versetze dich in die Lage von Johannes Butzbach. Schreibe einen Brief an deinen Meister und bitte ihn um eine Verbesserung deiner Arbeits- und Lebensbedingungen.

Eine Geschichtserzählung

Markttag in Wittelsburg

Seid gegrüßt! Mein Name ist Jacob, und ich bin zwölf Jahre alt.

Heute ist Markttag bei uns in Wittelsburg. Wie jede Woche helfe ich auch heute wieder meiner Mutter, die Einkäufe zu erledigen und nach Hause zu tragen.

Auf dem Markt bezahlt jeder mit Geld. Waren gegen Waren werden nicht getauscht. So ist sichergestellt, dass jeder den gleichen Preis bezahlt. Das muss auch so sein, denn so steht es in der Marktordnung. Und wer sich nicht an die Marktordnung hält, muss eine Geldstrafe zahlen, so wie Hans, der in der letzten Woche verdorbene Wurst verkauft hat. Es geht aber noch schlimmer: Gertrude hat einmal an ihrem Milchstand weniger Milch abgefüllt, als die Leute bezahlt hatten. Der Marktrichter hat sie dafür verurteilt. Sie musste den gesamten Markttag am Pranger stehen. Dort wurde sie angekettet. Alle haben sich über sie lustig gemacht, und manche haben sie sogar beschimpft und bespuckt. Das war bitter, aber es war ihr eine Lehre.

Doch nun kommt mit auf den Markt. Schaut nur, all die unterschiedlichen Händler mit ihren Waren! Gleich hier am Rand des Marktes steht der Fischer Johann mit seinem Stand. Aber da werden wir schnell vorbeigehen, denn heute ist es sehr warm. Da riecht es sicher recht unangenehm. Die Ackerbauern unserer Stadt haben auch ihre Stände aufgebaut. Wir kaufen bei ihnen etwas Gemüse. Einer verkauft Hühner, doch von denen brauchen wir heute keins. Dafür nehmen wir ein paar Eier mit. Meine Mutter will auch noch Fleisch und Wurst kaufen, deshalb gehen wir weiter zu den Fleischhauern.

Aber seht nur! Dort mitten auf dem Markt ist ein Gaukler mit seinem Bären. Wie aufregend! So etwas habe ich noch nie gesehen. Mutter lässt mich hingehen. Sie meint, sie käme fürs Erste auch ohne mich zurecht. Aber ich solle ja aufpassen, dass ich nichts zerbreche, wenn ich an den Ständen mit den Tonkrügen und Gläsern vorbeilaufe. Kommt doch einfach mit!

Pranger
Der Pranger war eine Steinsäule oder ein Holzpfosten, an dem ein Verurteilter angekettet wurde. Das öffentliche Stehen am Pranger sollte dem Ruf und der Ehre des Straftäters schaden.

Gaukler
Unterhaltungskünstler wie zum Beispiel Akrobaten oder Musikanten. Sie zogen von Ort zu Ort.

1 Arbeite aus der Geschichtserzählung folgende Informationen heraus:
a) Wie oft findet der Markt statt?
b) Wie wird die Ware bezahlt?
c) Wo stehen die Marktregeln?
d) Wer überwacht die Regeln?
e) Welche Strafen gibt es bei Betrug?
Stühletausch

2 a) An welchen Marktständen kommt Jakob vorbei?
b) Suche diese Stände in dem Bild auf der rechten Seite.

3 a) Erkundet den Markt in Wittelsburg. Macht euch Notizen, was ihr alles entdecken könnt.
Bienenkorb
b) Schreibe die Geschichtserzählung weiter und erzähle, was du bei deinem Besuch auf dem Markt erlebst.
Kugellager

4 Beschreibe das Aussehen der Häuser und Straßen von Wittelsburg.
Hinweis: Du kannst hierbei auch aus der Sicht von Jakob schreiben.

vergleichen

Wenn du in einer Aufgabe Materialien miteinander vergleichen sollst, dann musst du diese genau anschauen und deren Unterschiede und Gemeinsamkeiten beschreiben. Nachdem du dies gemacht hast, musst du auch ein Ergebnis deines Vergleichs aufschreiben. Darin kann zum Beispiel stehen, ob es mehr Gemeinsamkeiten oder mehr Unterschiede gibt. In das Ergebnis schreibst du auch, welches der beiden Materialien leichter zu verstehen, übersichtlicher, nützlicher oder einfacher ist. Wenn du Dinge aus verschiedenen Zeiten untersucht hast, beschreibst du, was sich verändert hat.

1. Schritt: **Informationen sammeln**

- Welche Informationen findest du zu den Materialien?

2. Schritt: **Informationen in eine Tabelle schreiben**

- Wie kannst du die Informationen aufschreiben?

3. Schritt: **Gemeinsamkeiten und Unterschiede formulieren**

- Was haben die Materialien gemeinsam?
- Was sind die Unterschiede zwischen den Materialien?

4. Schritt: **Ein Ergebnis formulieren**

- Gibt es mehr Unterschiede oder Gemeinsamkeiten?
- Welches der Materialien ist nützlicher, übersichtlicher, einfacher usw.?
- Was hat sich verändert?

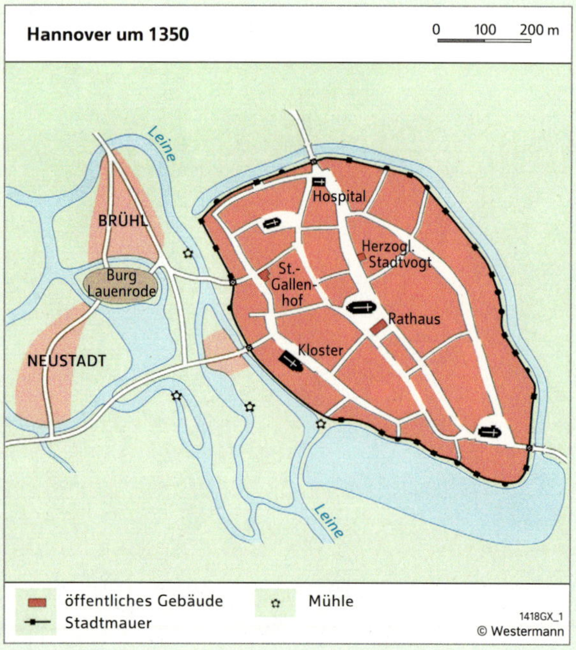

M1 Hannover um 1350

M2 Hannover um 1745

Vergleiche zwei Stadtpläne einer Stadt miteinander.

1. Schritt: Informationen sammeln

In unserem Beispiel sollst du zwei Stadtpläne miteinander vergleichen. Um das tun zu können, musst du erst einmal aufschreiben, was du auf den beiden Plänen siehst. Du musst also zunächst Informationen sammeln.

Tipp: Wenn du Stadtpläne miteinander vergleichst, dann kannst du auf Farben, Straßen, Flüsse, Kirchen, Gebäude, Schriften auf der Karte usw. achten.

Tipp: Du kannst die Informationen in einem Cluster sammeln. Lege für jede Karte ein eigenes Cluster an. Siehe dazu Seite 13.

2. Schritt: Informationen in eine Tabelle schreiben

Die gesammelten Informationen aus dem 1. Schritt musst du im 2. Schritt in eine Tabelle einordnen. Achte darauf, dass die Informationen zu einem Thema nebeneinanderstehen.

So kann die Tabelle aussehen:

Hannover um 1350	Hannover um 1745
- Burg vor der Stadtmauer - eine Kirche in der Mitte - durch Stadtmauer geschützt - ...	- alles innerhalb der Stadtmauern - Kirchen in der Stadt verteilt - durch sternförmige Befestigungsanlage geschützt - ...

Tipp
Um in Schritt 3 die Gemeinsamkeiten und Unterschiede aufschreiben zu können, kannst du dir diese in der Tabelle markieren. Nimm zum Beispiel einen Textmarker und markiere die Gemeinsamkeiten.

3. Schritt: Gemeinsamkeiten und Unterschiede formulieren

Im 3. Schritt sollst du aufschreiben, welche Gemeinsamkeiten und Unterschiede sich aus deiner Tabelle ergeben.

Schreibe so:

Beim Vergleich der Stadtpläne von Hannover aus den Jahren 1350 und 1745 sieht man Gemeinsamkeiten und Unterschiede. Gleich ist, dass in beiden Plänen ... . Beide haben gemeinsam, dass ... . In beiden Stadtplänen sieht man ... . Ein Unterschied ist ... . Unterschiedlich ist, dass ... . In dem Stadtplan von 1745 ist anders, dass ... .

4. Schritt: Ein Ergebnis formulieren

Zuletzt schreibst du ein Ergebnis auf. In dem Ergebnis sagst du, ob es mehr Unterschiede oder mehr Gemeinsamkeiten gibt und was sich verändert hat. Du kannst auch sagen, welche der Karten übersichtlicher, ordentlicher oder nützlicher ist. Begründe deine Meinung aber immer!

Schreibe so:

Es gibt mehr Unterschiede als Gemeinsamkeiten. Zwischen 1350 und 1745 hat sich viel verändert: ... . Die Karte von 1350 ist einfacher, weil es zum Beispiel weniger Kirchen und andere Gebäude gibt. Die Karte von 1745 ist ... .

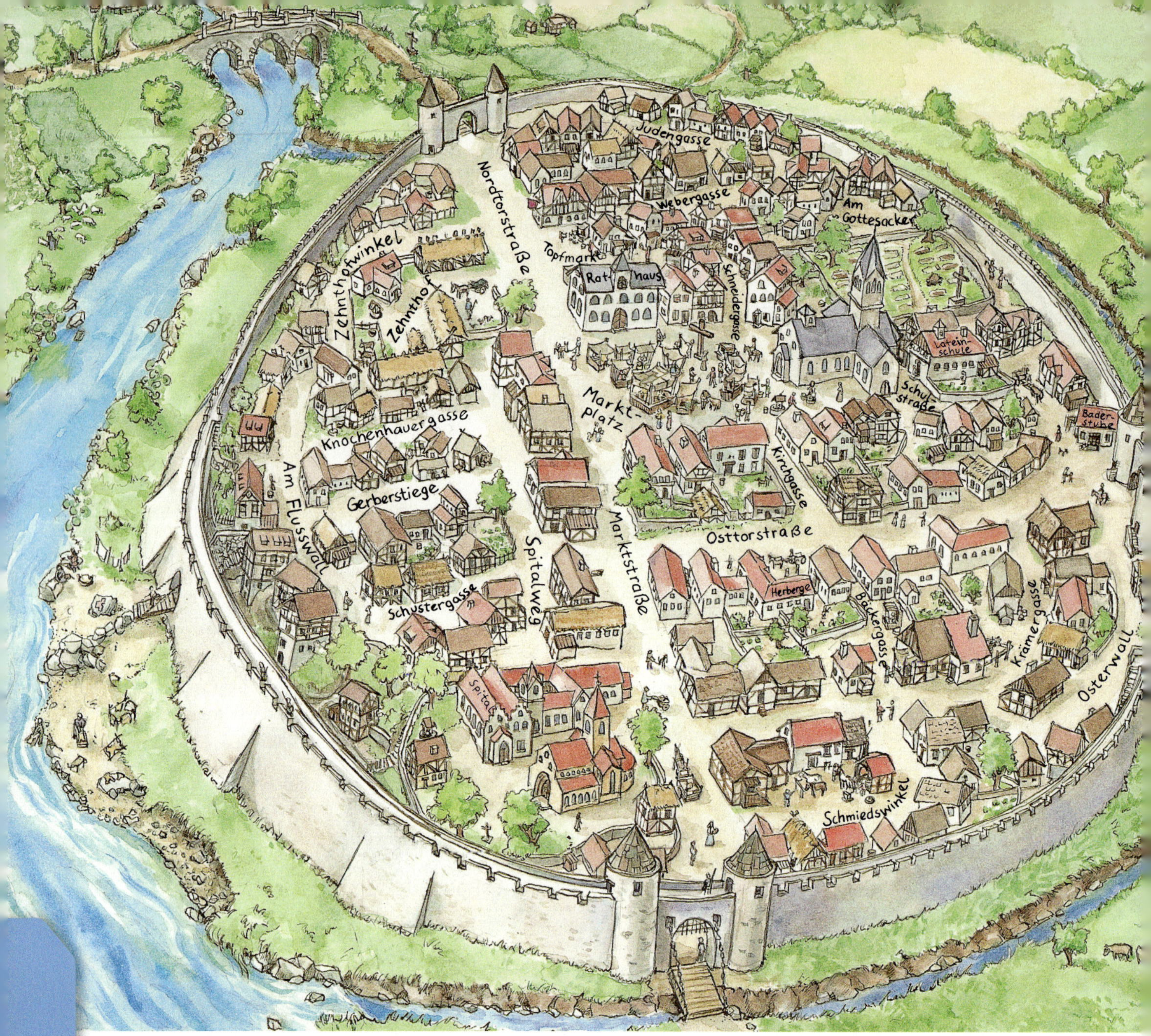

M1 Eine mittelalterliche Stadt (Rekonstruktionszeichnung)

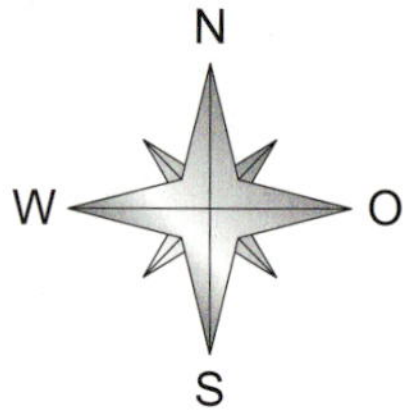

Ein Projekt

Eine mittelalterliche Stadt erkunden

❶ Beschreibe die Stadt in M1.

② Hilfe Führe einen Besucher
a) von dem nördlichen Tor zur Lateinschule,
b) vom südlichen Tor zur Gerberstiege,
c) vom Marktplatz zur Krämergasse.

❸ Führt ein Projekt zu mittelalterlichen Städten durch. Wählt Thema 1 oder 2.

Hilfe zu
② Beachte die Windrose unten rechts.

Thema 1: **Wir schreiben einen Stadtführer**

Bildet Kleingruppen und schaut euch das Bild der mittelalterlichen Stadt in M1 genau an. Überlegt euch einen passenden Stadtnamen. Zeichnet für diese Stadt ein Stadtwappen.

Schreibt für die Stadt einen Stadtführer. Beginnt am südlichen Tor und besichtigt die Stadt im Uhrzeigersinn. Achtet auf wichtige Gebäude, Straßennamen und sonstige Dinge, die erwähnenswert sind.

Thema 2: **Wir suchen Spuren des Mittelalters in der Region**

Informiert euch über euren Heimatort oder eine Stadt in eurer Nähe. Informationen über die Geschichte eurer Stadt bekommt ihr in der Bücherei oder dem Internet sowie im Heimat- oder Stadtmuseum. Versucht, auf folgende Fragen Antworten zu bekommen:

1. Gibt es noch Reste der Stadtmauer?
2. Wo war der mittelalterliche Marktplatz?
3. Ist das alte Rathaus noch erhalten?
4. Welche Straßennamen deuten noch heute darauf hin, dass dort früher bestimmte Handwerker lebten?
5. Wie sieht das Stadtwappen aus?

Recherchen in der Bücherei

Recherchen vor Ort

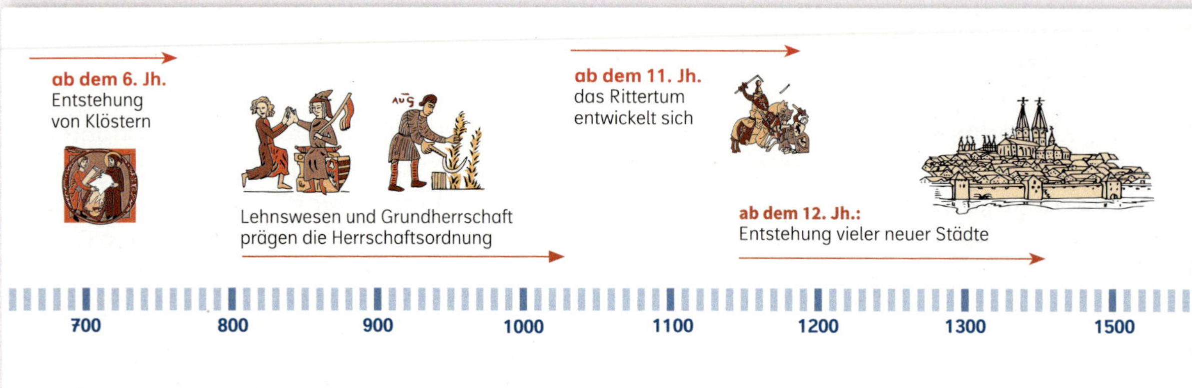

Leben im Mittelalter

Welche Rolle spielte der christliche Glaube im Mittelalter?

Für die Menschen im Mittelalter spielte der christliche Glaube eine wichtige Rolle. Manche Menschen wollten ihr Leben ganz dem Glauben an Gott hingeben und gingen in Klöster. Dort wurden sie zu Nonnen bzw. Mönchen ausgebildet und lebten abgeschieden von der Außenwelt.

Die Menschen glaubten im Mittelalter, dass Gott ihnen eine bestimmte Aufgabe von Geburt an zugeteilt hatte. Aus dieser Ansicht entwickelte sich die Ständeordnung. Danach gliederte sich die Gesellschaft in drei Stände auf: Geistliche, Adlige und alle Übrigen, wie zum Beispiel Bauern, Handwerker oder Kaufleute.

Wie wurden die Menschen regiert?

An oberster Stelle im Land stand der König. Er sorgte für den Schutz der Menschen und regierte das Land. Weil der König jedoch das Reich nicht allein regieren konnte, übergab er Teile des Reiches als Lehen an Kronvasallen. Sie regierten zum Beispiel als Herzöge über einzelne Herzogtümer. Die Kronvasallen übergaben ebenfalls kleine Landesteile und Ämter an Untervasallen. Sie alle konnten ihren Regierungsaufgaben nur nachgehen, weil sie Grundherren von hörigen Bauern waren. Diese Bauern bewirtschafteten das Land und versorgten mit ihren Erzeugnissen, wie Fleisch und Getreide, ihre jeweiligen Herren.

Wie lebten die Menschen im Mittelalter?

Die meisten Menschen lebten im Mittelalter auf dem Land. Sie waren freie Bauern oder Hörige eines Grundherrn. Ihre Arbeit war hart und ihre Ernährung einfach. Bei Missernten drohte ihnen eine Hungersnot.

Ein kleiner Teil der Menschen lebte in Städten. Dort bildete sich eine kleine reiche Oberschicht, die Patrizier, heraus. Die meisten Bewohner gehörten der Mittelschicht an. Sie waren zum Beispiel Handwerker, Kleinhändler oder Ackerbürger. Die Unterschicht bestand beispielsweise aus Tagelöhnern, Knechten oder Bettlern. Trotz der sozialen Unterschiede hatten alle Stadtbewohner etwas gemeinsam: Sie waren frei.

Grundherr

Zu den Grundherren gehörten zum Beispiel Äbte und Ritter. Sie ließen ihr Land von hörigen Bauern bewirtschaften. Von den Bauern forderten sie Dienste und erhielten Abgaben in Form von Lebensmitteln und anderen Gütern. Der Grundherr musste dafür für die Sicherheit der Bauern sorgen, das Land verwalten und Gericht halten.

Höriger

Ein Höriger war ein Bauer, der zum Land eines Grundherrn gehörte und dieses Land für den Grundherren bewirtschaftete. Der Hörige musste an den Grundherren eine bestimmte Anzahl an Abgaben und Diensten leisten. Im Gegenzug hatte der Hörige ein Recht auf Schutz durch seinen Grundherrn.

Kloster

Ein Kloster ist ein Ort, an dem sich die Menschen niederlassen, die ihr Leben voll und ganz Gott widmen wollen. Die Einwohner eines Klosters werden Nonnen (Frauen) oder Mönche (Männer) genannt.

Lehnswesen

Da der König sein Reich nicht allein verwalten konnte, übergab er Teile des Landes an Vasallen, die für ihn die Verwaltung vornahmen. Das abgegebene Land und das dazugehörige Amt wurden als Lehen bezeichnet. Wenn ein Vasall seinem König untreu wurde, konnte der König dem Vasallen das Lehen wieder wegnehmen und es neu vergeben.

Stadt

Städte entstanden ab dem 10. Jahrhundert an vorteilhaften Orten, wie Burgen oder Brücken. Sie hatten das Recht, Märkte abzuhalten. Deshalb siedelten sich dort Handwerker und Händler an. Städte waren zudem durch eine Mauer umgeben. Das bot den Händlern und Handwerkern die Möglichkeit, ihre Waren sicher zu lagern.

Ständeordnung

In der Ständeordnung wurde die Gesellschaft in 3 Gruppen unterschieden. Diese Gruppen werden als Stände bezeichnet. Den ersten Stand bildeten die Geistlichen, ihre Aufgabe war es zu beten. Die Adligen stellten den zweiten Stand dar. Sie sollten die Menschen beschützen. Dem dritten Stand gehörten alle übrigen Menschen an, zum Beispiel die Bauern, Handwerker und Händler. Ihre Aufgabe war es zu arbeiten.

Zunft

Eine Zunft war ein Zusammenschluss von Handwerkern desselben Handwerks. Sie gaben sich eine sogenannte Zunftordnung, in der zum Beispiel Material und Preise für alle gleich festgelegt waren.

Reisekönigtum

Der König hatte keine Hauptstadt, von der aus er regierte. Stattdessen reiste er mit seinem Gefolge durch sein Reich. Auf seinen Reisen hielt er sich bei seinen Vasallen auf, die er so kontrollieren konnte. Der König besaß auch verschiedene Pfalzen, auf denen er von Zeit zu Zeit wohnte.

Leben im Mittelalter

1. Lebensweisen im Mittelalter

Teilt eure Klasse in Gruppen zu jeweils 6 Schülern auf. Verteilt die unten stehenden Bilder auf jeweils ein Gruppenmitglied.

Die Schüler mit den gleichen Bildern finden sich nun in Expertengruppen zusammen. Sucht gemeinsam zu eurem Bild die entsprechende Seite im Buch und wiederholt das Thema des Bildes. Schreibt anschließend in der Gruppe einen kurzen Text zu eurem Bild. Beantwortet dabei folgende Fragen:

a) Was ist Thema des Bildes?
b) Was war für diese Lebensweise typisch?
c) Was finden wir besonders interessant?

Geht zurück in eure ursprüngliche Gruppe und stellt dort jeweils euren Expertentext zum Bild vor.

Gruppenpuzzle

①

②

③

④

⑤

⑥

2. Klosterleben

a) Wiederhole die Klosterregel „Bete und arbeite".
b) Notiere Fragen für einen Test zu diesem Thema.
c) Finde dich mit einem Partner zusammen und fragt euch gegenseitig ab.

Partnerabfrage oder *Marktplatz*

3. Das schwarze Schaf

a) Nenne jeweils den Begriff, der nicht in die Aufzählungsreihe passt.

1. Adlige – Bauern – Kloster – Geistliche
2. Nonne – Lehen – Mönch – Kloster
3. Abgaben – Kriegsdienste – Höriger – Patrizier
4. Zunft – Grundherr – Handwerker – Geselle
5. Magd – Pranger – Acker – Gaukler

b) Erkläre, warum er nicht passt.

c) Formuliere einen Merksatz zu jeder Aufzählungsreihe. Nutze jeweils alle richtigen Begriffe.

Bienenkorb

4. Richtig oder falsch?

Unten siehst du Personen aus dem Mittelalter. Jedoch stimmt nicht alles, was sie sagen.

a) Finde die Fehler.

b) Suche die entsprechenden Stellen im Buch und notiere die Seitenzahl.

c) Formuliere eine richtige Aussage.

Wenn ich gewusst hätte, dass das Leben im Kloster so langweilig wird. Jeden Tag der gleiche Tagesablauf: Jeden Tag wird gebetet und gefeiert. Sonst habe ich nichts zu tun.

Das Leben als höriger Bauer ist toll. Mein Grundherr gibt mir Geld dafür, dass ich mein eigenes Feld bearbeite. Und in den Krieg muss ich zum Glück auch nicht mehr ziehen.

Als Handwerker stelle ich unterschiedliche Werkzeuge her. Handwerker gibt es in der Stadt nur sehr wenige und wir sind alle sehr arm. Wir haben noch nicht einmal das Bürgerrecht.

Ich bin Schmied im Gefolge Karl des Großen. Wir reisen zwar von Pfalz zu Pfalz, aber wir bleiben ziemlich lange an einem Ort. Das Gefolge ist nämlich sehr klein. Mit mir sind es nur 30 Personen.

M1 Die Ankunft von Christoph Kolumbus in Amerika 1492 (Darstellung von 1590)

Zeit der Entdeckungen

→ Warum erforschten die Europäer unbekannte Gebiete der Erde?

→ Welche Auswirkungen hatten wichtige Erfindungen?

→ Welche Folgen hatten die Eroberung und Ausbeutung Südamerikas?

M2 In einer Buchdrucker-Werkstatt (um 1500)

M3 Elendsviertel im südamerikanischen Venezuela (heutiges Foto)

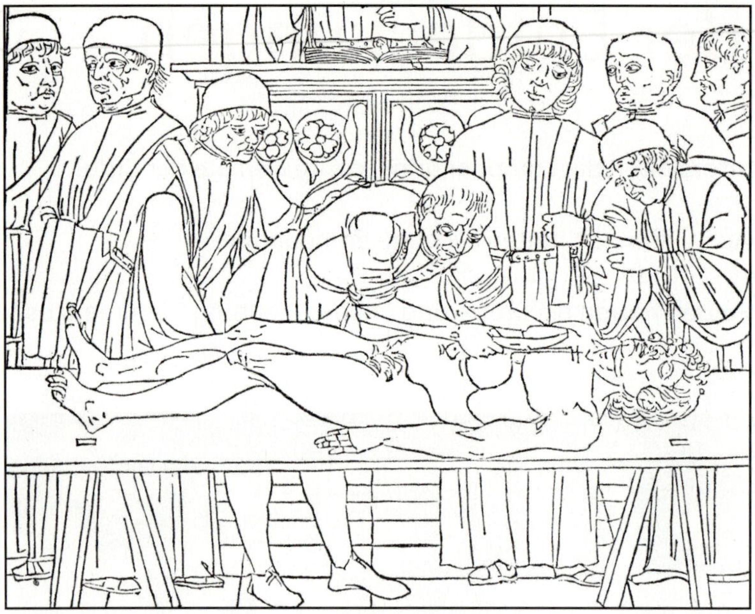

M1 Öffnung einer Leiche (Holzschnitt von 1493)

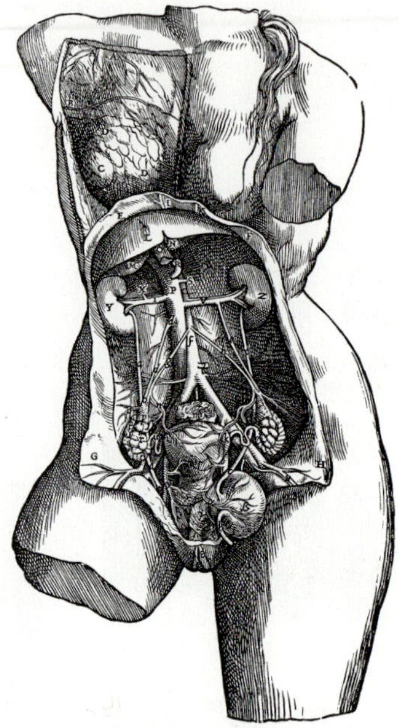

M2 Aus einem Medizinbuch (1543)

Eine neue Zeit beginnt

Jura
die Wissenschaft über die Gesetze und die Rechtsprechung

Theologie
die Wissenschaft einer Religion, ihrer Geschichte und ihrer Vorschriften

Astronomie
die Wissenschaft, die sich mit Planeten, Sternen und anderen Phänomenen des Weltalls beschäftigt

T1 • Wissenschaft und Künste

Im Mittelalter war die christliche Bibel das wichtigste Lehrbuch. Sie galt als das Wort Gottes. Wer eine andere Meinung als die Bibel vertrat, musste mit schwersten Bestrafungen rechnen.

Um 1500 brach eine neue Zeit an. Wissenschaftler begannen, die Natur zu erforschen und Experimente durchzuführen. Neues Wissen ermöglichte es ihnen zum Beispiel, bessere Maschinen zu entwickeln. Ärzte öffneten Leichen. Sie entdeckten das Aussehen der inneren Organe und erkannten Ursachen von Krankheiten. Auch der Schiffskompass wurde zu dieser Zeit erfunden, sodass sich Seefahrer in unbekannten Gebieten und auf offener See zurechtfinden konnten. In ganz Europa entstanden Universitäten. Hier wurden wie im Mittelalter die Fächer Jura und Theologie gelehrt. Neu hinzu kam jetzt die Forschung in Naturwissenschaften, Astronomie und Medizin.

Weil sich das Denken der Menschen damals so grundlegend änderte, bezeichnet man die Zeit um das Jahr 1500 als Beginn der Neuzeit.

1 a) Arbeitet zu zweit: Beschreibt euch gegenseitig M1 bzw. M2.
b) Überlegt, was diese Bilder über die Wissenschaft der damaligen Zeit aussagen.

2 Was änderte sich um 1500 im Bereich der Wissenschaft und Forschung? Erkläre. (T1)

3 a) Welche Fortschritte gab es? (T1, M1, M2)
b) Warum waren sie so bedeutend? Erkläre anhand eines Beispiels. (T1)
Bienenkorb

4 Warum sieht man in der Zeit um 1500 den Beginn einer neuen Epoche? Begründe. (T1)
Think – Pair – Share

T2 • Leonardo da Vinci – Künstler, Forscher und Erfinder

Einer der größten Forscher, Erfinder und Künstler zu Beginn der Neuzeit war Leonardo da Vinci. Er arbeitete als Maler, Bildhauer, Architekt und Erfinder zum Beispiel für den Herzog von Mailand, den Papst in Rom, den König von Frankreich und für andere adlige Familien.

Als Erfinder zeichnete Leonardo da Vinci Entwürfe von Maschinen und Fahrzeugen. Aber manche seiner Ideen, zum Beispiel das Unterseeboot, der Fallschirm und der Hubschrauber, ließen sich noch nicht verwirklichen, weil die Technik damals noch nicht so weit entwickelt war.

Webcode
Filmclip über
Leonardo da Vinci
WES-110345-4

1) Ich kann außerordentlich leichte und ohne jede Schwierigkeit transportierbare Brücken herstellen ...
2) Ich verstehe es, bei der Belagerung eines Platzes die Wassergräben trockenzulegen.
3) ... zur See ... kann ich viele Arten von wirksamem Gerät zum Angriff und zur Verteidigung herstellen.
4) Auch will ich Skulpturen in Marmor, Bronze oder Ton machen;
5) ebenso alles auf dem Gebiet der Malerei so gut wie jeder andere, wer er auch sein möge.

M3 Aus dem Bewerbungsschreiben da Vincis an den Herzog von Mailand (1482)

Skulptur
eine aus Stein oder Metall geformte Figur

M4 Kunstwerke von Leonardo da Vinci sowie Modelle nach seinen Entwürfen

⑤ a) Nenne drei Berufe, die Leonardo da Vinci ausübte. (T2)
b) Liste die Auftraggeber Leonardos auf. (T2)
Lerntempoduett

⑥ Warum konnte Leonardo einige seiner Pläne nicht verwirklichen? Erkläre. (T2)

⑦ Ordne den Nummern 1–5 aus M3 die entsprechenden Bilder A–E aus M4 zu.

M1 Mönch beim Abschreiben eines Buches (Mitte des 15. Jahrhunderts)

M2 In einer Buchdrucker-Werkstatt um 1500

Erfindungen verändern die Welt

T1 • Die Erfindung des Buchdrucks

Im 15. Jahrhundert gab es nur wenige Bücher. Diese schrieben Mönche oder Nonnen in Klöstern von Hand ab. Jedes Buch war ein Einzelstück und sehr wertvoll, weil die Herstellung oft viele Jahre dauerte. Die Abschrift der Bibel war eine Lebensaufgabe.

Das änderte sich um 1450. Johannes Gutenberg erfand den Buchdruck. Nun konnte man Bücher schnell und in großer Zahl herstellen. Johannes Gutenberg wollte die Menschen mit seiner neuen Erfindung beeindrucken. Deshalb druckte er die Bibel. Ihre Herstellung dauerte zwei Jahre. Die Gutenberg-Bibel umfasste zwei Bände und hatte insgesamt 1282 Seiten. Es wurden 180 Stück gedruckt. Davon sind heute noch 49 Bücher erhalten.

Durch den Buchdruck konnte man auch Flugblätter zu aktuellen Themen anfertigen und weit verbreiten. Sie waren für einen günstigen Preis auch für einfache Leute zu kaufen. Immer mehr Menschen wollten nun das Lesen lernen, um die neuen Schriften lesen zu können.

1 a) Hilfe Beschreibe die Herstellung eines Buches in einem Kloster. (M1)
b) Welche Unterschiede zwischen der Drucker-Werkstatt und der Schreibstube fallen dir auf? (M1, M2)
Placemat

2 Warum brauchte ein Mönch für die Abschrift der Bibel fast sein ganzes Leben lang? Erkläre. (T1)

3 a) Wie viel Zeit benötigte Gutenberg für den Druck der Bibel? (T1)
b) Wie viele Exemplare stellte er her? (T1)

4 Warum war die Erfindung des Buchdrucks so bedeutend? Nenne drei Gründe. (T1)

Hilfe zu

1 a) Der Mönch in der Bildmitte sitzt an einem Schreibpult und ...

a) Der Text wird aus einzelnen gegossenen Buchstaben in Rahmen zusammengesetzt.
b) Die gedruckte Seite wird vom Rahmen gelöst.
c) Die Buchstaben für den Druck werden gegossen.
d) Der im Rahmen gesetzte Text wird mit Druckertinte eingeschwärzt.
e) Das Papier, das bedruckt werden soll, wird auf den gesetzten Text gelegt.
f) Der Textrahmen mit dem Papier wird in die Presse gelegt und gepresst, das heißt, der Text wird auf das Blatt gedruckt.

M3 Das Verfahren des Buchdrucks nach Johannes Gutenberg

⑤ a) Hilfe Ordne die Aussagen a – f den Arbeitsschritten 1 – 6 zu. (M3)
b) Hilfe Erkläre anhand der Bilder in M3 den Buchdruck mit eigenen Worten.
Partnervortrag

⑥ Vergleiche die Herstellung eines Buches in einer Druckerwerkstatt und in einer Schreibstube im Kloster. (M1, M2, M3, T1)
Think – Pair – Share

Hilfe zu
⑤ a) Du kannst eine Tabelle anlegen:

Arbeitsschritt	1	2	3	4	5	6
Aussage	c					

b) Arbeitet zu zweit: Zuerst erklärt Schüler A. Während Schüler B zuhört, achtet er auf Fehler und berichtigt am Ende. Danach wechselt ihr.

beurteilen

Wenn wichtige Ereignisse aus der Geschichte angeschaut werden, sollen diese oft auch beurteilt werden. Das bedeutet zum Beispiel, dass du sagen sollst, warum eine Erfindung oder etwas, das passiert ist, wichtig ist. Es kann aber auch sein, dass du erklären musst, warum das Verhalten von Menschen damals gut oder schlecht war. Wichtig ist, dass du nicht nur sagst, ob etwas gut oder schlecht war, sondern auch begründest, warum du zu diesem Urteil kommst. Dein Urteil sollte aber immer sachlich sein, du sollst also nicht deine eigene Meinung aufschreiben.

Schritt 1: **Den Inhalt wiedergeben**

- Worum geht es?

Schritt 2: **Die Vor- und Nachteile damals beschreiben**

- Was war gut und schlecht für die Menschen damals?

Schritt 3: **Vergleichen und entscheiden**

- Gab es mehr Vor- oder Nachteile für die Menschen damals?
- War es insgesamt eher gut oder schlecht für die Menschen?

M1 Die erste gedruckte Bibel von Johannes Gutenberg aus dem Jahr 1455. Sie wurde von Hand mit farbigen Verzierungen versehen.

Beurteile die Erfindung des Buchdrucks.

Schritt 1: Den Inhalt wiedergeben

Im ersten Schritt musst du überlegen, worum es genau geht. In der Aufgabe oben geht es um die Erfindung des Buchdrucks. Also schreibst du in deinen eigenen Worten auf, was du in dem Text und auf den Bildern auf den Seiten 158/159 darüber erfahren hast.

- Wie wurden Bücher vor der Erfindung des Buchdrucks gemacht?
- Wie wurden die Bücher seit der Erfindung des Buchdrucks hergestellt?

So kannst du den Inhalt in deinen eigenen Worten wiedergeben:

Bevor der Buchdruck erfunden wurde, gab es nicht so viele … . Sie wurden in Klöstern … . Das dauerte oft …, weil … . Nachdem der Buchdruck erfunden war, … .

Bevor …
Nachdem …
Als …
Nach …

Schritt 2: Die Vor- und Nachteile damals beschreiben

Im zweiten Schritt beschreibst du, was die Erfindung damals bei den Menschen verändert hat. Du schreibst also die guten und die schlechten Eigenschaften der Erfindung auf. Dazu schreibst du auch auf, für wen es gut oder schlecht war.

- Welche Vorteile gab es durch den Buchdruck? Für wen?
- Welche Nachteile gab es durch den Buchdruck? Für wen?

So kannst du die Vor- und Nachteile für die Menschen beschreiben:

Durch die Erfindung des Buchdrucks war es leichter, … . Wegen der Erfindung des Buchdrucks … . Ein Vorteil war … . Das war gut für … . Ein Nachteil war … . Das war schlecht für … .

Durch …
Deshalb …
Wegen …
Da …
Es war gut, dass …
Es war schlecht, dass …
Es war gut, weil …
Es war schlecht, da …

Schritt 3: Vergleichen und entscheiden

Im dritten Schritt vergleichst du die Vor- und Nachteile aus Schritt zwei. Du schreibst also die wichtigsten Vor- und Nachteile auf und sagst dann, welche Folgen die Erfindung hatte.

- Welche Folgen hatte die Erfindung des Buchdrucks für die Menschen damals?
- War die Erfindung insgesamt gut oder schlecht für die Menschen?

Fasse die Folgen kurz zusammen. Schreibe auf, ob die Erfindung des Buchdrucks eher gut oder schlecht für die Menschen war.

Die Menschen konnten … . Durch die Erfindung des Buchdrucks war es leichter, … . Wegen der Erfindung des Buchdrucks … . Deshalb war die Erfindung des Buchdrucks … für die Menschen. Für manche Menschen war es gut, weil … . Für andere Menschen war es schlecht, weil … .

Tipp
Bevor du einen Text schreibst, kannst du die Vor- und Nachteile in einer Tabelle sammeln. So hast du einen besseren Überblick.

Vorteile	Nachteile

Die Buchmalereien dieser Doppelseite stammen aus der Gutenberg-Bibel.

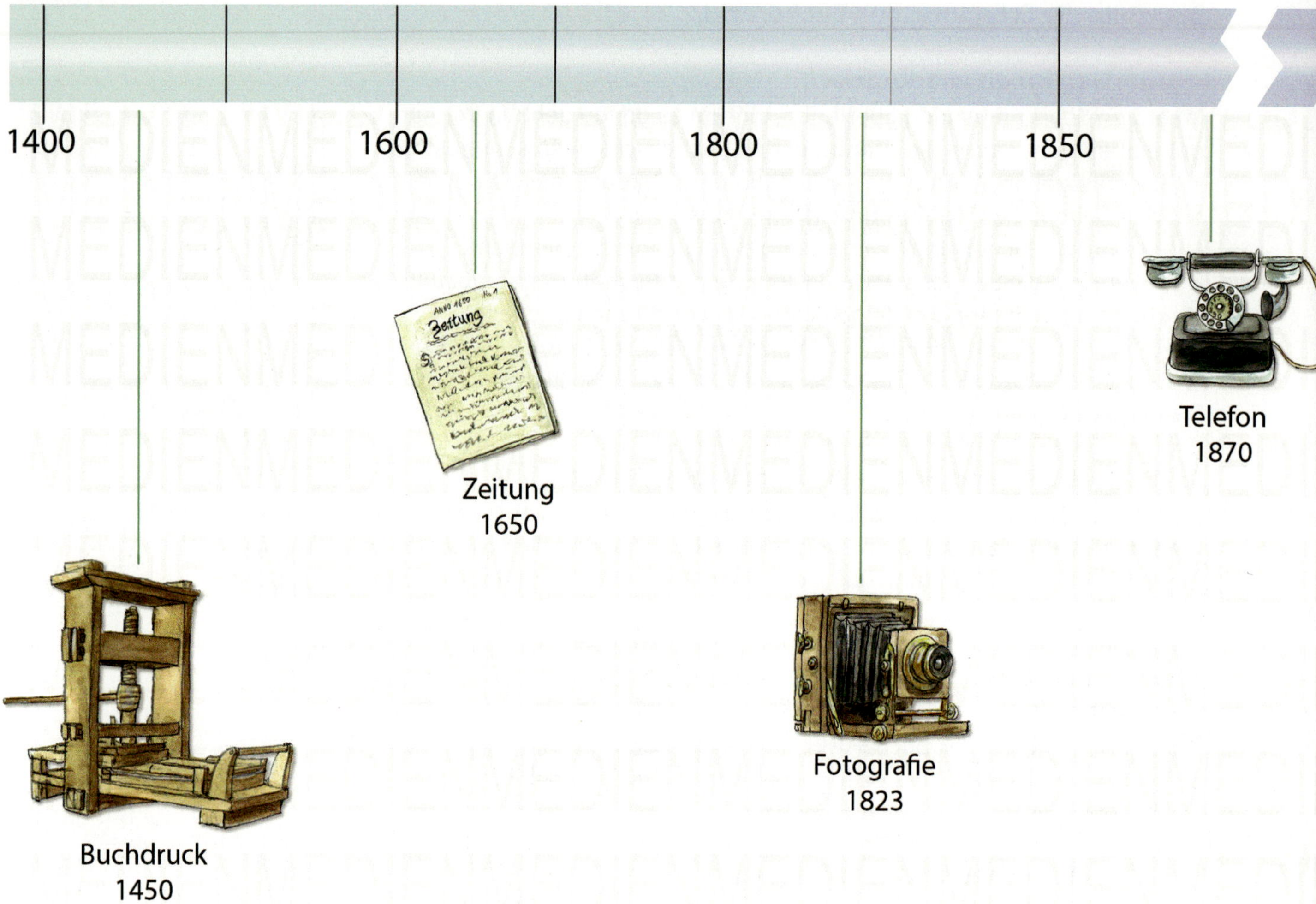

M1 Geschichte der Medien im Überblick

Massenmedien
Medien, mit denen Informationen an möglichst viele Menschen weitergegeben werden

Printmedien
(Druckmedien) auf Papier gedruckte Medien, wie Zeitungen, Karten oder Bücher

elektronische Medien
Medien, die Informationen elektronisch verbreiten wie beispielsweise Fernsehen oder Internet

Medien im Laufe der Zeit

T1 • Medien im Laufe der Zeit

Die Erfindung des Buchdrucks war Voraussetzung für die Entwicklung derjenigen Massenmedien, die wir heute als Printmedien bezeichnen.

Johannes Gutenberg hat das Verfahren des Buchdrucks nicht von heute auf morgen erfunden. Lange musste er experimentieren, bis seine Erfindung funktionierte.

T2 • Entwicklungsdauer von Erfindungen

Ähnlich war es auch bei vielen anderen Erfindungen, die auf dieser Seite dargestellt sind. So nahm die Entwicklung des Radios am Beginn des 20. Jahrhunderts ca. 20 Jahre in Anspruch. Und die Entwicklung geht weiter. So kann man Filme und Musikvideos heute durch Streaming im Internet abrufen.

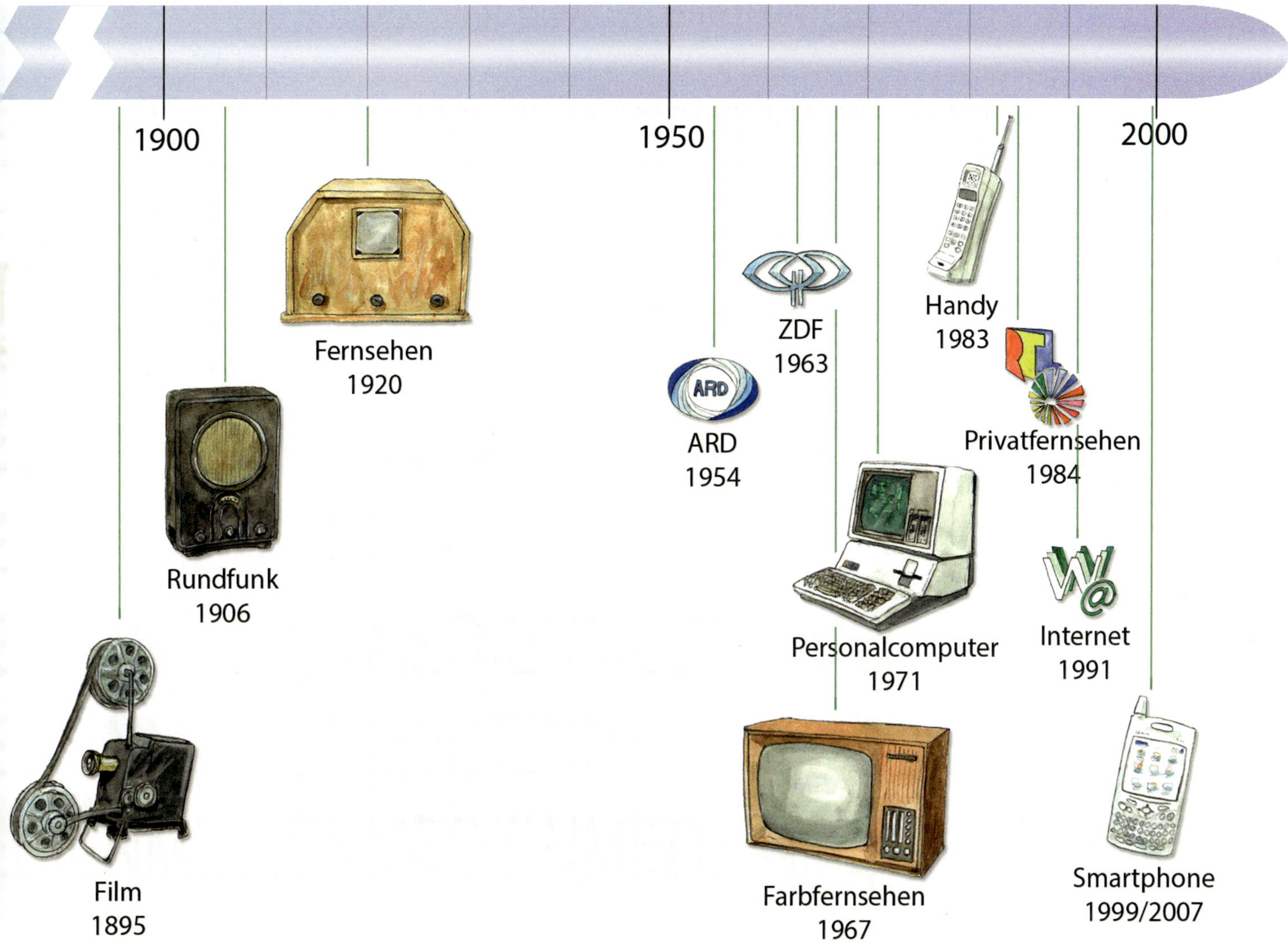

1 Wähle 5 Medien von M1 aus.
a) Erkläre, wozu sie verwendet werden.
b) Was findest du an den von dir gewählten Medien bedeutsam? Begründe.

2 Hilfe Unterscheide die Medien nach folgenden Kriterien: Schrift, Bild und Ton.
Stühletausch

3 a) Hilfe Recherchiere zu einem Medium auf dieser Doppelseite die Entstehungsgeschichte.
b) Wertet eure Ergebnisse aus.
Kugellager

4 Warum gehört der Buchdruck zu den Erfindungen, die die Welt veränderten? Erkläre.

Hilfe zu

2 Lege eine Tabelle an und fülle sie aus.

Medien im Laufe der Zeit

Schrift	Bild	Ton

3 Verwende das Internet. Gib in einer Suchmaschine den Suchbegriff ein. Nutze auch die Bildersuche.

Das Weltbild im Wandel

Die Erde ist eine flache, runde Scheibe mit Bergen, Bäumen und dergleichen. Sie ist ganz umgeben von Wasser. Wenn es Tag wird, steigt die Sonne aus dem Meer empor. Am Mittag steht sie am höchsten, genau über der Erde. Wenn es Abend wird, steigt sie im Westen wieder hinab ins Meer. Wenn Mond und Sterne die Erde beleuchten, geht die Sonne unter der Erde entlang. Dort brennt ein gewaltiges Feuer, aus dem die Sonne ihre Glut nimmt, damit sie am folgenden Tag die Erde wieder erwärmen kann.

M1 Weltbild des Thales, der von 624–546 v. Chr. lebte (vereinfacht)

T1 • Das Bild von der Erde verändert sich

Auch die Vorstellungen über die Form der Erde änderten sich. Um 600 v. Chr. beschrieb der griechische Naturforscher Thales von Milet die Erde als Scheibe, die von den Gestirnen umkreist wird.

M2 Die Erde als Scheibe (Darstellung aus dem 19. Jahrhundert)

geo
Das griechische Wort „ge" bedeutet Erde.

Planetensystem
Ein Planetensystem bilden alle Planeten, die sich um ein gemeinsames Zentrum drehen.

Um 150 n. Chr. beschrieb der Grieche Ptolemäus das geozentrische Weltbild. Er war der Ansicht, dass die Erde eine Kugel ist. Außerdem meinte er, dass die Erde das Zentrum unseres Planetensystems wäre und dass alle Planeten und auch die Sonne um die Erde kreisen würden. Den Beweis für die Kugelform der Erde lieferte der Seefahrer Ferdinand Magellan 1400 Jahre später. Er umsegelte von 1519 bis 1522 die Erde.

T2 • Die Erde – ein Planet unter vielen

Im 16. Jahrhundert widerlegte der Forscher Nikolaus Kopernikus das geozentrische Weltbild. Durch astronomische Berechnungen hatte er festgestellt, dass der Mittelpunkt unseres Planetensystems die Sonne ist. Außerdem hatte er erkannt, dass die Erde um die Sonne kreist und sich um die eigene Achse dreht.

Die Lehre von Nikolaus Kopernikus wird als heliozentrisches Weltbild bezeichnet. Den Beweis hierfür lieferte der italienische Gelehrte Galileo Galilei um 1600 mithilfe eines neuartigen Fernrohrs.

astronomisch
bezieht sich auf die Astronomie, also auf das Erforschen der Himmelskörper

helio
Das griechische Wort „helios“ bedeutet Sonne.

M3 Das Weltbild des Ptolemäus

M4 Das Weltbild des Kopernikus

1. Fertige anhand von M1 eine Skizze an, die das Weltbild des Thales darstellt.
2. Überlege, warum Thales annahm, dass unter der Erde ein Feuer brennen würde. (M1)
3. a) Welcher Gelehrte war der Meinung, dass die Erde eine Kugel ist? Wann war das? (T1)
   b) Wie und wann wurde die Kugelform der Erde bewiesen? (T1)
4. Nenne zwei Erkenntnisse des Forschers Nikolaus Kopernikus. (T2)
5. Hilfe Stelle die Aussagen von Thales, Ptolemäus und Kopernikus gegenüber.

Hilfe zu

5 Ihr könnt zu dritt arbeiten: Teilt die drei Gelehrten unter euch auf. Füllt zunächst die Tabelle für euren Gelehrten aus. Tauscht anschließend eure Ergebnisse untereinander aus und ergänzt eure Tabellen.

Aussagen zur ...	Thales	Ptolemäus	Kopernikus
... Form der Erde			
... Position der Sonne			
... Position der Erde			

Historische Karten vergleichen

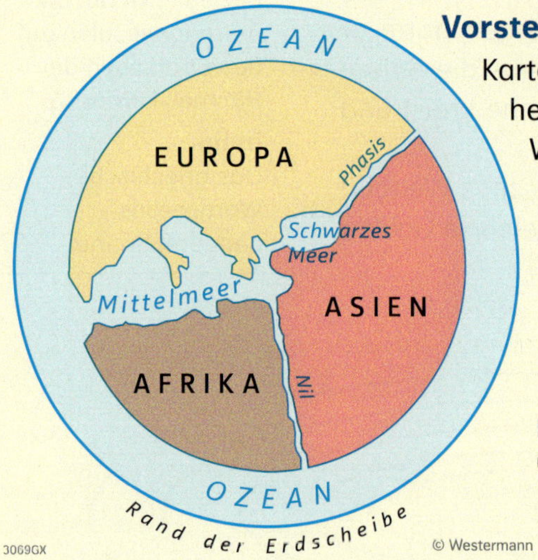

Vorstellungen ändern sich

Karten verraten uns, welche Teile der Welt den Menschen früher bekannt waren und wie die Menschen die Welt sahen. Wenn wir Karten vergleichen, können wir feststellen, welche Erdteile neu entdeckt wurden. Die Karten zeigen uns, wie sich die Sicht auf die Welt verändert hat. Sie sagen aber auch etwas darüber, wie sich die Kunst, eine Karte zu zeichnen, verändert hat.

M1 Weltkarte des Griechen Anaximandros aus dem 6. Jahrhundert v. Chr. (vereinfacht)

M2 Die Weltkarte von Francesco Rosselli aus dem Jahr 1508

Die Weltkarte des Anaximandros
Anaximandros war ein griechischer Gelehrter. Er soll die erste Erdkarte entworfen haben. Sie zeigt die Gebiete, die damals bekannt waren. Das Land ist von einem Ozean umgeben. Der Name Phasis bezieht sich auf den Fluss Rioni, der durch das heutige Georgien fließt.

Die Weltkarte des Francesco Rosselli
Francesco Rosselli lebte und arbeitete hauptsächlich in der Stadt Florenz in Italien. Er versuchte, die Kugelform der Erde durch eine ovale Abbildung darzustellen. Der Kontinent südlich von Afrika ist Fantasie. Kein Mensch hatte bis dahin die Antarktis gesehen.

1. Schritt: **Historische Karten beschreiben**

- Nutze auch die Methodenanleitung „Geschichtskarten auswerten“ auf Seite 90/91.
- Nenne, wann die Karten angefertigt wurden.
  Die Karte M1 wurde ... .
  Karte M2 stammt aus dem Jahr ... .
- Stelle fest, wo beide Karten angefertigt wurden.
  Die Karte M1 wurde wahrscheinlich in ..., während die Karte M2 aus ... .

2. Schritt: **Den Inhalt historischer Karten erfassen**

Tipp: Sammle zunächst Stichpunkte. Lege dann eine Tabelle an, in der du die Ergebnisse gegenüberstellst.

	M1	M2
Wer hat die Karte erstellt?		
Aus welchem Jahr stammt die Karte?		
Wo wurde die Karte angefertigt?		
Was zeigt sie?		
Welche Gebiete fehlen?		
Was ist noch auffällig?		

3. Schritt: **Ergebnisse zusammenfassen und auswerten**

- Fasse deine Ergebnisse aus Schritt 1 und 2 in einem kurzen Text zusammen.
- Ergänze, wie sich die Darstellung der Erde verändert hat.
  In M1 erkenne ich ... .
  In M2 hingegen ... .
  Beide Karten zeigen kein vollständiges ... .
  Aber in M2 ... . In M1 ... .
- Beurteile, in welcher Karte die Kontinente genauer dargestellt sind.
  Beide Karten haben gemeinsam ... .
  Unterschiedlich ist ... .
  Besonders in M... fällt auf, dass ... .
  Wenn ich beide Karten vergleiche, dann ... .

M3 Seeungeheuer aus einer Islandkarte von 1590. Die Karten der Frühen Neuzeit waren sehr häufig mit Schiffen, Seeungeheuern und anderem geschmückt.

April 1480:
Pfefferernte auf den Gewürzinseln: Der Pfefferbauer verkauft die Ernte an Händler. Sie transportieren die Ware auf kleinen Booten immer an der Küste entlang.
August 1480:
Im Hafen von Malakka muss Zoll gezahlt werden. Erst dann wird die Schiffsladung an den nächsten Schiffsbesitzer mit Gewinn weiterverkauft.
März 1481:
Nach einem halben Jahr kommt die Ladung in Calicut in Indien an. Hier muss wieder Zoll gezahlt, die Ware verkauft und auf die nächsten Schiffe verladen werden. Dann Weiterfahrt zu den Häfen an der Küste des Indischen Ozeans. In jedem Hafen wiederholt sich das bekannte Verfahren. Und jeder Verkäufer erhöht den Preis, damit er Gewinn macht.
Mai 1481:
Ankunft in Aden nach gefährlicher Fahrt über den Indischen Ozean mit schweren Stürmen. Bei einem Piratenüberfall ging ein Schiff verloren. Von Aden geht es nach Dschidda. Dort werden die Waren Sack für Sack auf Kamele verladen. Die Karavanen bringen die Waren durch die Wüsten nach Kairo und Alexandria. Auch hierbei geht ein Teil der kostbaren Fracht an Räuber verloren.
Januar 1482:
In Alexandria sind hohe Zölle an den Sultan von Ägypten fällig. Nur Schiffe aus Venedig haben die Erlaubnis, die Waren nach Europa zu verfrachten.
März 1482:
Die begehrten Waren werden in Venedig an die europäischen Fernhändler verkauft – natürlich mit gutem Gewinn.

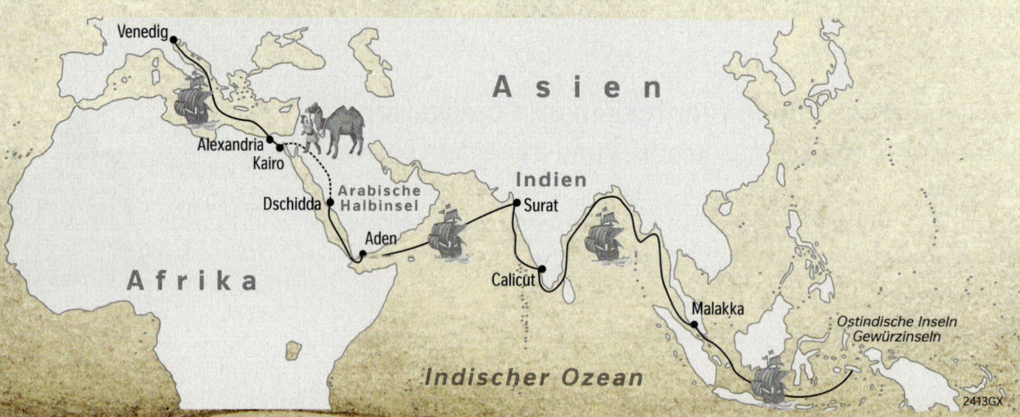

M1 Der lange Weg der indischen Handelswaren

Christoph Kolumbus – Kurs West nach Indien

T1 • Der Handel mit indischen Waren

Um 1500 waren Produkte wie Duftstoffe, Seide oder Gewürze, wie zum Beispiel Pfeffer, Ingwer und Muskat, sehr teure Luxusartikel. Diese konnten sich nur reiche Bürger oder Adlige leisten. Die Waren aus Indien wurden von Händler zu Händler verkauft, bis sie in Europa angeboten werden konnten. Weil jeder Kaufmann dabei Gewinn machen wollte, wurde der Preis unvorstellbar hoch. Der Preis für einen Sack Pfeffer war in Europa so hoch, dass man damit sogar ein Haus kaufen konnte.

T2 • Christoph Kolumbus entdeckt Amerika

Im 15. Jahrhundert durften nur die Kaufleute aus Venedig Waren vom Orient nach Europa bringen. Für dieses Vorrecht hatten sie mit den dortigen Herrschern Verträge geschlossen und viel Geld dafür gezahlt. Die Kaufleute aus Venedig bestimmten nun die Preise für diese Waren, was zu einem enormen Preisanstieg führte. In Spanien und Portugal dachte man deshalb darüber nach, andere Wege zu finden, um in Indien direkt an die begehrten Handelswaren zu gelangen.

Im Auftrag des spanischen Königspaars wollte der Seefahrer Christoph Kolumbus einen neuen Seeweg nach Indien finden. Mit drei Schiffen segelte er nach Westen. Nach mehreren Wochen landete er auf einer Insel, die er Guanahani nannte. Die dortigen Einwohner bezeichnete er als Indianer. Dass er einen unbekannten Kontinent, nämlich Amerika, entdeckt hatte, hat er nie erfahren.

M2 Christoph Kolumbus

M3 Die Ankunft von Kolumbus in Amerika 1492 (kolorierter Kupferstich von 1590)

1 Liste die Stationen auf, die der Pfeffer von den Gewürzinseln bis nach Europa nahm. (M1)

2 Hilfe Wie lange dauerte der Transport des Pfeffers? (M1)

3 Warum war der Preis des Pfeffers in Europa so hoch? Erkläre. (T1)

④ Welche Gefahren bestanden beim Handel bis nach Europa? (M1)

5 Warum unterstützte das Königspaar von Spanien Kolumbus Entdeckungsfahrt? (T2)

6 a) Was hat Kolumbus entdeckt?
b) Was glaubte er entdeckt zu haben? (T2)

⑦ Hilfe Wieso glaubte Kolumbus, dass sein Plan gelingen würde? Begründe.

Hilfe zu

2 Schaue im Bericht M1 nach dem Beginn und dem Ende der Handelsreise.

⑦ Bedenke, welches Bild von der Erde sich zu Beginn der Neuzeit durchgesetzt hatte.

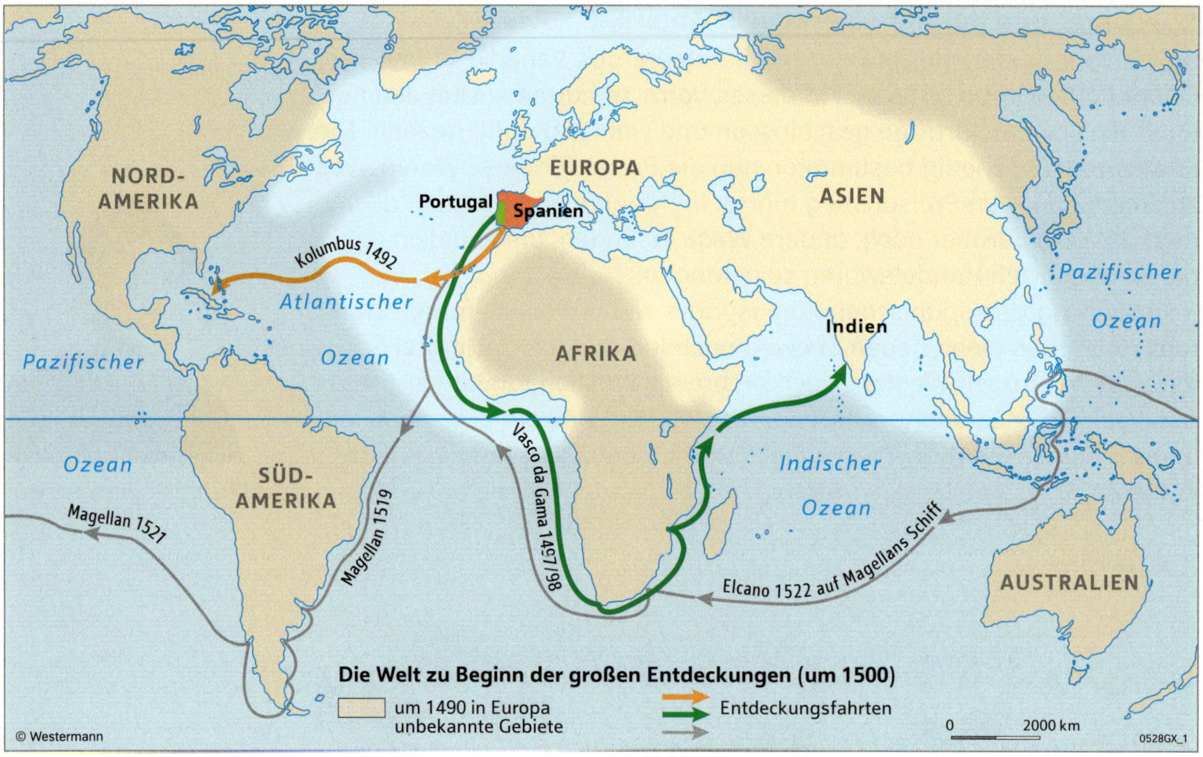

M1 Die wichtigsten Entdeckungsreisen zu Beginn der Neuzeit

Vasco da Gama – Kurs Süd-Ost nach Indien

T1 • Vasco da Gama entdeckt den Seeweg nach Indien

Im Jahr 1492 hatte Christoph Kolumbus im Auftrag des spanischen Königspaares den Seeweg nach Indien in Richtung Westen gesucht. Dabei hatte er den bis dahin unbekannten Kontinent Amerika entdeckt.

Der Portugiese Vasco da Gama wollte auf einer anderen Route nach Indien gelangen. Im Jahr 1497 segelte er von Portugal aus mit einer kleinen Flotte Richtung Süden. Er gelangte zur Südspitze Afrikas und umrundete diese. Dann fuhr er mit einigen Zwischenstopps entlang der Ostküste Afrikas bis nach Malindi. Von dort wagte er den Weg über die offene See. Er überquerte den Indischen Ozean Richtung Nordosten. Am 21. Mai 1498 legte er im Hafen des indischen Calicut an.

M2 Vasco da Gama

1 Kolumbus wollte einen Seeweg nach Indien finden. War seine Reise erfolgreich? Begründe. (M1)

2 a) Wem gelang es, den Seeweg nach Indien zu entdecken? (M1, T1)
b) Beschreibe mit eigenen Worten die Entdeckungsroute. (M1, T1)
Bienenkorb

3 Hilfe Stelle die Entdeckungsfahrten von Christoph Kolumbus und Vasco da Gama gegenüber. (M1, T1)
Think – Pair – Share

Hilfe zu

3 Mögliche Themen: Ziel, Durchführung, Ergebnis, Zeit, historische Leistung.

8.7.1497:
Unsere vier Schiffe mit 150 Mann Besatzung verlassen den Hafen von Lissabon mit Kurs Süd-West.
30.7.1497:
Kapverdische Inseln erreicht. Müssen Wasser und Lebensmittel ergänzen.
4.11.1497:
Endlich wieder Land in Sicht. Sankt-Helena-Bucht. Gehen an Land. Müssen Wasser und Lebensmittel aufnehmen. Schon 16 Tote durch Skorbut. Mannschaft braucht dringend Ruhe. Schiffe müssen repariert werden.
24.12.1497:
Weihnachten in Natal. Gehen an Land und tauschen bei Einheimischen Glasperlen gegen frisches Fleisch ein.
30.1.1498:
Große Ortschaft in Sicht: Kilimane. Müssen vor Anker gehen, weil Vorräte und Wasser knapp werden. Der Skorbut wütet wieder in unseren Reihen, sieben Tote.
4.3.1498:
Mozambique ist erreicht. Nehmen wieder Wasser auf. Es kommt zum Streit mit den Einheimischen. Lasse Warnschüsse aus unseren Bordkanonen abgeben.
7.4.1498:
Mombasa. Haltung der Einwohner feindlich. Nächtlicher Überfall kann abgewehrt werden.
17.4.1498:
Malindi. Sultan ist sehr freundlich. Gibt uns nach einigem Zögern einen Lotsen: einen Inder! Welch ein Glück!
21.5.1498:
Klarer Morgen. Land in Sicht! Der Inder meldet: „Wir sind da!" Wir lenken unsere Schiffe in den Hafen von Calicut.

M3 So oder so ähnlich könnten die Notizen von Vasco da Gama in seinem Logbuch gewesen sein.

T2 • Entdeckte Länder werden erobert

Nach den Fahrten von Kolumbus und da Gama gründeten die Spanier in Mittel- und Südamerika sowie die Portugiesen an den Küsten Afrikas und Indiens Handelsniederlassungen. Auf weiteren Entdeckungsreisen wählten die Spanier den Weg nach Westen über den Atlantik. Die Portugiesen segelten um Afrika nach Osten Richtung Indien. Spanier und Portugiesen beanspruchten die entdeckten Gebiete jeweils für sich.

Skorbut
Krankheit durch zu wenig Vitamin C

T3 • Die erste Weltumsegelung

Von 1519 bis 1522 umsegelten einige spanische Schiffe unter dem Befehl des Portugiesen Ferdinand Magellan die Erde. Magellan fand in einem Kampf mit Ureinwohnern auf den Philippinen im April 1521 den Tod. Seine Flotte kehrte im September 1522 nach Spanien zurück.

M4 Ferdinand Magellan

4 Hilfe Ermittle wichtige Informationen über die Flotte von Vasco da Gama. (M3)

5 Suche im Atlas fünf Orte aus M3, die Vasco da Gama an der Küste Afrikas ansteuerte.
Partnerarbeit

6 Was meinte man mit dem „spanischen Weg" und dem „portugiesischen Weg" bei den Entdeckungsreisen? Erkläre. (T2)

7 Hilfe Berichte von der Entdeckungsfahrt von Ferdinand Magellan. (T3, M1)

Hilfe zu
4 Suche nach Angaben zu Schiffen, Besatzung, Reisedauer und Gefahren.
7 Nutze Verben wie: segeln – überqueren – durchfahren – umrunden – passieren.

M1 Ruinen der Inkastadt Machu Picchu

M2 Terrassenfelder der Inka

M3 Befestigte Straße aus der Inkazeit

M4 Lage des Inkareiches in Südamerika

Das Reich der Inka

T1 • Die Hochkultur der Inka

Ab dem 12. Jahrhundert hatte sich das Reich der Inka im Westen Südamerikas zu einer Hochkultur entwickelt. Seine Hauptstadt hieß Cuzco. Eine gut organisierte Verwaltung und ein ausgebautes Straßennetz sicherten die Verbindung und den Zusammenhalt dieses großen Reiches. Die Baumeister der Inkas legten an den Berghängen Terrassen mit Bewässerungskanälen an. Das Rad, Wagen oder Reittiere kannte man nicht. Lasten wurden von Menschen oder Tieren befördert.

T2 • Gesellschaft im Inkareich

Der Inka war König und wurde als Stellvertreter des Sonnengottes angesehen. Im Inkareich gab es kein Privateigentum, denn alles gehörte dem Inka. Die Menschen mussten für ihn arbeiten. Dafür sicherte der Inka durch seine Beamten die Versorgung der Menschen mit Nahrung und Kleidung. Kranke und Alte wurden ebenfalls versorgt.

Eine Schrift gab es nicht. Zahlen- und Mengenangaben wurden in Knotenschnüren dargestellt. Es gab auch kein Geld. Ware wurde gegen Ware getauscht. Gold war das Symbol für den Sonnengott. Es wurde nur zur Herstellung von Schmuck und Kultgegenständen verwendet.

Merkmale einer Hochkultur
- gute Verwaltung
- große Städte
- funktionierende Versorgung mit Nahrung für alle
- verschiedene Berufe
- hoher Entwicklungsstand

Kultgegenstände
heilige Gegenstände, die für religiöse Handlungen, zum Bespiel für einen Gottesdienst, genutzt werden

M5 Bauern bei der Arbeit für den Inka

M6 Der Inka und ein Beamter

M7 Knotenschnüre zur Darstellung von Zahlen

Webcode
Filmclip über das Gold der Inka
WES-110345-5

1. Was erfährst du auf den Bildern M1–M3 über die Inkas? Beschreibe.
2. Welche heutigen Staaten liegen im Gebiet des früheren Inkareichs? (M4, Atlas)
3. Berichte über das Inkareich. (T1)
4. Welche Stellung hatte der Inka? (T2)
5. Welche Rolle spielten Geld und Gold im Inkareich? (T2)
6. a) Beschreibe M5 und M6.
   b) Erkläre, was sich gerade ereignet. (T2)
7. Hilfe Begründe, warum das Inkareich eine Hochkultur war.
   Placemat

Hilfe zu
7 Beachte die Erklärung in der Randspalte.

M1 Der Inkakönig Atahualpa wird festgenommen. (Kupferstich aus dem 16. Jahrhundert)

Vernichtung einer Hochkultur

T1 • Die Ermordung des Inka Atahualpa

Im Jahr 1529 erhielt der Spanier Francisco Pizarro von Kaiser Karl V. den Befehl, Gebiete in Südamerika zu unterwerfen. 1532 begann er mit 180 Mann und zirka 40 Pferden die Eroberung des Inkareiches. Die Spanier waren mit leichten und schweren Feuerwaffen, Armbrüsten und Lanzen bewaffnet. Bei dem Ort Cajamarca traf Pizarros Heer auf den Inkakönig Atahualpa und dessen Gefolge. Die Inkakrieger waren zu Fuß und nur mit Pfeil und Bogen, Speeren und Keulen bewaffnet. Die Spanier nahmen Atahualpa gefangen und töteten 6000 Inka. Spanier starben dabei nicht. Atahualpa ließ als Lösegeld seine Gefängniszelle ca. 2 Meter hoch mit Gold füllen. Trotzdem wurde er von den Spaniern ermordet.

1. Wie war das Heer des spanischen Eroberers Pizarro ausgerüstet? Beschreibe. (M1)
2. Warum waren die Inkakrieger den Spaniern unterlegen? Erkläre. (T1)
3. Versetze dich in eine Person aus M1 und berichte über das, was dort geschehen ist. Entscheide zunächst, ob du aus Sicht eines Inka oder eines Spaniers schreiben möchtest.

(Der Mönch Vicente de Valverde sagte):
„Der Papst hat Macht über alle Herrscher der Welt. Er hat dem spanischen Kaiser den Auftrag erteilt, die Indianer zu unterwerfen und zu bekehren. Francisco Pizarro ist jetzt gekommen, diesen Befehl zu erfüllen. Ich fordere dich, Atahualpa, auf, eurem Irrglauben abzuschwören und das Christentum anzunehmen. Ihr sollt anerkennen, dass Ihr dem spanischen König steuerpflichtig seid."

(Der Inka Atahualpa antwortete):
„Ich werde keinem zinspflichtig sein, denn ich bin der größte Fürst der Erde. Wie kann der Papst Länder verschenken, die ihm nicht gehören? Meinen Glauben werde ich nicht ablegen. Euer Gott ist von den Menschen getötet worden. Mein Gott" – dabei zeigte er auf die Sonne – „lebt im Himmel und blickt auf seine Kinder herab."

M2 Aus einem zeitgenössischen Bericht des Fray Celso Garcia (vereinfacht)

T2 • Die Zerstörung des Inkareiches

Im Jahr 1533 eroberten die Spanier Cuzco, die Hauptstadt des Inkareiches. Die Stadt bot den Spaniern einen beeindruckenden Anblick. Sie hatte ein geplantes Straßennetz, viele Tempel, großartige Paläste und einige Festungen. In Cuzco lebten zu dieser Zeit ungefähr 200 000 Menschen in ca. 20 000 aus Stein erbauten Häusern. Mit der Ermordung Atahualpas und der Eroberung Cuzcos begann der Niedergang des Inkareiches. 1572 wurde der letzte Inkakönig von den Spaniern hingerichtet. Damit hatte das Inkareich aufgehört zu existieren.

bekehren
Wenn man jemanden bekehrt, dann möchte man, dass er seinen Glauben aufgibt und eine neue Religion annimmt.

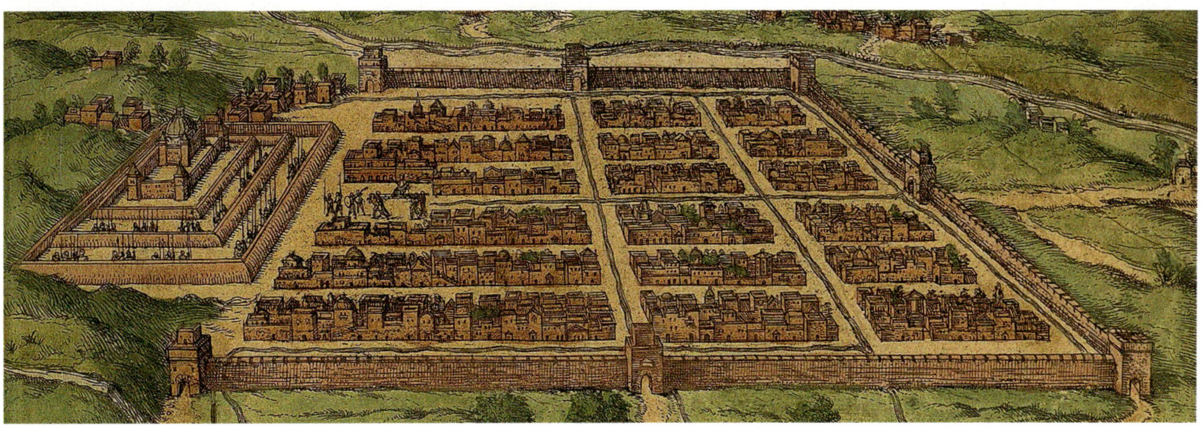

M3 Cuzco – Hauptstadt des Inkareichs (Kupferstich aus dem 16. Jahrhundert)

4 a) Hilfe Arbeite aus der Textquelle M2 die Absichten des Papstes und Pizarros sowie die Antwort Atahualpas heraus. (M2)
b) Schreibe das Gespräch aus M2 mit deinen eigenen Worten auf.

5 Atahualpa zahlte das verlangte Lösegeld und wurde trotzdem ermordet. Wie beurteilst du das Verhalten der Spanier?

6 Hilfe Erstelle eine Zeittafel zur Eroberung des Inkareiches. (T1, T2)

Hilfe zu
4 Der Papst will, dass ... . Pizarro soll ... . Atahualpa soll ... . Er will weder ... noch ... .
6 Notiere 4 Jahreszahlen mit jeweils einem Ereignis: 1529 – ...

M1 Spanische Eroberer treiben die einheimische Bevölkerung, die Azteken, zur Arbeit an. (Ausschnitt aus einer Wandmalerei aus dem Regierungspalast in Mexiko City von Diego Rivera, entstanden 1929–1945)

Die Folgen der Eroberungen

T1 • Die Eroberung der Azteken

Ähnlich wie Francisco Pizarro hatte der Spanier Hernando Cortes von 1519 bis 1522 im heutigen Mexiko das Reich der Azteken erobert und deren Hochkultur vernichtet. Auch Cortes war mit einer verhältnismäßig kleinen Streitmacht aufgebrochen und verfügte über einige Kanonen. Er wurde bei seinem Kampf gegen die Azteken zusätzlich von einem Volk unterstützt, das mit den Azteken verfeindet war.

1 Hilfe Beschreibe die mexikanische Wandmalerei in M1.

2 Wie eroberte Hernando Cortes das Aztekenreich? Berichte. (T1)

Hilfe zu

1 Woran erkennst du die Spanier und die Azteken? Wie verhalten sich die Spanier? Was tun die Azteken?

T2 • Die Ausbeutung Mittel- und Südamerikas

Die Spanier dehnten ihre Herrschaft auf ganz Mittel- und Südamerika aus. Sie machten diese Gebiete zu Kolonien. Zunächst raubten sie die indigenen Völker aus und machten sie zu Zwangsarbeitern. Das heißt, sie zwangen sie beispielsweise dazu, in Bergwerken wertvolle Bodenschätze abzubauen oder auf den Feldern heimische Früchte anzupflanzen und zu ernten. Erze und landwirtschaftliche Erzeugnisse wurden dann nach Europa geschafft und dort zu hohen Preisen verkauft. Diese Ausbeutung anderer Völker nennt man Kolonialismus.

Kolonie
ein Gebiet, das von einem anderen weit entfernten Staat beherrscht und meistens ausgenutzt wird

indigene Völker
Als indigene Völker werden die Ureinwohner eines Landes bezeichnet. In Amerika sind damit alle Menschen gemeint, deren Vorfahren schon vor den Eroberern dort gelebt haben, also zum Beispiel die Nachfahren der Inka.

Die Spanier schleppten die verheirateten Männer zum Goldgraben fort und die Frauen blieben ... auf den Farmen zurück, um dort die Feldarbeit zu verrichten. Sie mussten die Erde mit Pfählen, die im Feuer gehärtet waren, aufbrechen. So kam es, dass die Geburten fast aufhörten. Die neugeborenen Kinder konnten sich nicht entwickeln, weil die Mütter, von Anstrengungen und Hunger erschöpft, keine Nahrung für sie hatten. Aus diesem Grunde starben zum Beispiel auf der Insel Kuba 7000 Kinder im Laufe von drei Monaten; einige Mütter erwürgten vor Verzweiflung ihre Kinder.

So starben die Männer in den Goldminen, die Frauen auf den Farmen vor Erschöpfung. Weite Gebiete, einst von Menschen mit hoher Kultur bewohnt, sind heute entvölkert.

M2 Brief des Bischofs Las Casas an Kaiser Karl V. um 1530 (vereinfacht)

Gier der Eroberer nach Gold und Reichtum

Ausbeutung der indigenen Bevölkerung
-
Verbreitung neuer Krankheiten
-
Geburtenrückgang

Rückgang der Bevölkerung von 75 auf 8 Millionen
-
Zerstörung der indigenen Kulturen

M3 Folgen der Eroberungen für die Ureinwohner

3 Hilfe Wie beuteten die Eroberer die indigene Bevölkerung aus. Beschreibe. (T2)

4 Welche Vorteile hatten die Eroberer von der Ausbeutung? Erkläre. (T2)

5 a) Hilfe Arbeite die wichtigsten Aussagen aus der Quelle M2 heraus.
b) Hilfe Auf wessen Seite stand der Bischof Las Casas? Begründe.

6 Erkläre Ursachen und Folgen der Eroberungen mithilfe von M3.

Hilfe zu

3 Die Spanier zwangen die Einheimischen ... . Die indigenen Völker mussten ... . Die Spanier brachten ... .

5 a) Kläre die Arbeitsbedingungen von Männern und Frauen. Finde heraus, woran Männer, Frauen und Kinder starben.
b) Achte auf bestimmte Wörter, wie zum Beispiel „schleppten“ oder „erschöpft“, und suche weitere heraus.

Textquellen vergleichen

Unterschiedliche Sichtweisen erkennen

Textquellen sind zumeist aus der Sichtweise des Verfassers geschrieben. Wenn du dich mit einem Freund streitest, dann stellt sich auch häufig heraus, dass jeder eine Situation anders bewertet. Vergleichbar ist dies auch mit historischen Ereignissen. Die beteiligten Personen haben oftmals einen anderen Blick auf ein Ereignis. Man sagt, jeder hat seine eigene Perspektive. Um ein Ereignis oder eine Entwicklung beurteilen zu können, müssen wir also die jeweilige Perspektive erkennen. Das gelingt, indem wir unterschiedliche Quellen vergleichen.

Die Motive der Europäer

Den Entdeckern, wie zum Besipiel Kolumbus oder da Gama, folgten die Eroberer. Sie sollten im Auftrag ihrer Könige neue Länder erobern und diese zu Kolonien machen. Dabei hofften sie auf schnellen Reichtum und Gold im Überfluss. Die Eroberer beuteten die Ureinwohner als billige Arbeitskräfte oder Sklaven aus. Auch wollten Spanier und Portugiesen die Ureinwohner missionieren, das heißt zu Christen machen.

M1 Versklavte Indigene, die ihre Arbeit nicht schaffen, werden bestraft. (Buchillustration von 1594)

Da die Indianer nach allgemeiner Aussage sprechenden Tieren gleichen, ein träges Volk ohne Veranlagung zum Guten (sind), kann (man) sie rechtmäßigerweise in Dienstbarkeit versetzen ... (Man verfügt über sie), weil die völlige Freiheit ihnen schadet.

M2 Beichtvater des spanischen Königs Karl V. in einem Bericht im Jahr 1512 (vereinfacht)

Warum unterdrückt ihr sie und beutet sie aus, ohne ihnen Nahrung zu geben und sie zu pflegen, wenn sie krank sind, sodass sie von der übermäßigen Arbeit, die ihr ihnen zumutet, sterben ...? Sind dies nicht Menschen? Haben sie keine vernünftige Seele? Seid ihr nicht verpflichtet, sie zu lieben wie euch selbst?

M3 Der spanische Mönch Antonio de Montesinos in einer Predigt im Jahr 1511 (vereinfacht)

1. Schritt: Textquellen verstehen

- Werte die beiden Textquellen mithilfe der Methodenseite „Textquellen verstehen“ auf Seite 138/139 aus.

2. Schritt: Perspektiven in Textquellen erfassen

- Beschreibe, welche Perspektiven du in den Textquellen erkennen kannst.
  Tipp: Sammle zunächst Stichpunkte. Lege dann eine Tabelle an, in der du die Ergebnisse gegenüberstellst.

	M1	M2
Wer hat die Quelle verfasst? Worum geht es in der Quelle? Wie werden die Ureinwohner beschrieben? Was ist noch auffällig?		

3. Schritt: Die Ergebnisse zusammenfassen und auswerten

- Fasse deine Ergebnisse aus Schritt 1 und 2 in einem kurzen Text zusammen.
  Die Quelle M1 zeigt die Sichtweise .... In M2 hingegen erkenne ich .... Beide Textquellen beschreiben, wie .... In M1 zeigt sich der Blick der Spanier .... Das erkenne ich an .... Die Ureinwohner werden als ... bezeichnet. In M2 hingegen wird die Situation der Ureinwohner .... Die Ureinwohner werden auch als ....
- Überlege, ob sich aus dem Inhalt der Textquellen mögliche Konfliktsituationen erkennen lassen.
  Ich vermute, ... Ich frage mich, ... Ich könnte mir vorstellen, dass .... Wahrscheinlich ....
- Notiere, was du noch wissen möchtest. Welche Fragen sind offen geblieben?

M1 Afrikanische Sklavenhändler treiben gefangene Afrikaner an die Westküste Afrikas, um sie dort an europäische Händler zu verkaufen. (Darstellung um 1870)

Sklaven für Amerika

T1 • Der Dreieckshandel

Millionen von Ureinwohnern Südamerikas waren durch die Spanier ums Leben gekommen. Nun fehlten in Bergwerken, auf Plantagen und Farmen die billigen Arbeitskräfte. Deshalb verschleppten europäische Sklavenhändler Afrikaner als Sklaven über den Atlantik. Die Bedingungen auf den Sklavenschiffen waren so schlimm, dass jeder Zweite die Reise nicht überlebte.

M2 Darstellung eines Sklaventransportschiffs (Kupferstich, 18. Jahrhundert)

1 Welche Gedanken und Gefühle könnten die gefangenen Männer, Frauen und Kinder gehabt haben? Formuliere aus der Sicht einer Person in M1.
Marktplatz

2 Warum wurden Afrikaner als Sklaven nach Amerika gebracht? Erkläre. (T1)

3 Hilfe Wie wurden die Sklaven auf dem Transport behandelt? (T1, M1, M2)

Hilfe zu

3 Auf dem Bild M1 sieht man eine Gruppe von afrikanischen Männern, Frauen und Kinder. Die Männer tragen … . Die Sklavenhändler … .

Hier in Afrika wurden Menschen nun einmal als Waren angesehen. Sie wurden gegen Waren aus Europa eingetauscht. Also kam es hauptsächlich darauf an, solche Artikel zu wählen, nach denen die Schwarzen am meisten verlangten. Schießgewehre aller Art und Schießpulver nahmen die erste Stelle ein. Fast ebenso begehrt waren Tabak und Stoffe aus Baumwolle, Leinen und Seide. Den Rest der Ladung füllten Kleinigkeiten wie kleine Spiegel, Messer aller Art, bunte Korallen, Nähnadeln und Zwirn sowie feines Geschirr, Feuersteine, Fischangeln und dergleichen.

M3 Der deutsche Sklavenhändler Joachim Nettelbeck (1772)

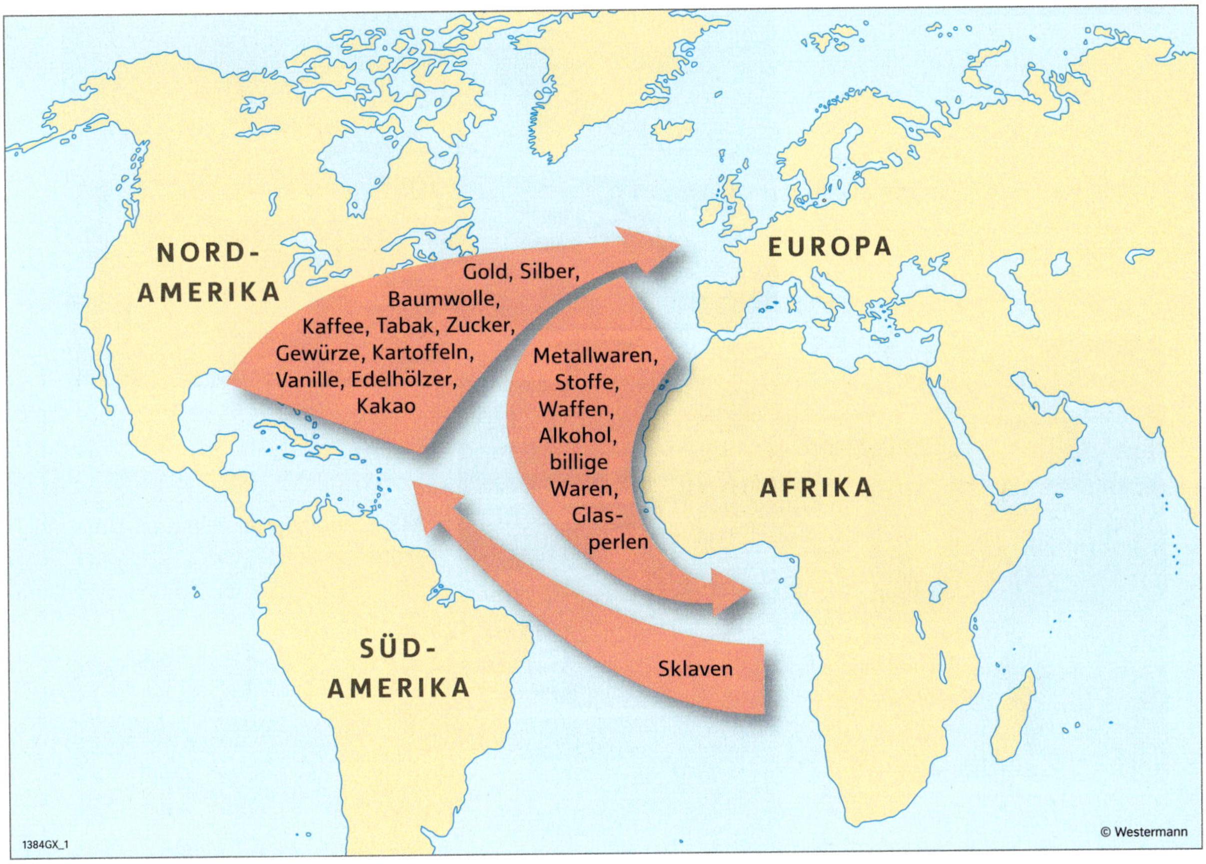

M4 Der Dreieckshandel

④ Werte die Quelle M3 aus:
a) Als was wurden Menschen in Afrika angesehen?
b) Welche Waren brachte der Händler Nettelbeck aus Europa mit?
c) Wer waren seine Handelspartner?
Lerntempoduett

5 Hilfe Wie funktionierte der Dreieckshandel zwischen Europa, Afrika und Amerika? Beschreibe. (M4)

Hilfe zu
5 Die Europäer brachten billige Waren … . In Afrika … . In Amerika … .

M1 Grundschule im Hochland von Peru (Foto von 2001)

M2 Kinderarbeit in einer Ziegelfabrik in Peru (Foto von 2008)

M3 Elendsviertel in Venezuela (Foto von 2004)

M4 Kartoffelernte in den Anden von Peru (heutiges Foto)

Die Folgen der Eroberungen heute

T1 • Not leidende Bevölkerung

Bis Anfang des 19. Jahrhundert befreiten sich die Bewohner Mittel- und Südamerikas von der spanischen Kolonialherrschaft. In der Zeit danach entstanden neue Staaten. Aber noch heute beeinflusst die vergangene Kolonialzeit die Gegenwart dieser Staaten.

Die Nachkommen der Spanier bilden noch heute eine kleine, aber reiche Oberschicht. Die große Masse der Bevölkerung, besonders die Indios als Nachkommen der Ureinwohner, sind sehr arm. Viele können oft weder lesen noch schreiben. Viele Kinder besuchen nicht die Schule, sondern gehen arbeiten. Sie müssen mit ihrem Verdienst zum Unterhalt der Familie beitragen.

Kolonialzeit
Zeit, in der ein Land Kolonie war und von einem fremden Staat geführt wurde

Lateinamerika
Bezeichnung für die Länder Mittel- und Südamerikas

> Windschiefe Hütten, rauchende Abfallberge zwischen den Behausungen, herumstreunende Hunde und (ständig) unterernährte Kinder – das ist die „Villa el Salvador“ in Lima ... Nur ein kleiner Teil der Behausungen verfügt über Kanalisation, sodass Abwässer und Trinkwasser immer wieder miteinander in Berührung geraten (sich vermischen) – ideale Voraussetzungen für die Ausbreitung von Krankheiten.

M5 Leben in einem Elendsviertel in Lima (Zeitungsausschnitt)

T2 • Die wirtschaftliche Situation

Viele Länder Lateinamerikas besitzen kaum Industrie. Die Menschen leben häufig von der Landwirtschaft sowie dem Verkauf von Südfrüchten und Erzen ins Ausland. Die Einnahmen aus diesen Geschäften sind sehr niedrig. Deshalb müssen diese Länder Schulden machen. Nur so können sie die teuren Waren und Maschinen im Ausland einkaufen.

Die geringen Einnahmen und hohen Ausgaben wirken sich in verschiedenen Bereichen aus: Schulen sind teilweise schlecht ausgestattet, die Löhne sind gering oder es fehlt an modernen Maschinen.

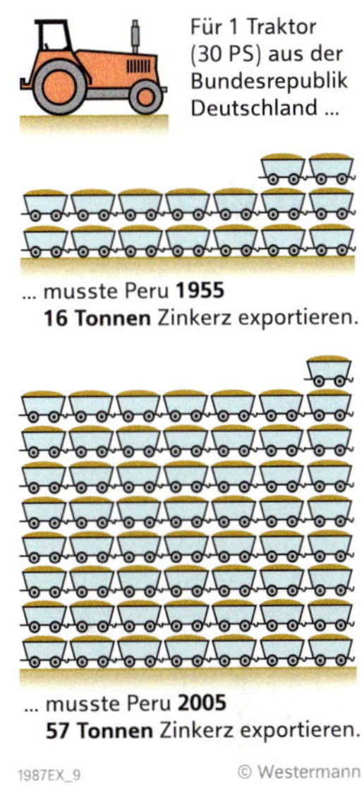

M6 Veränderung der Preise für Rohstoffe und Fertigwaren

1. Hilfe Betrachte M1 und vergleiche das Bild mit deinem Klassenraum.
   Think – Pair – Share
2. Wie leben die Menschen in Südamerika nach dem Ende der Kolonialzeit? (T1, M1 – M4)
3. Hilfe Beschreibe M3.
4. a) Nenne fünf Merkmale des Elendsviertels „Villa el Salvador“. (M5)
   Bienenkorb
   b) Welche Gefahr besteht, wenn Trinkwasser und Abwässer sich vermischen? Erkläre. (M5)
5. a) Wovon leben viele Menschen in Mittel- und Südamerika? (T2)
   b) Warum müssen diese Länder im Ausland Schulden machen? (T2)
6. Warum ist es für Peru schlecht, wenn der Preis für Zinkerze sinkt? Erkläre. (M6)

Hilfe zu
1. Stelle Vergleiche zu folgenden Punkten an: Tische, Stühle, Schränke, Medien usw.
3. Gehe zum Beispiel auf das Aussehen der Häuser und den Zustand der Straße ein.

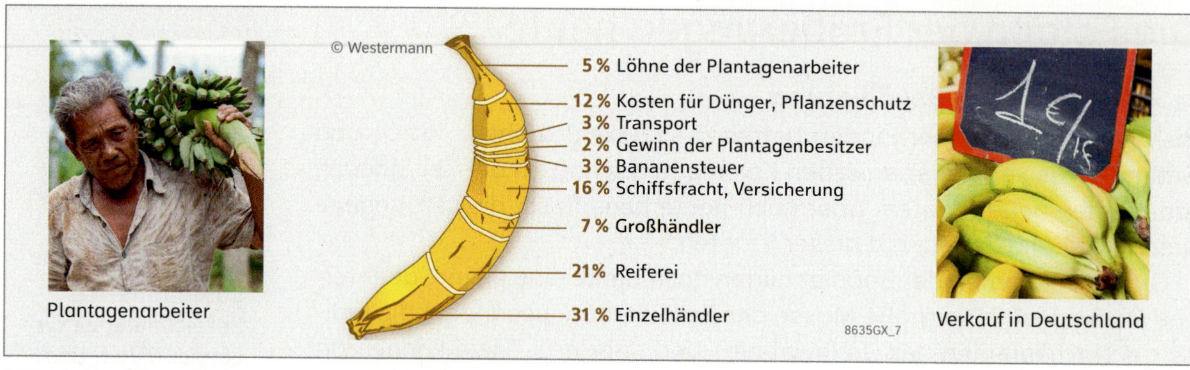

M1 Verkaufsanteile an einem Kilogramm Bananen

Mittel gegen die Ausbeutung

T1 • Fairer Handel

Die Staaten Mittel- und Südamerikas, Afrikas und Teile von Asien waren bis ins 20. Jahrhundert Kolonien. Sie durften keine gewinnbringenden Industrien aufbauen und mussten vorwiegend Rohstoffe zu Billigpreisen in die Mutterländer liefern. In den Nachfolgestaaten der Kolonien hat sich die Situation kaum verändert. Rohstoffe wie Kakao, Kaffee und Südfrüchte werden immer noch so billig ins Ausland verkauft, dass für die Bauern kaum Gewinn bleibt. Dies will der faire Handel bekämpfen.

FAIRTRADE ®

M2 TransFair-Logo

Entwicklungsländer
Länder, die im Vergleich zu anderen weniger entwickelt sind. Menschen dieser Länder verdienen oft zu wenig Geld, um ihre Familien zu ernähren.

Genossenschaften
Personen oder Betriebe, die sich zusammengeschlossen haben, um für ein gemeinsames Ziel zu arbeiten

1. Der faire Handel unterstützt Bauern in den Entwicklungsländern, um ihnen ein Leben aus eigener Kraft zu ermöglichen.
2. Durch gerechte Handelsbeziehungen sollen die Lebensbedingungen der Menschen in den Ländern des Südens verbessert werden. TransFair will benachteiligte Kleinbauern und ihre Genossenschaften sowie die Tagelöhner auf Plantagen erreichen.
3. TransFair zahlt für die Produkte garantierte Mindestpreise. So werden die Produktionskosten gedeckt und es bleibt Geld für Ausgaben in der Zukunft.

M3 Ziele von TransFair (vereinfacht)

1 Betrachte M1 genau:
a) Wie viel Cents verdienen die Arbeiter einer Bananenplantage vom Verkauf eines Kilogramms Bananen?
b) Wer bekommt das meiste Geld?
c) Was würde ein Kilogramm Bananen kosten, wenn die Arbeiter den doppelten Lohn erhalten würden?
Stühletausch

2 Welche Probleme haben Länder, die früher Kolonien waren, bis heute? (T1)

3 Werte M3 aus:
a) Wen unterstützt der faire Handel?
b) Was will der faire Handel erreichen?
c) Wie werden ein gerechter Lohn und Ausgaben für die Zukunft gesichert?

4 Diskutiert, ob ihr für Fair-Trade-Produkte mehr Geld ausgeben würdet.

T2 • Das Projekt Waliki aus Hildesheim

TransFair sorgt für eine faire Bezahlung der Rohstofferzeuger, also meist der Bauern. Andere Projekte, wie zum Beispiel das Unternehmen Waliki in Bolivien, gehen einen Schritt weiter. Es fördert auch die Weiterverarbeitung von Rohstoffen im Land selbst. Dies führt zu mehr Arbeitsmöglichkeiten im Land. Auf diese Weise bleibt am Ende mehr Gewinn für mehr Menschen.

Rohstofferzeuger
Hiermit sind Personen oder Betriebe gemeint, die etwas anbauen und ernten, es aber nicht weiterverarbeiten. So werden zum Beispiel Kaffeebohnen von Bauern angepflanzt und geerntet – sie erzeugen also den Rohstoff Kaffeebohnen. Die Weiterverarbeitung zu Kaffeepulver, das heißt das Rösten und Mahlen der Bohnen, findet woanders statt.

1. Armut lässt sich am besten bekämpfen, wenn Menschen angemessen bezahlt werden. Was bei Waliki unterm Strich übrig bleibt, fließt sofort wieder in das Unternehmen zurück. Das sichert einen guten Lohn, menschenwürdige Arbeitszeiten, eine Krankenversicherung und bezahlten Mutterschutz.
2. Hauptprodukte von Waliki sind Pullover und andere Strickwaren wie Westen, Schals, Mützen und Jacken aus Alpaka-Wolle. Wir verwenden einen einheimischen Rohstoff: das Garn aus der Wolle der Alpakas. Jeder Schal, jeder Pullover ist hochwertige Handarbeit. Gut 300 Mitarbeiter zählt Waliki zurzeit. Sie arbeiten in 56 kleinen Werkstätten.

M4 Der Geschäftsführer Martin Schwark über das Waliki-Projekt, das die Herstellung und Vermarktung von Mode aus Bolivien fördert. (vereinfacht)

M5 Züchter mit Alpaka

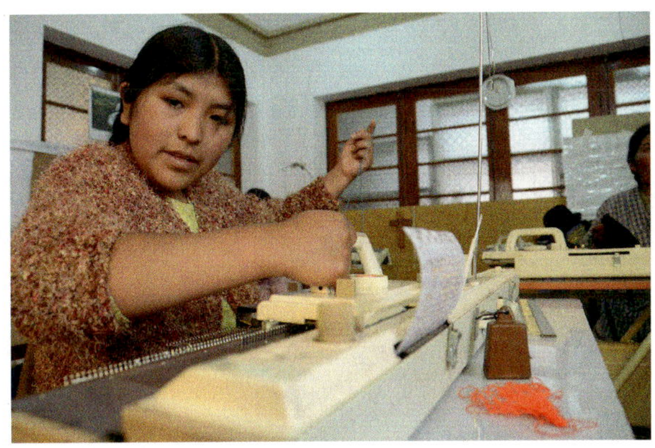

M6 Waliki-Arbeiterinnen bei der Verarbeitung von Alpakawolle

⑤ Hilfe Worin liegt der Unterschied zwischen der Arbeit von TransFair und dem Projekt Waliki? Erkläre. (T2, M5, M6)

⑥ Arbeite aus M4 Informationen über das Waliki-Projekt heraus:
a) Auf welche Weise möchte Waliki Armut bekämpfen?
b) Welche Produkte werden bei Waliki hauptsächlich gefertigt?

⑦ Hilfe Beurteile die Arbeit des Waliki-Projektes. (T2, M4–M6)

Hilfe zu
⑤ Du kannst zunächst die Unterschiede übersichtlich in einer Tabelle gegenüberstellen. Erkläre dann mit eigenen Worten.
⑦ Du kannst die Seite 160/161 zum Operator „beurteilen“ zur Hilfe nehmen.

1450
Gutenberg erfindet den Buchdruck

1492
Kolumbus entdeckt Amerika

1498
da Gama findet den Seeweg nach Indien

1519–22
Magellan umsegelt die Erde

1529–1533
Eroberung des Inkareiches

Versklavung und Vernichtung indigener Kulturen →

1543
Kopernikus veröffentlicht die Entdeckung des heliozentrischen Weltbildes

Ende des 17. Jh. bis Anfang des 19. Jh.
Dreieckshandel →

1450 | 1475 | 1500 | 1525 | 1550 | 1575 | 1600 | 1625

Zeit der Entdeckungen

Welche Auswirkungen hatten wichtige Erfindungen?

Durch Gutenbergs Erfindung des Buchdrucks konnten Bücher, kleinere Schriften und Flugblätter schnell und in großer Zahl hergestellt werden. Dadurch verbreiteten sich neue Erkenntnisse und Ideen sehr schnell und beeinflussten das Denken der Menschen.

Nach der Erfindung des Kompasses konnten die Seefahrer auf das offene Meer fahren. Mit diesem Gerät konnten sie feststellen, in welche Richtung sie segelten. Dadurch waren die Reisen von Christoph Kolumbus, Vasco da Gama und Ferdinand Magellan erst möglich geworden.

Warum erforschten die Europäer unbekannte Gebiete der Erde?

Christoph Kolumbus und Vasco da Gama wollten auf ihren Entdeckungsreisen einen Seeweg nach Indien finden. Dadurch sollten begehrte indische Waren, wie zum Beispiel Gewürze, Seide und Duftstoffe, schneller und billiger nach Europa gebracht werden.

Durch die Fahrt von Kolumbus wurden Amerika und dessen Hochkulturen entdeckt. Die Azteken und Inkas waren mächtige Reiche, die über Gold und andere Bodenschätze verfügten. Dies weckte bei den Spaniern die Gier nach schnellem Reichtum. Sie erkundeten weite Teile Mittel- und Südamerikas und vernichteten die südamerikanischen Hochkulturen. Die indigene Bevölkerung wurde ausgebeutet und versklavt.

Welche Folgen hatten die Eroberung und Ausbeutung Südamerikas?

Die Nachkommen der Spanier herrschen noch heute über die große Masse der Bevölkerung. Besonders indigene Bevökerungsgruppen sind häufig sehr arm und können oft weder lesen noch schreiben.

Die Staaten Süd- und Mittelamerikas leben zu einem Großteil von der Landwirtschaft und dem Verkauf von Südfrüchten und Erzen ins Ausland. Weil die Einnahmen aus diesen Geschäften sehr niedrig sind, müssen diese Länder Schulden machen. Nur so können sie teure Waren und Maschinen im Ausland einkaufen.

Buchdruck

Um 1450 erfand Johannes Gutenberg den Buchdruck. Sein erstes großes Druckwerk war die Bibel. Dank Gutenbergs Erfindung konnten nun Bücher schneller und in großer Zahl hergestellt werden. Neben Büchern wurden auch Flugblätter zu aktuellen Themen vervielfältigt und verbreitet. Diese konnten auch von einfachen Leuten gekauft werden. Immer mehr Menschen wollten nun das Lesen lernen, um die neuen Schriften lesen zu können.

heliozentrisches Weltbild

Im 16. Jahrhundert, zu Beginn der Neuzeit, beschrieb der Astronom Nikolaus Kopernikus das heliozentrische Weltbild, nach dem die Sonne im Zentrum steht und die Erde, wie auch die anderen Planeten, um die Sonne kreist. Den Beweis lieferte um 1600 der Astronom und Physiker Galileo Galilei.

Dreieckshandel

Der Dreieckshandel entwickelte sich Ende des 17. Jahrhunderts zwischen Europa, Afrika und Amerika. Die Europäer brachten billige Waren nach Afrika und kauften dafür Schwarzafrikaner als Sklaven ein. Diese wurden in die amerikanischen Kolonien gebracht und dort an Grundbesitzer verkauft. Von den amerikanischen Kolonien wurden Kaffee, Kakao, Gewürze, Zucker oder Baumwolle nach Europa verkauft.

Hochkultur

In einer Hochkultur gibt es große Städte, ein Verkehrsnetz und eine funktionierende Verwaltung. Die Menschen üben verschiedene Berufe aus und werden mit allen lebenswichtigen Dingen versorgt. Hochkulturen entwickelten in Mittel- und Südamerika zum Beispiel die Azteken in Mexiko und die Inkas in Peru.

geozentrisches Weltbild

Im alten geozentrischen Weltbild ist die Erde Mittelpunkt des Weltalls. Sonne, Mond und alle Planeten drehen sich um die Erde. Die Gestalt der Erde in diesem Weltbild beschrieb der Grieche Thales von Milet um 600 v. Chr. als eine große Scheibe. Schon um 150 n. Chr. lehrte der griechisch-römische Forscher Ptolemäus, dass die Erde eine Kugel sei. Er betrachtet sie ebenfalls als den Mittelpunkt des Weltalls.

Inka

Inka hieß der Herrscher des Inkareichs. Das Volk verehrte ihn als Gottkönig. Die Menschen gehorchten ihm bedingungslos. Dafür konnten sie sich darauf verlassen, dass der Inka für sie sorgte. 1532 begann der Spanier Franzisco Pizarro mit der Eroberung des Inkareiches. 1572 wurde der letzte Inka ermordet. Das war das Ende dieser Hochkultur.

Kolonialismus

Von Kolonialismus spricht man, wenn ein Staat fremde Gebiete besetzt, die Bevölkerung unterwirft, zur Zwangsarbeit versklavt und das Land ausbeutet.

Zeit der Entdeckungen

1. Buchstabenrätsel

In dem Rätsel sind 20 Begriffe (10 waagerecht, 10 senkrecht) versteckt.

a) Kopiere die Seite und markiere die Begriffe.

	1	2	3	4	5	6	7	8	9	10	11	12	13	14	15	16	17	18
1	B	C	A	T	A	H	U	A	L	P	A	D	E	F	G	K	H	I
2	M	N	O	P	Q	R	F	Q	U	I	P	U	T	U	V	O	W	X
3	I	N	K	A	Z	E	I	L	K	Z	E	Y	V	S	Z	M	A	D
4	Q	W	E	R	T	Z	U	I	O	A	P	A	S	K	D	P	K	F
5	E	W	G	U	T	E	N	B	E	R	G	U	T	O	D	A	O	H
6	H	J	O	D	A	S	W	E	R	R	T	Z	U	R	B	S	P	G
7	K	O	L	O	N	I	E	V	K	O	L	U	M	B	U	S	E	A
8	T	E	D	R	W	N	H	G	F	D	A	J	K	U	C	M	R	N
9	A	S	X	D	F	D	G	H	J	K	S	L	A	T	H	B	N	C
10	R	T	V	W	E	I	Z	U	I	O	C	P	Q	W	D	E	I	T
11	S	P	A	N	I	E	N	M	D	A	A	A	M	E	R	I	K	A
12	E	Y	S	X	C	N	V	A	B	N	S	M	O	P	U	Q	U	R
13	E	S	C	D	E	F	H	G	I	J	A	N	M	P	C	O	S	Z
14	W	E	O	R	T	Z	U	E	D	F	S	G	H	J	K	K	L	O
15	E	R	D	I	Y	X	C	L	V	B	N	M	Q	W	E	R	T	Z
16	G	F	A	H	Z	T	R	L	E	W	Q	H	G	D	S	A	L	K
17	Q	V	G	L	E	O	N	A	R	D	O	D	A	V	I	N	C	I
18	W	B	A	G	L	K	J	N	J	H	G	F	F	D	S	E	R	T
19	E	T	M	E	A	S	D	F	G	H	Z	N	A	Q	T	R	E	W
20	R	N	A	W	D	R	E	I	E	C	K	S	H	A	N	D	E	L

b) Formuliere zu fünf Begriffen deiner Wahl Fragen für einen Test.

c) Fragt euch mithilfe eurer Fragen gegenseitig ab.

Kugellager oder *Gruppenturnier*

2. Richtig zuordnen

Ordne die nachfolgenden Sätze dem geozentrischen bzw. dem heliozentrischen Weltbild zu. Übertrage die Tabelle in deine Mappe.

Die Planeten kreisen um die Sonne. – Die Sonne kreist um die Erde. – Die Erde ist eine Kugel. – Die Sonne ist der Mittelpunkt des Universums. – Die Erde dreht sich um ihre eigene Achse. – Die Erde ist eine Kugel – Die Planeten kreisen um die Erde. – Ptolemäus – Kopernikus – Die Erde kreist um die Sonne. – Die Erde ist Mittelpunkt des Universums.

geozentrisches Weltbild	heliozentrisches Weltbild

Stühletausch

3. Richtig oder falsch

a) Prüfe, welche Aussagen richtig oder falsch sind.

Neue Erkenntnisse

1. Im 15. und 16. Jahrhundert machte die Wissenschaft große Fortschritte.
2. In der Medizin waren nun Operationen mit Narkose möglich.
3. Die Erfindung des Kompasses erleichterte die Seefahrt.
4. Johannes Gutenberg hat um 1450 den Buchdruck erfunden.
5. Die Neuzeit begann um 1400 n. Chr.

Neue Entdeckungen

1. Ende des 15. Jahrhunderts wollten Seefahrer einen Weg nach Amerika finden.
2. Die Seefahrer hofften, wertvolle Duftstoffe, Seide und Gewürze erwerben zu können.
3. Christoph Kolumbus entdeckte den Seeweg nach Indien.
4. Vasco da Gama eroberte das Inkareich.
5. Ferdinand Magellan umsegelte die Welt.

b) Schreibe zu jedem Thema die Sätze mit dem jeweils richtigen Inhalt auf. Überprüft gegenseitig, ob ihr die Merksätze richtig formuliert habt.

Lerntempoduett

4. Geschichtsdomino

a) Übertrage die Karten in der richtigen Reihenfolge wie eine Dominokette in dein Heft.

... indem er den Spaniern Gold anbot.	Pizarro nahm das Gold; trotzdem ...
START	Francisco Pizarro ...
... ließ er Atahualpa ermorden.	Pizarro sammelte seine Truppen, ...
... eroberte das Inkareich.	Das Inkareich ...
... nahm Atahualpa gefangen.	Atahualpa wollte sich freikaufen, ...
... war eine Hochkultur. Sein Herrscher hieß Atahualpa.	Atahualpa war ...
... misstrauisch gegenüber den Spaniern.	Francisco Pizarro ...
... und eroberte Cuzco, die Hauptstadt des Inkareiches.	**ENDE**

b) Wiederholt die Folgen der Eroberung und tauscht euch aus.

Marktplatz oder *Bienenkorb*

Textquellenverzeichnis

Leben in frühzeitlicher Geschichte

25 M3 Tattersall, Ian: Ein neues Modell der Homo-Evolution, In: Spektrum der Wissenschaft, Heidelberg Juni 1997, S. 64. Bearbeitet.

Ägypten – eine frühe Hochkultur

60 M3 Erman, Adolf: Ägypten und ägyptisches Leben im Altertum. Gerstenberg Verlag, Hildesheim 1981, S. 469.

77 M3 Herodot Historien Buch 2, Kapitel 86-88 Übersetzt von Walter Marg, 1973, Artemis Verlag, Zürich/München

Römer und Germanen

89 M2 Lautemann, Wolfgang/Manfred Schlenke/ Walter Arend: Geschichte in Quellen. Band 1 – Altertum. Bayerischer Schulbuch-Verlag, München 1978, S. 641 f. Bearbeitet.

94 M2 Ebenda, S. 594f. Bearbeitet.

96 M2 Davis, Lindsey: Silberschweine. Droemer Knaur Verlag, München 1996, S. 28f.

100 M2 Borries, Bodo von: Römische Republik. Weltstadt ohne Frieden und Freiheit. Klett Verlag, Stuttgart 1980, S. 89.

101 M5 Weeber, Karl-Wilhelm: Alltag im alten Rom: Das Leben in der Stadt. Patmos Verlag, Düsseldorf 2003, S. 330. Bearbeitet.

102 M1 Tacitus, Cornelius: Germania IV und XX. Reclam, Stuttgart 1977, S. 9/31. Bearbeitet.

104 M2 Tacitus, Cornelius: Germania XVI. Reclam, Stuttgart 1977, S. 25. Bearbeitet.

105 M3 Tacitus, Cornelius: Germania II. Reclam, Stuttgart 1977, S. 5. Bearbeitet.

Mittelalter

120 M3 Schmid, Heinz-Dieter (Hg.): Fragen an die Geschichte – Band 2. Hirschgraben-Verlag, Frankfurt am Main 1981, S. 15.

131 M3 Pleticha, Heinrich: Ritter, Burgen und Turniere. Arena Verlag, Würzburg 1969, S. 25. Bearbeitet.

135 M6 Steidle, Basilius: Die Benediktusregel - lateinisch-deutsch. Beuroner Kunstverlag, Beuron 1975, S. 35f. Bearbeitet.

138 M1 Cassel, Clemens: Geschichte der Stadt Celle – mit besonderer Berücksichtigung des Geistes- und Kulturlebens der Bewohner. Bd. 1. Ströher Verlag, Celle 1930, S. 35f. Bearbeitet.

147 M3 Fischer, Wolfram: Quellen zur Geschichte des deutschen Handwerks. Musterschmidt-Verlag, Göttingen 1957, S. 25ff. Bearbeitet.

Neues Weltbild, Erfindungen und Entdeckungen

157 M2 Codex Atlanticus, In: Ladislao Reti (Hg.): Leonardo – Künstler, Forscher, Magier. Büchergilde Gutenberg, Stuttgart 1974, S. 7. Bearbeitet.

164 M1 Zitiert nach: Kopiervorlagen Durchblick 7/8 GSW Niedersachsen. Westermann Verlag, Braunschweig 1998, S. 24.

175 M3 Prescott, William: Die Eroberung Perus. Dieterich, Leipzig 1975, S. 49ff.

177 M2 Wolfgang Lautemann/Manfred Schlenke, Geschichte in Quellen - Band 3: Renaissance, Glaubenskämpfe, Absolutismus. Bayerischer Schulbuch-Verlag, München 1976, S. 76f. Übersetzt von Fritz Dickmann. Bearbeitet.

177 M3 Ebenda, S. 73. Bearbeitet.

179 M2 Enzensberger, Hans-Magnus (Hg.): Bartholomeo de las Casas. Insel Verlag, Frankfurt am Main 1981, S. 20. Bearbeitet.

181 M3 Brockhaus-Redaktion (Hg.): Brockhaus. Die Bibliothek. Die Weltgeschichte - Band 4: Wege in die Moderne (1650-1850). Bibliographisches Institut & F.A. Brockhaus AG, Leipzig/Mannheim 1998, S. 331.

183 M5 Frankfurter Rundschau, 6.1.1986

184 M3 Fairtrade, Übersetzt von Regina Volkmer, https://www.fairtrade-deutschland.de/fileadmin/DE/mediathek/pdf/fairtrade_allgemein_sdg.pdf

185 M4 Martin Schwark, Waliki - Kunst und Mode. Made in Bolivia, http://www.walikishop.de/Waliki

Bildnachweis

akg-images, Berlin: 5 u. (P. Connolly), 32 M1, 62 M1, 70 M2 (E. Lessing), 84 M1 (P. Connolly), 87 M2, 93 (P. Connolly), 98 M1, 98 M2 (Nimatallah), 103 M4, 114 (P. Connolly), 119 M2, 120 M1, 122 M1.2, 124 M2, 129 M2.1 -.5, 129 M2.6 (S. Bening), 131 M2, 134, 134 M3, 135 M7, 141 M2, 150, 152, 155 M2, 158 M1 +158 M2, 160 o., 161 u., 164 M2, 169 M2, 176 M1, 178 M1, 180 M1, 186, 188.1 (Album/Oronoz)
alamy images, Abingdon/Oxfordshire: 21 M3 (imageBROKER), 25 M4.1 (The Natural History Museum), 77 M2 (jackie ellia), 99 M3 (Universal Images Group North America LLC), 101 M4 (Heritage Image Partnership Ltd), 110 M1 (Alex Timaios Photography), 110 M3 (J. Sackermann), 156 M1 (Granger Historical Picture Archive), 167 M3.1 - .3 (A. Ramsey), 173 M7 (Lanmas), 185 M5 (A. Rotenberg)
Archäologisches Landesmuseum, Baden-Württemberg: 110 M6
Askani, B., Schwetzingen: 124 M3
Astrofoto, Sörth: 55 M3 (NASA)
Bilderberg, Hamburg: 22 1 (Th. Ernsting)
Bischöfliche Aktion Adveniat, Essen: 185 M6 (Carolon Kronenburg/ Adveniat)
Bönisch, Hildesheim: 14 (7)
bpk–Bildagentur, Berlin: Vorsatz li.u., 6 M1, 9 M1.4, 11, 53 M3, 56 M2, 58, 59, 80, 94 M1, 110 M5, 134 M4 (Robana Picture Library), 142 M1, 154, 169, 174 M1 (SMB/Kunstbibliothek), 175 M3 (A. Dagli Orti), 180 M2, 186
Bridgeman Images, Berlin: 140 M1 – M3 (Giraudon), 152 (Giraudon), 160 M1 (Universitätsbibliothek, Gottingen)
Carls, C., Hamburg: 168 M1 Hintergr.
Die Illustratoren, Hamburg: 30 M1 (Tom Ungemach)
Druwe & Polastri, Cremlingen: 15.1
Eckhardt, H.-W., Hameln: 85 M3, 106, 114
Faust, A., Meppen: 149 (3)
Feist, J., Pliezhausen: 32 M2
Fischer Kinder- und Jugendbuch Verlag GmbH, Frankfurt/M.: 6 o. + 118 M1 + 145 + 150 u. (Illustration aus: Auf der Gasse und hinter dem Ofen. eine Stadt im Spätmittelalter von Jörg Müller © S. Fischer Verlag gmbH, Frankfurt am Main, 2017, erstmals erschienen 1995 im Sauerländer Verlag)
Focus, Hamburg: 79 M2 (Science Photo Library), 172 M2 (H.W. Silvester)
Foddanu, M., Hamburg: 9 M2
fotolia.com, New York: 95 M3.D (nikhg), 110 M2 (S. Körber), 182 M4 (chris74), 184 M1.1 (weekender120)
FRAMEPOOL AG, München: 95 M3.F
Gurche, John, Trumansburg, NY: 4 u., 18 M1, 24, 48
Hamburger Museum für Archäologie, Hamburg: 37 M2
Herzog August Bibliothek, Wolfenbüttel: 122 M1.1 (Cod. Guelf. 3.2 Aug. 2°, folio 10r), 122 M1.3 (Cod. Guelf. 3.1 Aug. 2°, folio 65v)
Heyden, A. A . M. van der, Naarden: 53 M2, 54, 80
Institut für Ur- und Frühgeschichte und Archäologie des Mittelalters - Eberhard Karls Universität Tübingen: 10 M1.1li. + 12 M1 (H. Jensen)
Interfoto, München: 156 M2 (Granger)
iStockphoto.com, Calgary: 17 M2.6 (rusm), 95 M3.A (mmac72), 95 M3.C (M. Krakowiak), 172 M1 (Aurelie1)
JOKER:, Bonn: 17 M2.1 (K.-H. Hick)
Kesper, Ingrid, Salzkotten: 28 M1 + 50 Mi., 29 M2 +, 51 (3), 148 M1
Landesmedienzentrum Baden-Württemberg, Stuttgart: 134 M2
Landesmuseum für Vor- und Frühgeschichte, Dresden: 10 M1.1b
Landesmuseum Natur und Mensch, Oldenburg: 38 M3
Landesmuseum Württemberg, Stuttgart: 43 M4.1 +.2
Langner & Partner, Hemmingen: 77 M4, 148 re.u.
Liechtensteinisches Landesmuseum, Vaduz: 38 M2 re.
Liepe, J., Berlin: 71 M3
Lotos Film, Kaufbeuren: 60 M2
LWL-Landschaftsverband Westfalen-Lippe - LWL-Medienzentrum, Münster: 20 M1
LWL-Museum für Archäologie, Herne: 11 M1.3, 38 M2
Mager, F.-P., Gengenbach: 159 M3 u.
mediacolor's Fotoproduktion, Zürich: 61 M3 (Grabinger)
National Maritime Museum, London: 166 M2
Naumann, A., Aachen: 189 u. (2)
Pankratz, W., Wallenhorst: 40 M1 (3), 41 M3 (3)
Pape, L., Wendeburg: 17 M2.5
Pfannenschmidt, D., Hannover: 54 M2, 86 M1
Picture-Alliance, Frankfurt/M.: 22 2 (dpa/R. Kremming), 25 M4.2 (AP Photo), 39 M5 (ZB/P. Pleul), 41 M4.2 (ZB/J. Büttner), 43 M4.3 (akg-images/E. Lessing), 76 M1 (dpa/A. Kräuse), 78 M1 (dpa/K. Scholz), 95 M3.B (Bildagentur Huber/G. Simeone), 112 M1.1 + .2 (dpa/C. Jaspersen), 113 M2 (akg-images/Museum Kalkriese), 143 M4 (dpa/R. Haid), 152 (dpa/R. Haid), 155 M3 (EPA/C. Sanchez), 172, 182 (EPA/C. Sanchez), 182 M2 (dpa), 186 (EPA/C. Sanchez)
Römisch-Germanisches Museum, Köln: 108 M1 (Roderic Stokes)
Römisch-Germanisches Zentralmuseum, Mainz: 88 M1.1
Rosgartenmuseum, Konstanz: 29 M3
Scala Archives, Bagno a Ripoli/Firenze: 101 M3 (mit freundl. Genehmigung Ministero per i Beni e le Attività Culturali)
Schönauer-Kornek, S., Wolfenbüttel: 70 M1, 89 M3
Schwarz, Thies, Hannover: 45 RS, 66 1, 67 1, 83 (6), 87 M3, 92 RS, 116 M1, 126 M1 + M2, 127 M3, 136 M1, 153 u.
Shutterstock.com, New York: 172 M3 (Jess Kraft)
Siekerschule, Bielefeld: 11 M1.5
Spangenberg, Frithjof, Konstanz: 4 o., 8 M1, 19 M1, 21 M4, 26 M1 + M3, 27 M4 - M6, 31 M2, 33 M3, 42 M1 + M2, 48, 51, 56 M1, 57 M3 (4), 63 M2, 64 (2), 68 M2, 69 M4, 73 M2, (5), 85 M1, 96, 100 M1, 102 M2, 104 M1, 105 M4, 109 M2, 114, 119, 121 M3, 123 M2, 124, 128 M1, 130 M1, 133 (5), 137 M2 (4), 150, 152.1 + .2, 157 M4, 159 M3 o., 163 M1, 165 M3 +M4
Stadt Celle: 139 M3 (Stadtarchiv Celle, Urk, Nr.1)
Stadtarchäologie, Dortmund: 21 M2
Stiftung Neanderthal Museum, Mettmann: Titel
stock.adobe.com, Dublin: 5 1 (A. Prill), 17 M2.2 (Tomsickova), 17 M2.3 (Fotofreundin), 17 M2.4 (ti_to_tito), 39 M4 (ftfoxfoto), 52 (A. Prill), 73 (A. Prill), 80 (A. Prill), 95 M3 E (M. Durajczyk), 107 M2 (tadoma), 184 M1.3 (daviles)
Studio X Images de Presse, Limours: 44 M1 (Gamma)
Südtiroler Archäologiemuseum/www.iceman.it, Bozen: 44 M2, 44 M3, 46 M1
Tegen, H., Hambühren: 26 M2, 50
The Granger Collection, New York: 61 M4
Tieke, R., Aerzen: 182 M1
Tonn, Dieter, Bovenden: Vorsatz re. o., 48 1, 49, 80o., 81, 114 o., 141 M3, 150 o., 151, 177 M3.2, 186 o., 187
TransFair e.V., Köln: 184 M2
© The Trustees of the British Museum, London: 10 M1.2
ullstein bild, Berlin: 77 M5 (adoc-photos), 170 M2 (Africa Media Online/Iziko Museum), 171 M4 (Granger Collection), 173 M5 + M6 (Granger, NYC)
Varusschlacht im Osnabrücker Land gGmbH, Bramsche-Kalkriese: 110 M4
© VG Bild-Kunst, Bonn 2018/Banco de México Diego Rivera Frieda Kahlo Museums Trust): 176 M1
Weis, S., Rolleng/Mersch: 117

alle übrigen Karten und Schaubilder: Westermann Kartographie/ Technisch Graphische Abteilung, Braunschweig

Operatorenübersicht

beschreiben
Wenn du im Geschichtsunterricht Sach- und Bildquellen oder auch Vorgänge aus der Vergangenheit anschaust, dann beschreibst du diese oft erst einmal. Das bedeutet, dass du zum Beispiel bei einem Gegenstand das Aussehen in einer logischen Reihenfolge beschreiben sollst. Bei einem Vorgang musst du diesen in der zeitlich richtigen Reihenfolge kurz zusammenfassen. Am Ende deiner Beschreibung sagst du kurz, wozu die Menschen den Gegenstand gebraucht haben oder warum der Vorgang wichtig für die Menschen war.

➡ Seite 12/13

erklären
Wenn du im Geschichtsunterricht etwas erklären sollst, dann musst du Informationen aus einem Text oder einem Bild herausarbeiten und diese dann genau wiedergeben. Deine Erklärung muss so genau sein, dass sie von jedem verstanden werden kann.

➡ Seite 22/23

gegenüberstellen
Wenn in der Aufgabenstellung steht, dass du Dinge einander gegenüberstellen sollst, dann geht es darum, diese genau anzuschauen und ihre Gemeinsamkeiten und Unterschiede aufzuzählen. In der Aufgabenstellung steht, was du genau einander gegenüberstellen musst. Das können zum Beispiel Dinge, Personen oder auch Aufgaben von Personen sein.
Du musst zunächst möglichst viele Informationen über sie sammeln und aufschreiben. Diese Informationen ordnest du übersichtlich, sodass du ganz leicht erkennen kannst, welche Gemeinsamkeiten und welche Unterschiede die beiden haben.

➡ Seite 64/65

begründen
Wenn du etwas begründen sollst, dann sollst du eine Aussage erklären. Diese musst du erst einmal in deinen eigenen Worten zusammenfassen. Danach sollst du Gründe dafür finden, dass diese Behauptung richtig ist. Du musst also die Frage nach dem „Warum ist das so?“ beantworten. Dafür brauchst du Informationen aus der Geschichte und auch Beispiele. Um Informationen und Beispiele auflisten zu können, musst du Materialien und Texte anschauen und lesen. Am Ende fasst du dein Ergebnis in einem Schlusssatz zusammen.

➡ Seite 110/111

vergleichen
Wenn du in einer Aufgabe Materialien miteinander vergleichen sollst, dann musst du diese genau anschauen und deren Unterschiede und Gemeinsamkeiten beschreiben. Nachdem du dies gemacht hast, musst du auch ein Ergebnis deines Vergleichs aufschreiben. Darin kann zum Beispiel stehen, ob es mehr Gemeinsamkeiten oder mehr Unterschiede gibt. In dem Ergebnis schreibst du auch, welches der beiden Materialien leichter zu verstehen, übersichtlicher, nützlicher oder einfacher ist. Wenn du Dinge aus verschiedenen Zeiten untersucht hast, beschreibst du, was sich verändert hat.

➡ Seite 146/147

beurteilen
Wenn wichtige Ereignisse aus der Geschichte angeschaut werden, sollen diese oft auch beurteilt werden. Das bedeutet zum Beispiel, dass du sagen sollst, warum eine Erfindung oder etwas, das passiert ist, wichtig ist. Es kann aber auch sein, dass du erklären musst, warum das Verhalten von Menschen damals gut oder schlecht war. Wichtig ist, dass du nicht nur sagst, ob etwas gut oder schlecht war, sondern auch begründest, warum du zu diesem Urteil kommst. Dein Urteil sollte aber immer sachlich sein, du sollst also nicht deine eigene Meinung aufschreiben.

➡ 160/161

Methoden für gemeinsames Lernen

Bienenkorb

1. Findet euch zu zweit oder zu mehreren zusammen.
2. Tauscht euch gemeinsam zur jeweiligen Fragestellung aus: Sammelt Ideen und Lösungsvorschläge oder vergleicht vorhandene Ergebnisse.
3. Sprecht anschließend gemeinsam in der Klasse.

Galeriegang

1. Bildet gleich große Gruppen. Innerhalb der Gruppen werden unterschiedliche Themen bearbeitet.
2. Anschließend werden die Gruppen neu zusammengesetzt: Aus jeder alten Gruppe wechselt ein Mitglied als Experte in eine neue Gruppe.
3. Dort präsentiert der Experte die Arbeitsergebnisse und beantwortet Fragen.

Gruppenpuzzle

1. Bildet Stammgruppen. Alle Stammgruppen haben so viele Mitglieder, wie es Teilaufgaben gibt. Jedes Mitglied erhält einen Buchstaben (A, B, C, D usw.)
2. Alle gleichen Buchstaben beschäftigen sich mit derselben Aufgabe. Jeder arbeitet für sich.
3. Nach einer gewissen Zeit setzen sich die gleichen Buchstaben zu Expertengruppen zusammen (A+A+A, B+B+B, C+C+C usw.).
   In der Expertengruppe besprecht ihr eure Ergebnisse. Klärt Fragen und korrigiert Fehler. Besprecht, wie ihr die Mitglieder eurer Stammgruppe über das Thema informieren wollt.
4. Zurück in der Stammgruppe tragen die „Experten" nacheinander die Ergebnisse ihrer Teilaufgabe vor. Alle Ergebnisse werden zusammengefasst, strukturiert und ggf. für eine Präsentation vorbereitet.

Gruppenturnier

1. Bildet Stammgruppen zu je 4 Schülern. Formuliert Fragen zu dem Thema, für das ihr üben wollt. Schreibt je eine Frage mit Lösung auf eine Karte.
2. Legt eure Karten auf einen Stapel in die Mitte des Tisches. Bereitet euch mit den Karten auf das Thema vor. Das könnt ihr allein machen; oder mit einem Partner oder in der Gruppe - fragt euch dann zum Beispiel gegenseitig ab.
3. Nummeriert die Tische durch. Ordnet außerdem jedem Schüler der Gruppen einen Buchstaben zu (A – D). Mischt nun die Gruppen neu: Alle A-Schüler gehen 1 Tisch weiter, alle B-Schüler gehen 2 Tische weiter, alle C-Schüler gehen 3 Tische weiter, alle D-Schüler bleiben an ihrem Tisch sitzen.
4. An allen Tischen sitzt nun je ein Schüler aus den verschiedenen Stammgruppen. Die Karten werden gemischt. Schüler A liest eine Frage vor. B, C und D schreiben die Lösung auf. Anschließend werden die Lösungen kontrolliert. Für richtige Antworten gibt es einen Punkt. Die nächste Frage liest B vor und alle anderen müssen sie beantworten. Reihum geht es weiter, bis alle Fragen gestellt sind.
5. Am Ende gehen alle Schüler in ihre Stammgruppen zurück und zählen ihre gesammelten Punkte. Die Gruppe mit den meisten Punkten hat gewonnen.

Kugellager

1. Teilt die Klasse in zwei gleich große Gruppen. Bildet einen inneren und einen äußeren Stuhlkreis. Je ein Schüler aus dem Innenkreis und sein Gegenüber aus dem Außenkreis sind Gesprächspartner.
2. Der Schüler aus dem Außenkreis stellt seinem Gegenüber im Innenkreis seine Fragen. Der Schüler im Innenkreis beantwortet sie.
3. Die Gesprächspartner wechseln, indem der Außenkreis sich einen Platz weiterbewegt. Jetzt stellt der Schüler im Innenkreis seine Fragen und der Partner im Außenkreis beantwortet sie.
4. Diese Wechsel werden 2 bis 3 Mal wiederholt.

Lesekarussell

1. Bildet zunächst 4er-Gruppen. Jedes Gruppenmitglied übernimmt eine Aufgabe, die mithilfe von Rollenkarten zugewiesen wird: A: Vorleser, B Fragensteller, C: Fragenbeantworter, D: Zusammenfasser.
2. Jeder Schüler liest den Textabschnitt leise für sich. Dann liest A den Textabschnitt leise und deutlich vor. Die anderen hören zu. B stellt Fragen zum vorgelesenen Text. C beantwortet die Fragen. D fasst den Inhalt kurz zusammen (findet eine Überschrift oder nennt Schlüsselbegriffe). Danach notieren alle Gruppenmitglieder die Ergebnisse.
3. Für den nächsten Textabschnitt werden die Aufgaben neu verteilt. Die Rollenkarten werden hierfür im Uhrzeigersinn einen Platz weitergegeben. Nun wird wie in Schritt 2 der Text erarbeitet. Dieses Vorgehen wiederholt sich so lange, bis der gesamte Text erschlossen ist.